U0482443

本丛书为中国海洋大学中国传统文化研究中心、青岛大学国学研究院规划项目；本丛书6部著作分别获得山东省及青岛市社会科学规划办立项支持，丛书的出版得到青岛市崂山风景区管理局崂山旅游集团有限公司的部分资助。

本书为2018年度山东省社会科学普及应用研究项目（2018-SKZZ-16）结项成果和2016年度青岛市社会科学规划项目（批准号：QDSKL1601089）结项成果。

崂山文化研究丛书
第二辑

游崂名士研究

宫泉久　王鹤琴　著

中国社会科学出版社

图书在版编目(CIP)数据

游崂名士研究 / 宫泉久，王鹤琴著. —北京：中国社会科学出版社，2020.10

（崂山文化研究丛书·第二辑）

ISBN 978-7-5203-7053-0

Ⅰ.①游⋯　Ⅱ.①宫⋯②王⋯　Ⅲ.①文化—名人—人物研究—青岛　Ⅳ.①K825.4

中国版本图书馆 CIP 数据核字（2020）第 164657 号

出 版 人	赵剑英
责任编辑	宫京蕾
责任校对	秦　婵
责任印制	郝美娜

出　　版	中国社会科学出版社
社　　址	北京鼓楼西大街甲 158 号
邮　　编	100720
网　　址	http://www.csspw.cn
发 行 部	010-84083685
门 市 部	010-84029450
经　　销	新华书店及其他书店
印刷装订	北京君升印刷有限公司
版　　次	2020 年 10 月第 1 版
印　　次	2020 年 10 月第 1 次印刷
开　　本	710×1000　1/16
印　　张	14.25
插　　页	2
字　　数	237 千字
定　　价	88.00 元

凡购买中国社会科学出版社图书，如有质量问题请与本社营销中心联系调换
电话：010-84083683
版权所有　侵权必究

崂山文化研究丛书（第二辑）编委会

主编：刘怀荣　宫泉久

编委会成员
（按姓氏笔画排列）

孙立涛　汪　泽　苑秀丽
赵　伟　潘文竹

总　序

刘怀荣

　　崂山位于齐地之东部，僻处海滨，砥柱洪流，在很长的历史时期里，都属于人迹罕至之地。然崂山之名，不仅在历史上很早就广为人知，而且在当代国际社会，也堪称东方名城青岛的特殊标志。在国外，如果有人知道崂山而不知道青岛，也许并不是一件不可理解的事。

　　崂山美誉的广泛传播，固然与其"三围大海、背负平川、巨石巍峨、群峰峭拔"[①]，深幽而罕见的自然风光不无关系，而就实际的情形来看，道教及与之相关的一系列神秘文化，也许是引起古今中外人士关注崂山更重要的因素。崂山道教的真正起源虽然要晚得多，但是早在道教正式诞生之前，齐地即已因方仙道、黄老之学以及黄老道而闻名遐迩。这不仅构成了崂山道教特有的显赫"家世"，也成为其后来植根深厚、叶茂枝繁的地域文化沃壤。因此，从唐末五代的李哲玄，到北宋的华盖真人刘若拙，再到金元之际的全真诸位高道，都不约而同地选择崂山作为修道之所，可谓英雄所见略同。崂山道教后来能发展为"道教全真天下第二丛林"，出现"九宫八观七十二庵"的盛况，虽离不开全真教历代高道的大力弘扬，但神秘独特的自然环境与悠久深厚的文化传统，更是缺一不可的。

　　崂山道教的发展，进一步提升了崂山的知名度。从明代万历年间起，佛教中人也开始把目光投向这里，但道教在这里有深厚的根基，晚来的佛教注定无法占据上风。憨山、自华、慈霑，虽然都是僧人中的佼佼者，但憨山所建海印寺在万历佛道之争中被毁，黄氏、周氏两大家族为明朝僧人自华大师所建的洪门寺（又名西莲台），到了清代乾隆末年

[①] 《道藏》第25册，文物出版社、山海书店、天津古籍出版社1988年版，第819页。

就已倾圮，只有慈霑任第一代住持的华严庵，经数次重建，后更名为华严寺，至今仍存，这也是崂山目前唯一的佛寺。虽然崂山佛教远不如道教兴盛，但同样不可忽视。

山海胜境、神仙传统，吸引了道、佛二教，而这三大资源的汇合，进而引发了世人无穷的好奇之心。虽然道路崎岖难行，历代仍不乏名人雅士前来探胜观光。直到德国占领青岛期间（1897—1914），开辟了十六条登山通道。此后，沈鸿烈主政青岛时期（1932—1937），进山道路得到进一步的修缮，游人更是接踵而至。而古今文人墨客来游者，往往将人生之悟、身世之慨与山水之美融为一体，即兴为文。岁月沉积既久，不仅道佛文化自成体系，自有历史，名人也为崂山日益增色，他们留下的那些脍炙人口、传之后世的诗词文赋，更成为崂山人文的重要组成部分，使这座清奇幽深的名山，增添了更加丰富深沉的人文意味。因而，梳理、总结崂山之人文，也就显得更加重要了。在这方面，古人已经做了很多，从明末黄宗昌撰写第一部《崂山志》、近代太清宫道士周宗颐撰写《太清宫志》起，修撰各类《崂山志》及探究崂山道教历史者，实在不乏其人。因而，崂山宗教文化与历史、来游崂山的名人及其诗文著述，已在无形中构成了人文崂山的重要组成部分。尤其在每年前来崂山的游人动辄过千万[①]人次的今日，把崂山文化以通俗易懂的方式，准确地介绍给海内外游客，就显得更为重要。

这样的一种认识，对我们来说并非一时的心血来潮。早在笔者初到青岛工作的1992年，就发现在有关崂山道教史及文化史的相关介绍中，存在着不少似是而非的问题。1993年9月15—18日，中国旅游协会旅游文

---

① 据崂山区统计局《2012年崂山区国民经济和社会发展统计公报》《2013年崂山区国民经济和社会发展统计公报》，2012年崂山区接待海内外游客995万人次，其中，国内游客863.5万人次，入境游客131.5万人次；2013年接待海内外游客1147万人次，其中，国内游客1119万人次，入境游客28万人次。分别见崂山区委区政府门户网站"崂山统计局"，http://tjj.laoshan.gov.cn/n206250/n500254/index.html，2013年2月5日、2014年2月21日。到了2017年，崂山区全年旅游接待人数达到1680万人次，见《2017年崂山区国民经济和社会发展统计公报》，崂统〔2018〕6号，http://www.laoshan.gov.cn/n206250/upload/180224090240818770/180224090240795134.pdf，2018年2月24日。又据2018年5月29日公布的《青岛市全域旅游规划纲要（2018—2021年）》统计，2017年，青岛市全年接待游客总人数8808万人次，而2021年的目标则是接待海内外游客1.2亿人次。这说明来青岛的游客在逐年增加，每年至少有上千万人到崂山观光旅游。

学专业委员会（中国旅游文学研究会）第六届年会暨1993青岛国际旅游文化研讨会在青岛市召开，会议由青岛大学文学院具体承办。笔者当时提交的论文是《崂山道教及其在中国道教史上的地位》（后刊于《东方论坛》1995年第3期），这是我探讨崂山道教文化最早的一篇文章。自此之后的20多年来，我本人断断续续写了一些有关崂山道教、崂山志或崂山文化的文章，也尽可能收集了与崂山文化有关的典籍。其间，还在青岛市崂山文化研究会负责过宗教文化专业委员会的工作。研究会出版的《崂山研究》第一辑（中国海洋大学出版社2006年版）、第二辑（中国海洋大学出版社2008年版）所收的部分论文，也是在上述认识的指导下，组织部分师友所做的一点工作。

《崂山道教与〈崂山志〉研究》（中国社会科学出版社2011年版），是我们出版的第一部专著。在完成此书的同时，我们逐渐形成了选择典型的专题和典籍对崂山文化进行系统整理、研究的思路，拟定了《崂山文化研究丛书》（以下简称《丛书》，包括40余部著作）的研究书目，计划分四到五辑陆续出版。《丛书》第一辑由人民出版社于2015年6月出版，包括《崂山道教佛教研究》《崂山文化名人考略》《崂山志校注》《劳山集校注》《周至元诗集校注》《崂山游记精选评注》《崂山诗词精选评注》七部著作近200万字。这七部著作出版后，产生了良好的社会反响。《文汇读书周报》《山东社会科学》《东方论坛》《青岛早报》《青岛财经日报》、"大众网·理论之光"、推荐书网等报刊和媒体都刊发了书评，对《丛书》第一辑给予了很高的评价。《丛书》获得了2016年山东省社科普及一等奖，2016年全国社科普及优秀作品奖。青岛市风景管理局则将《丛书》第一辑定为礼品书和下一步崂山文化旅游规划与发展的重要参考丛书。

本书为《丛书》第二辑，在《丛书》第一辑的基础上，选择了六个专题，对崂山文化做了进一步的深入研究，现将六部著作简要介绍如下。

《沈鸿烈研究》，是第一部沈鸿烈研究的专著。全书以沈鸿烈驻守及主政青岛时期的崂山开发和市政建设为重点，在尽可能参考沈鸿烈及他当年同事们的回忆，并在参阅《青岛市实施都市计划方案（初稿）》《青岛市政府行政纪要》等第一手档案材料的基础上，系统探讨了沈鸿烈在青岛十年多的崂山规划与开发、主政期间的施政纲领及在市政规划建设、乡村建设、民生、教育、抗战等方面的贡献，意在还原一座城市与一个人的关系史。同时，对沈鸿烈一生其他阶段的生平事迹，也做了初步系统的梳理，力求比较全面地反映其生平行事和仕宦交游。

《游崂名士研究》，是第一部研究游崂山名士的专著。名士的游赏活动是山水文化的重要组成部分，对于提升自然山水的知名度具有无可替代的作用，游历崂山的名士也不例外。本书选取郑玄、法显、李白、丘处机、高弘图、憨山、黄宗昌、顾炎武、王士禛、高凤翰、蒲松龄、胡峄阳、匡源、康有为、周志元从汉代至20世纪60年代的15位游崂名士，对他们的活动踪迹及与崂山的关系做了深入的考察，通过历史事实的生动还原，揭示了作为海上名山的崂山，如何在名士的游赏活动和生花妙笔中，展现出更令人神往的人文魅力，获得了"山因人而重，文因山而传"，名士、名文与名山相得益彰的传播效应，对崂山文化的升华起到了非常重要的作用。

《即墨黄氏家族文化研究》，是第一部系统研究黄氏家族文化的专著。在即墨"周黄蓝郭杨"五大家族中，黄氏家族持续时间较长、代表性人物较多、影响力也最为深远。因地域关系，黄家几代人的命运和生活都与崂山发生了密切的联系。本书在对黄氏家族的家族历史、家族名人、家风家教、家族文学等进行系统梳理的基础上，重点对黄氏族人，尤其是黄宗昌父子和黄肇颚与崂山的关系作了深入探讨。不仅有助于更好地了解明清时期山东文化家族的发展文化，对传承崂山文化及发掘崂山旅游文化资源，也有重要的现实意义。

《即墨蓝氏家族文化研究》，是第一部系统研究蓝氏家族文化的专著。即墨蓝氏家族自蒙元时期以军功起家，至明清时期，人才辈出，逐渐成为山东知名的文化世家。本书从家族概说、仕宦佳绩、艺文著述、孝行义举、家族教育、崂山情结等方面，探讨蓝氏家族重农兴商的治家原则、"为官一任，造福一方"的从政理念、"诗书继世，孝义传家"的家风；并对蓝氏建于崂山的祖坟和华阳书院、蓝氏族人的崂山之游和崂山之咏做了详细的考证和分析，揭示了蓝章、蓝田、蓝润、蓝启肃等蓝氏名人与崂山的诸多因缘及其对崂山人文美锦上添花的历史事实。

《崂山道教题刻研究》，是第一部系统研究崂山道教题刻的专著，以崂山道教人物事迹题刻、诗词题刻、碑记与庙记题刻为研究对象，从历史、文学、文献、训诂等多学科入手，对崂山道教题刻的产生背景、题刻作者及生平、题刻内容及相关的道教术语、诗词典故、疑难字句、史事、掌故及题刻的艺术特征和文化意义等，做了详细考证和解说，对其中的疑难文字及前人成果中的错谬，加以辨识与正误。有助于读者深入了解崂山历史文化的底蕴，对崂山题刻的挖掘、保存和传承具有重要的价值。

《崂山民间故事研究》，是第一部系统研究崂山民间故事的专著。崂山民间流传的人物故事和风物故事集中体现了当地民众对神话、历史、自然地理乃至社会生活诸多方面的原生态理解，其集体性、口头性、变异性、传承性等特点鲜明。"异类婚恋""兄弟分家""问神仙"等世界民间故事主题在崂山地区的流传，反映出中外文化的交流及异同。某些众所周知的朴野乡谈，实际上植根于中国古代相关典籍之中，既昭示了传统典籍的魅力，也是崂山地区文化底蕴深厚的明证。本书在立足民间故事、反映崂山特色的同时，力图以故事文本为枢纽，建立起沟通古今、中西、雅俗的桥梁。

上述六部著作，《沈鸿烈研究》《游崂名士研究》立足政治文化名人，《即墨黄氏家族文化研究》《即墨蓝氏家族文化研究》以家族文化为中心，《崂山道教题刻研究》和《崂山民间故事研究》分别从道教和民间故事入手，在《丛书》第一辑研究的基础上，对崂山文化进行了系统、深入的专题研究，所使用的地方志、档案及家族文献资料，多为以往论著重视不够或未曾系统关注，因而也是各自论题系统性专门研究的首部专著，都具有鲜明的开拓性和创新性。是为《崂山文化研究丛书》第二辑。

我们的研究工作，获得了山东省和青岛市社科规划办的立项支持。中国海洋大学中国传统文化研究中心、青岛大学国学研究院将本辑六部著作列为规划项目，第二辑的部分出版费来自我个人的校拨科研启动费。青岛市崂山风景名胜区管理局崂山旅游集团有限公司，也为本辑的出版提供了部分资助。我谨代表课题组全体成员，在此对上述单位和机构的扶持表示衷心的感谢！

中国社会科学出版社的宫京蕾老师，是一位优秀的编辑。我们曾有过多次合作，我个人的多部著作，都是宫老师任责任编辑。本辑的出版，再次得到宫老师的支持。她严谨高效的工作，为本辑的质量提供了重要的保证。我们在此表达崇高的敬意，愿学术的友谊长存！

丛书的研究工作将在中国海洋大学传统文化研究中心和青岛古典文学

研究会的共同努力下继续推进，争取在以后几年里陆续完成预定计划中的其他工作。这些工作也许不在各高校的考评范围之内，但能够发掘崂山的人文魅力，为青岛这个年轻城市的文化建设尽一点绵薄之力，我们仍会深感欣慰。

刘怀荣

2019年2月22日

于中国海洋大学

目　录

引言 …………………………………………………………… (1)
第一章　崂山夙缘 …………………………………………… (10)
　一　"崂山中人"黄宗昌 ………………………………… (10)
　　1. 人生的感喟 ………………………………………… (10)
　　2. 时不我与 …………………………………………… (11)
　　3. 心灵的契合 ………………………………………… (15)
　　4. 求放心于山水 ……………………………………… (19)
　二　崂山知音蒲松龄 ……………………………………… (23)
　　1. 崂山之行 …………………………………………… (23)
　　2. 宝山采铜 …………………………………………… (28)
　　3. 只因厌作人间语 …………………………………… (31)
　三　对这片土地爱得深沉的周至元 ……………………… (36)
　　1. 厚重的学养 ………………………………………… (37)
　　2. 倾尽一生为崂山 …………………………………… (39)
　　3. 探觅瑰丽奇观 ……………………………………… (41)
　　4. 一声叹息 …………………………………………… (44)
第二章　风雅名士 …………………………………………… (49)
　一　绝世风流的诗坛盟主王士禛 ………………………… (49)
　　1. 神龙见首不见尾 …………………………………… (50)
　　2. 崂山的考证 ………………………………………… (55)
　　3. 著书者之笔 ………………………………………… (58)
　二　青岛的"扬州八怪"高凤翰 ………………………… (61)
　　1. 命途多舛 …………………………………………… (61)
　　2. 艺苑一怪 …………………………………………… (68)

3. 崂山歌咏 …………………………………………………… (73)
第三章　传道授业 ……………………………………………… (77)
　一　山陬海澨的播火者郑玄 ……………………………………… (77)
　　1. 睹物思人 …………………………………………………… (77)
　　2. 转益多师 …………………………………………………… (79)
　　3. 吾道东矣 …………………………………………………… (82)
　　4. 考德兼考物 ………………………………………………… (87)
　二　俗世仙人胡峄阳 ……………………………………………… (90)
　　1. 乡儒峄阳先生 ……………………………………………… (90)
　　2. 修己治人之学 ……………………………………………… (94)
　　3. 仙人的传说 ………………………………………………… (99)
　三　最为老师的顾命大臣匡源 ………………………………… (103)
　　1. 宦海升沉 ………………………………………………… (104)
　　2. 泉城讲学 ………………………………………………… (106)
　　3. 崂山抱云 ………………………………………………… (111)
第四章　心怀天下 …………………………………………… (115)
　一　体国经野的顾炎武 ………………………………………… (115)
　　1. 有的放矢的游历 ………………………………………… (115)
　　2. 功利的欣赏 ……………………………………………… (120)
　　3. 实用的探究 ……………………………………………… (123)
　　4. 学术的交锋 ……………………………………………… (127)
　二　近代历史的风云人物康有为 ……………………………… (130)
　　1. 变法维新 ………………………………………………… (131)
　　2. 海外漫游 ………………………………………………… (133)
　　3. 丁巳复辟 ………………………………………………… (135)
　　4. 隐栖青岛 ………………………………………………… (136)
　　5. 书法成就 ………………………………………………… (139)
第五章　江湖魏阙 …………………………………………… (143)
　一　崂山餐紫霞的李白 ………………………………………… (143)
　　1. 竹溪六逸 ………………………………………………… (143)
　　2. 高卧东山 ………………………………………………… (146)
　　3. 云泥异路 ………………………………………………… (148)

4. 泱泱齐风 …………………………………………… (151)
　　5. 访道沧海 …………………………………………… (155)
　二 "会山泽之气"的高弘图 ……………………………… (161)
　　1. 与世乖违 …………………………………………… (161)
　　2. 魏阙风云 …………………………………………… (166)
　　3. 魂兮归来 …………………………………………… (172)

第六章　玄对崂山 …………………………………………… (174)
　一 西行取经的先驱法显 ………………………………… (174)
　　1. 西行求法 …………………………………………… (174)
　　2. 崂山登陆 …………………………………………… (177)
　　3. 建康译经 …………………………………………… (180)
　　4. 佛国行记 …………………………………………… (183)
　二 崂山布道的丘处机 …………………………………… (184)
　　1. 拜师重阳 …………………………………………… (185)
　　2. 隐居修行 …………………………………………… (186)
　　3. 传道崂山 …………………………………………… (188)
　　4. 远行西域 …………………………………………… (190)
　三 皈依上崂山的高僧憨山 ……………………………… (194)
　　1. 早年行迹 …………………………………………… (194)
　　2. 崂山罹难 …………………………………………… (199)
　　3. 海印遗风 …………………………………………… (203)
　　4. 心心不退 …………………………………………… (206)

参考文献 ……………………………………………………… (208)
后记 …………………………………………………………… (212)

引　言

　　名士是"士"，一般我们认为"士"就相当于现代的知识分子。从孔子算起，中国的"士"已有2500多年的悠久历史了。汉代刘向在《说苑》中说："辨然否，通古今之道，谓之士。"① 他是从社会作用的角度描述"士"的，是确立了在社会中的独立身份的"士"。若追根溯源，"士"的原始义则颠覆了我们想当然的概念。历史学家顾颉刚认为"士"最初指的是武士，是舞棒弄枪、厮杀疆场的赳赳武夫，不是弱不禁风、温柔敦厚的文人。他在《武士与文士之蜕化》中说："吾国古代之士，皆武夫也。士为低级之贵族，居于国中（即都城中），有统驭平民之权力，亦有执干戈以卫社稷之义务，故谓之国士以示其地位之高。"② "孟子曰：设为庠、序、学、校教之。序者射也。其实非特序为肄射之地，他三名皆然。校即校武之义，今犹有校场之称。庠者《王制》言其制曰：耆老皆朝于庠；元日，习射上功，是庠亦习射地也。……《周官》大司徒以乡三物教民，三曰六艺：礼、乐、射、御、书、数，而礼有大射、乡射，乐有驺虞、狸首，御亦以佐助田猎，皆与射事发生关联。其所以习射于学官，驰驱于郊野，表面固为礼节，为娱乐，而其主要之作用则为战事之训练，故六艺之中，惟书与数二者乃治民之专具耳。"③ 孟子提倡的王道是富民之后，习之以礼仪，途径则是设为庠、序教之，"谨庠序之教，申之以孝悌之义，颁白者不负戴于道路矣。七十者衣帛食肉，黎民不饥不寒，然而不王者，未之有也"④。孟子所说的申之以孝悌之义的庠序皆为习武之地。孔子培养三千弟子，也是教之以六艺。"孔子以诗、书、礼、乐

---

① 向宗鲁：《说苑校证》，中华书局1987年版，第347页。
② 顾颉刚：《史林杂识初编》，中华书局1963年版，第85页。
③ 同上书，第91页。
④ 杨伯峻：《孟子译注》，中华书局1960年版，第5页。

教，弟子盖三千焉，身通六艺者七十有二人。"① 六艺包括礼、乐、射、御、书、数，其中射、御直接与习武有关。顾颉刚认为从孔子家庭和他的弟子来看，当时的"士"皆有武艺，国家有战事时能奋不顾身，效力沙场。"士"从武向文的转变是在孔子之后，"自孔子殁，门弟子辗转相传，渐倾向于内心之修养而不以习武事为急，浸假而羞言戎兵，浸假而惟尚外表"。"讲内心之修养者不能以其修养解决生计，故大部分人皆趋重于知识、能力之获得，盖战国时有才之平民皆得自呈其能于列国君、相，知识既丰，更加以无碍之辩才，则白衣可以立取公卿。公卿纵难得，显者之门客则必可期也……宁越不务农，苏秦不务工、商，而惟以读书为专业，揣摩为手腕，取尊荣为目标，有此等人出，其名曰士，与昔人同；其事在口舌，与昔人异。于是武士乃蜕化而为文士。"② 孔子之后逐渐有文士的兴起，文士是从武士蜕化而来的。

顾炎武在《日知录·士何事》中说："士、农、工、商谓之四民，其说始于《管子》。三代之时，民之秀者乃收之乡序，升之司徒而谓之士。"③ 顾炎武认为民之中优秀者进入仕途，就成为"士"。而这些优秀者是如何脱颖而出的？《礼记·王制》曰："乐正崇四术、立四教。顺先王诗、书、礼、乐以造士，春秋教以礼乐，冬夏教以诗书。王大子、王子、群后之大子、卿大夫、元士之嫡子、国之俊选，皆造焉。"④ 乐正在春秋以礼乐、冬夏以诗书教育培养"士"，而"士"则"学而优则仕"，通过仕的途径发挥自己的社会价值，成为对社会有用的人。为何"士"要入仕，孟子做了解释，"周霄问曰：'古之君子仕乎？'孟子曰：'仕。《传》曰：孔子三月无君则皇皇如也，出疆必载质。公明仪曰：古之人三月无君则吊。''三月无君则吊，不以急乎？'曰：'士之失位也，犹诸侯之失国家也。……''出疆必载质，何也？'曰：'士之仕也，犹农夫之耕也；农夫岂为出疆舍其耒耜哉？'曰：'晋国亦仕国也，未尝闻仕如此其急。仕如此其急也，君子之难仕，何也？'曰：'丈夫生而愿为之有室，女子生而愿为之有家；父母之心，人皆有之。不待父母之命、媒妁之言，钻穴隙

---

① 《史记·孔子世家》，中华书局1982年版，第935页。
② 顾颉刚：《史林杂识初编》，中华书局1963年版，第88页。
③ 《顾炎武全集》，上海古籍出版社2011年版，第18册，第333页。
④ 杨天宇：《礼记译注》，上海古籍出版社2004年版，第158页。

相窥，逾墙相从，则父母国人皆贱之。古之人未尝不欲仕也，又恶不由其道。'"① 孟子认为"士"之入仕如"农夫之耕"，是其职责所在，并举例说孔子如果三个月没有君主任用他，就会非常着急。虽然"士"急于进入仕途，但是孟子认为入仕是有条件的，不能钻穴逾墙，要"由其道"。而"士"入仕途则应该是道的承担者和实践者，孔子说："士志于道，而耻恶衣恶食者，未足与议也。""士而怀居，不足以为士也。""君子谋道不谋食。耕也，馁在其中矣。学也，禄在其中矣。君子忧道不忧贫。"② 孔子的弟子曾参对"士"的担当做了高度的概括，他说："士不可以不弘毅，任重而道远。仁以为己任，不亦重乎？死而后已，不亦远乎？"③ "士"不以谋食为出仕目标，而是以弘道为己任。孟子说："天下有道，以道殉身；天下无道，以身殉道。未闻以道殉乎人者也。"④ 孔子、孟子都强调了道是"士"的价值取向的依据和标准，"士"就是以弘道为己任、"学而优则仕"的四民之中优秀者，他们超越了个人的利害得失，而对整个社会怀有深切的关怀。

考察"名士"一词来源，较早出现在《礼记》中。《礼记·月令》："（季春之月）天子布德行惠，命有司发仓廪，赐贫穷，振乏绝；开府库，出币帛，周天下；勉诸侯，聘名士，礼贤者。"⑤ 郑玄解释为："名士，不仕者。"孔颖达解释说："名士者，谓其德行贞绝，道术通明，王者不得臣，而隐居不在位者也。"⑥ 名士既有德行，又是"道术通明"，而且能够"不事王侯，高尚其事"。汉代桓宽《盐铁论·褒贤》说："万乘之主，莫不屈体卑辞，重币请交，此所谓天下名士也。"⑦ "士"不屈体卑词，能够高自标置，怡情自适，被世人仰慕，这是成为名士的一个条件。真正为后人称道的名士风流，始于东汉时期。此时的名士不任职而论国事，开始了真正的"不治而议论"的时代。《后汉书·党锢列传序》曰："逮桓灵之间，主荒政缪，国命委于阉寺，士子羞与为伍，故匹夫抗愤，处士横议，

---

① 杨伯峻：《孟子译注》，中华书局1960年版，第142页。
② 杨伯峻：《论语译注》，中华书局1980年版，第37、145、168页。
③ 同上书，第80页。
④ 杨伯峻：《孟子译注》，中华书局1960年版，第321页。
⑤ 杨天宇：《礼记译注》，上海古籍出版社2004年版，第182页。
⑥ 同上书，第124页。
⑦ 严可均：《全上古三代秦汉三国六朝文》，中华书局1965年版，第325页。

遂乃激扬名声，互相题拂，品核公卿，裁量执政，婞直之风，于斯行矣。……因此流言转入太学，诸生三万余人，郭林宗、贾伟节为其冠，并与李膺、陈蕃、王畅更相褒重。学中语曰：'天下楷模李元礼，不畏强御陈仲举，天下俊秀王叔茂。'又渤海公族进阶、扶风魏齐卿，并危言深论，不隐豪强。自公卿以下，莫不畏其贬议，屣履到门。"① 不与社会浊流同污，"羞与为伍"，这些士人以高洁的人格，独立于社会，天子无法得而臣之，诸侯不可得而友之，他们"激扬名声，互相题拂"，被士人仰慕，成为一时名士。如东汉郭林宗，《后汉书·郭林宗传》记载："身长八尺，容貌魁伟，褒衣博带，周游郡国。尝于陈梁间行遇雨，巾一角垫，时人乃故折巾一角，以为'林宗巾'。其见慕皆如此。或问汝南范滂曰：'郭林宗何如人？'滂曰：'隐不违亲，贞不绝俗，天子不得臣，诸侯不得友，吾不知其他。'"② 名士以高自标置为人所仰慕，不同于流俗，且常常以奇行耸动天下。如《后汉书·文苑传》中记载的名士赵壹，"（赵壹）既出，往造河南尹羊陟，不得见。壹以公卿中非陟无足以托名者，乃日往到门。陟自强许通，尚卧未起。壹径入上堂，遂前临之。曰：'窃伏西州，承高风久矣，乃今方遇而忽然，奈何命也。'因举声哭，门下惊，皆奔入满侧。陟知其非常人，乃起，延入语，大奇之。谓曰：'子出矣。'陟明旦大从车骑奉谒造壹。时诸计吏多盛饰车马帷幕，而壹独柴车草屏，露宿其旁，延陟前坐于车下，左右莫不叹愕。陟遂与言谈，至熏夕，极欢而去，执其手曰：'良璞不剖，必有泣血以相明者矣。'陟乃与袁逢共称荐之。名动京师，士大夫想望其风采。……州郡争致礼命，十辟公府，并不就，终于家"③。

汉魏名士尚"通脱"，不拘小节，他们的言行一任性情所至，在俗世看来是不讲礼节的随便。《世说新语校笺》引《文士传》："文帝之在东宫也，宴诸文学，酒酣，命甄后出拜，坐者咸伏，惟刘桢平视之。太祖以为不敬，送徒隶簿。后太祖乘步牵车乘城，降阅簿作，诸徒咸敬，而桢拒坐，磨石不动。太祖曰：'此非刘桢也，石如何性？'桢曰：'石出荆山玄岩之下，外炳五色之章，内秉坚贞之志，雕之不增文，磨之不加莹，禀气

---

① 《后汉书》，中华书局2011年版，第2185页。
② 同上书，第2226页。
③ 同上书，第2632页。

贞正，禀性自然。'帝顾左右大笑，即日赦之。"① 以刘桢为代表的名士们的无礼，不拘小节，原因在于儒家道德准则失去了约束力，如曹丕《典论》所说："户异议，人殊论，论无常检，事无定价。"曹丕能够"命甄后出拜"，刘桢也就能够"平视之"，曹操也就赞赏刘桢"名岂虚哉"。王粲生前喜欢听驴鸣，曹丕与文友们为王粲送葬，为表示对王粲的哀思，曹丕便带头学驴鸣。于此，曹丕并没有在意其地位和身份，而只是出于友情和悲伤，任性而发。任性而行的名士，吴质也是比较独特的一位。《三国志·吴质别传》："质黄初五年朝京师，诏上将军及特进以下皆会质所，大官给供具。酒酣，质欲尽欢。时上将军曹真性肥，中领军朱铄性瘦，质召优，使说肥瘦。真负贵，耻见戏，怒谓质曰：'卿欲以部曲将遇我邪？'骠骑将军曹洪、轻车将军王忠言：'将军必欲使上将军服肥，即自宜为瘦。'真愈恚，拔刀瞋目，言：'俳敢轻脱，吾斩尔。'遂骂坐。质案剑曰：'曹子丹，汝非屠几上肉，吴质吞尔不摇喉，咀尔不摇牙，何敢恃势骄邪？'铄因起曰：'陛下使吾等来乐卿耳，乃至此邪！'质顾叱之曰：'朱铄，敢坏坐！'诸将军皆还坐。铄性急，愈恚，还拔剑斩地。遂便罢也。"② 吴质不拘礼节的玩笑之举，招优人戏说肥瘦，几近酿成祸端，这种轻浮随便也是名士的一种表现。

至魏晋之际，名士的恃才放达、不拘小节比汉末更甚。《世说新语·任诞》篇曰："王孝伯言：'名士不必须奇才，但使常得无事，痛饮酒，熟读《离骚》，便可称名士。'"③ 竹林七贤之一的刘伶，在《酒德颂》中以大人先生自喻，他是"以天地为一朝，万期为须臾，日月为扃牖，八荒为庭衢，行无辙迹，居无室庐，幕天席地，纵意所如。止则操卮执觚，动则挈榼提壶，唯酒是务，焉酒是务，焉知其余。"④ 刘伶为后人熟知的是"（他）恒纵酒放达，或脱衣裸形在屋中。人见讥之，伶曰：'我以天地为栋宇，屋室为裈衣，诸君何为入我裈中！'"⑤ 在房中裸体饮酒，客人来访依旧我行我素，处之泰然，怎有一点礼节可言？途穷恸哭的阮籍是竹林七贤的领袖人物，他口不臧否人物，但其行迹的不拘礼节却与他的

---

① 徐震堮：《世说新语校笺》，中华书局1984年版，第38页。
② 《三国志》，中华书局2011年版，第504页。
③ 徐震堮：《世说新语校笺》，中华书局1984年版，第410页。
④ 同上书，第136页。
⑤ 同上书，第392页。

慎言大相径庭。"阮公邻家妇，有美色，当垆酤酒。阮与王安丰常从妇饮酒，阮醉，便眠其妇侧。夫始殊疑之，伺察，终无他意。""阮籍嫂尝还家，籍见与别，或讥之。籍曰：'礼岂为我辈设也？'"① 阮籍的"礼岂为我辈设也"是对名教的宣战，真是振聋发聩。《晋书·阮咸传》记载阮籍的侄子阮咸的放达之事，与阮籍相比则有过之。"（阮咸）居母丧，纵情越礼。素幸姑之婢，姑当归于夫家，初云留婢，既而自从去。时方有客，咸闻之，遽借客马追婢，既及，与婢累骑而还，论者甚非之。……诸阮皆饮酒，咸至，宗人间共集，不复用杯觞斟酌，以大盆盛酒，圆坐相向，大酌更饮。时有群豕来饮其酒，咸直接去其上，便共饮之。"② 放纵行为，任情而行，"越名教而任自然"，名士们的言行尽管受到名教人士的指责，却得到了士人的"赏誉"。

　　名士们向内发现了独立的人格，发现了自我，向外则发现了大自然的山水之美。儒家士人并非不会欣赏自然之美，孔子面对日夜不息向东流逝的河水，就发出过"逝者如斯夫"的喟叹。孔子也说过"智者乐水，仁者乐山"，但是儒家的审美观是将山水作为伦理化的外物存在的。真正将自然界的山水作为独立的审美对象，则是来自魏晋名士的个性觉醒。东汉仲长统《乐志论》："使居有良田广宅，背山临流，沟池环匝，竹木周布，场圃筑前，果园树后。舟车足以代步涉之艰；使令足以息四体之役。养亲有兼珍之膳，妻孥无苦身之劳。良朋萃止则陈酒肴以娱之，嘉时吉日则烹羔豚以奉之。踌躇畦苑，游戏平林。濯清水、追凉风，钓游鲤、弋高鸿。讽于舞雩之下，咏归高堂之上。安神闺房，思老氏之玄虚；呼吸精和，求至人之仿佛。与达者数子论道讲书，俯仰二仪，错综人物。弹南风之雅操；发清商之妙曲。逍遥一世之上，睥睨天地之间。不受当时之责，永保性命之期。如是则可以凌霄汉，出宇宙之外矣。"③ 仲长统的"逍遥一世之上，睥睨天地之间"，是把自然的山水作为怡情自乐生活的内容。这种对山水的欣赏脱离了物化于山水的伦理，开中国士人山水审美的先河。魏晋时期，山水与士人的生活情趣紧密结合，进入了士人的生活中，成为名士文化的一部分。"孙兴公为庾公参军，共游白石山，卫君长在坐。孙

---

① 徐震堮：《世说新语校笺》，中华书局1984年版，第393页。
② 《晋书·阮咸传》，中华书局1974年版，第1362页。
③ （清）严可均：《全上古三代秦汉三国六朝文》，中华书局1965年版，第651页。

曰：'此子神情都不关山水，而能作文。'"① 不能赏鉴自然山水之美，连做文人的资格都没有。《世说新语·言语》载："顾长康从会稽还，人问山川之美。顾云：千岩竞秀，万壑争流，草木蒙笼其上，若云兴霞蔚。""王羲之曰：'从山阴道上行，如在镜中游。'"② "王司州（修龄）至吴兴印渚中看，叹曰：'非唯使人情开涤，亦觉日月清朗。'"③ 这种对自然之美的欣赏，不由得人们不赞叹名士们对自然之美的独具慧眼。吴均对富春江自然之美的描述更是代表着名士的素养，"风烟俱净，天山共色。从流飘荡，任意东西。自富阳至桐庐一百许里，奇山异水，天下独绝。水皆缥碧，千丈见底。游鱼细石，直视无碍。急湍甚箭，猛浪若奔。夹岸高山，皆生寒树，负势竞上，互相轩邈，争高直指，千百成峰。泉水激石，泠泠作响；好鸟相鸣，嘤嘤成韵。蝉则千转不穷，猿则百叫无绝。鸢飞戾天者，望峰息心；经纶世务者，窥谷忘反。横柯上蔽，在昼犹昏；疏条交映，有时见日"④。山水审美融入名士们的生活中，使他们体验到了不同于世俗的高雅情趣，名士们的生活雅化了、诗化了。此后在中国士人的生活里，山水与诗歌成为他们人生不可或缺的一部分。

名士的放达还要恃才，才气是作为名士不可缺少的条件。《吕氏春秋·尊师》："此六人（孔门弟子）者，刑戮死辱之人也。今非徒免于刑戮死辱也，由此为天下名士显人，以终其寿，王公大人从而礼之，此得之于学也。凡学，必务进业，心则无营。疾讽诵，谨司闻，观欢愉，问书意，顺耳目，不逆志，退思虑，求所谓，时辨说，以论道，不苟辨，必中法，得之无矜，失之无惭，必反其本。生则谨养，谨养之道，养心为贵；死则敬祭，敬祭之术，时节为务。此所以尊师也。"⑤ 孔门弟子能为天下名士，在于他们"时辨说，以论道"，以才学为"王公大人从而礼之"。魏晋士人重才情，以才显名的名士尤为人称道。《世说新语·文学》："裴散骑娶王太尉女，婚后三日，诸婿大会，当时名士、王、裴子弟悉集。郭子玄在坐，挑与裴谈。子玄才甚丰赡，始数交，未快；郭陈张甚盛，裴徐理前语，理致甚微，四坐咨嗟称快，王亦以为奇，谓语诸人曰：'君辈勿

---

① 徐震堮：《世说新语校笺》，中华书局1984年版，第261页。
② 同上书，第97页。
③ 同上书，第77页。
④ 林家骊：《吴均集校注》，浙江古籍出版社2005年版，第14页。
⑤ 《吕氏春秋》，黑龙江人民出版社2003年版，第173页。

为尔，将受困寡人女婿。'"① 郭象字子玄，为显才，在名士云集之时，与裴遐辩说，郭象张陈甚盛，设理广博，而裴遐从容应对，理致入微，更胜郭象一筹，博得众人赞叹。《世说新语·言语》："谢太傅寒雪日内集，与儿女讲论文义。俄而雪骤，公欣然曰：'白雪纷纷何所似？'兄子胡儿曰：'撒盐空中差可拟。'兄女曰：'未若柳絮因风起。'公大笑乐。即公大兄无奕女，左将军王凝之妻也。"② 《世说新语·文学》："王东亭作《经王公酒垆下赋》，甚有才情。"③《世说新语·赏誉》："孙兴公、许玄度共在白楼亭，共商略先往名达。林公既非所关，听讫云：'二贤故自有才情。'"④《世说新语·赏誉》："许掾尝诣简文。尔夜风恬月朗，乃共作曲室中语。襟怀之咏，偏是许之所长，辞寄清婉，有逾平日。简文虽契素，此遇尤相咨嗟，不觉造膝，共叉手语，达于将旦。既而曰：'玄度才情，故未易多有许。'"⑤ 名士的才气包括治国理政的能力，但主要是指在文学艺术方面的创造，以及日常生活方面表现出的超凡脱俗的才能。

  名士作为中国封建社会独特的社会阶层，他们或是德高望重却隐居不仕的文人，或是有才名而尚未踏入仕途的文人，或是成名早于出仕、成名不是因为出仕的文人。这个群体的成员有一个共同的特点，就是行为上超越了儒家温柔敦厚的规范。他们的行为具有叛逆的倾向，因此更引人注目。山水与诗歌作为名士人生中不可或缺的一部分，名士所青睐的自然山水就烙印了名士文化。"山不在高，有仙则名；水不在深，有仙则名。"随着山水风景旅游价值的被重视，其美丽风貌内含的文化底蕴成为风景价值的主要因素，名山名水中的名士文化也日益引起人们的重视。没有文化的风景只是一幅美丽的空壳，人们千里迢迢来此游历的目的是欣赏自然风景中文化的灵动。崂山僻处海滨，被称为海上名山第一，固然与其"三围大海，背负平川，巨石巍峨，群峰峭拔"的自然风光有关，而实际上崂山内含的文化底蕴则是人们向往的主要原因。就如每当提起崂山，人们首先想起的就是《崂山道士》，就会想起一生襟抱未曾开的私塾先生蒲松龄，可见文化与自然风景的关系是多么密切！张云抡在《崂山志》序中

---

① 徐震堮：《世说新语校笺》，中华书局1984年版，第112页。
② 同上书，第72页。
③ 同上书，第327页。
④ 同上书，第264页。
⑤ 同上书，第268页。

说:"山之高深,以人为高深者也,无人则山不灵。"周至元《崂山志》自序说:"尝叹夫崂山之胜,其见于旧志所载,与游客散记者,不及什一。其他怪诡之观,丽奇之致,闷蕴于穷谷之间,未显露于世,尚指不胜举。不由宣扬,何以发其由灵之光?每一念及,辄为之太息者久之。"自然山水的美誉度不是完全由名士决定,但是没有名士涉足的自然山水其美誉度必然不高。我们研究的游崂名士可分为三类,一是本土名士,二是寓居名士,三是游临名士。本土名士如黄宗昌、周至元通过撰写《崂山志》,深入挖掘了崂山文化,探究崂山的来龙去脉,是对丰富崂山文化底蕴贡献最多者。寓居名士如郑玄、丘处机、憨山、康有为等是文化交流的使者,他们谙熟崂山,也带来异质文化,为崂山本土文化注入了生机活力。游临名士如李白、顾炎武、蒲松龄等虽如飞鸿一瞥,其雪泥鸿爪却为崂山铭刻了深深的文化印记,他们以自身的名气推升了崂山的美誉度。游历崂山的名士活动踪迹在无形中构成了人文崂山的重要组成部分,我们研究名士与山水风景的关系,就是将山水风景中朦胧的文化脉络清晰化、固定化,让山水充溢文化的魅力。

第一章

崂山夙缘

一 "崂山中人"黄宗昌

郡县有志，名山皆有山志。东岳泰山有志最早始于东汉，西岳华山有志最早始于宋代，山志撰写历史悠久。崂山"盘结耸峙，收齐鲁之秀，会大海气，蓄而不洩，持地维于永终"①，被称为海上仙山。秦皇汉武、文人骚客纷至沓来，登临游赏，指点品评，但直至明代也没有哪位文人为崂山撰写山志，文人对崂山的态度是赏而不识。

明代莱阳文人宋继澄说："山之有志也，志其盛，与夫所自有，率皆述其山之得于人者也，而人之得于山者不少概见。崂无志，志之自黄侍御先生，则先生之所自为，俯仰于崂山沧海间者也。"② 山志多得益于文人的生花妙笔，叙述文人登山临水目睹的盛况。"登山则情满于山，观海则意溢于海"③，文人"得于山者不少概见"，但是如黄宗昌（1587—1646）者，却是凤毛麟角的例外。

1. 人生的感喟

崂山有志自黄宗昌始，《崂山志》则是黄宗昌"俯仰于崂山沧海间"之所得。

黄宗昌在其《崂山志》自序说："嗟！余今之日，乃为《崂山志》也。由今思昔，余乃为崂山中人矣。崂山何取于余，而实逼处此乎？余不敏，不见容于世，不获驰驱王事，上报天子，及于今也，崂山乃容余乎？

---

① 苑秀丽、刘怀荣：《崂山志校注》，人民出版社2015年版，第18页。
② 同上。
③ 周振甫：《文心雕龙注释》，人民文学出版社1981年版，第295页。

春非我春，秋非我秋，环视天下，独有崂山耳。嗟乎！时所在，命所在也；命所在，性所在也。人道不昧，其崂山之力乎？余无足重于崂，而崂为余有，则崂所自立于斯世、斯人之会者，因缘不偶，是安可忘哉。志所见，志所闻。崂无心也，心乎崂者，其恍然于所见所闻之外乎？"① 黄宗昌是在"不见容于世，不获驰驱王事，上报天子"，仕途淹蹇之时，成为崂山的知音。他避世于此，可以抖落半生仕宦风尘，崂山成为其疲惫心灵的憩息之地。在他途穷辄哭时，只有崂山的春天、崂山的秋天，才能够给他心灵以慰藉。"我见青山多妩媚，料青山见我应如是。"②《崂山志》是黄宗昌发愤之作，凝聚着其强烈的人生感喟。这一点，许多为《崂山志》作序的文人都深明其内里。张允抡《崂山志》序说："山之高深，以人为高深者也，无人，则山不灵。然而人之立于两间者，岂为山重乎？人伦之责，其忧方大，与山为缘，岂其本怀，顾天下无失己之人伦，道消道长，时不我与。出不可以为出，而处以当之，此固有深山中人道耳。嗟夫！君子不幸而与山为缘，犹幸而得愧于两间。则舒惨啸歌，亦安在不可一日百年哉，此志之不可以已也。吾悲夫先生处晦而困心，衡虑不得一伸，乃作山志，其亦重在憾也夫。"③ 黄宗昌避居深山，与山林草野为伴，非其有山林箕颖之志，是"时不我与"，不得已而为之。"处晦而困心，衡虑不得一伸，乃作山志"，在内心万分纠结、苦闷无处宣泄之时，黄宗昌以书当哭的《崂山志》注定它独具特色。

2. 时不我与

黄宗昌《崂山志》的独特在于作者身世经历的不凡。

《明史》记载："黄宗昌，字长倩，即墨人，明天启二年（1622）进士。崇祯初，为御史，请斥矫旨伪官。言先帝宾天在八月二十三日，三殿叙功止先一日，正当帝疾大渐之时，岂能安闲出诏？凡加衔进秩，皆魏氏官也。得旨汰叙功冒滥者，宗昌争曰：'臣所纠乃矫旨，非冒滥也。冒滥犹可容，矫旨不可贷。'遂列上黄克缵、范济世、霍维华、邵辅忠、吕纯如等六十一人，乞罢免。帝以列名多，不听。寻劾罢逆党尚书张我续、侍郎吕图南、通政使岳骏声、给事中潘士闻、御史王琪，又劾周延儒贪秽数

---

① 苑秀丽、刘怀荣：《崂山志校注》，人民出版社2015年版，第21页。
② 邓广铭：《稼轩词编年笺注》，上海古籍出版社1993年版，第51页。
③ 苑秀丽、刘怀荣：《崂山志校注》，人民出版社2015年版，第20页。

事。帝怒，停俸半年。既而，劾体仁，不纳。二年（1629）冬，巡按湖广，岷王禋洪为校尉侍圣及善化王长子企𨰻等所弑，参政龚承荐等不以实闻，狱不决者久之。宗昌至，群奸始伏辜。帝责问前诸臣失出罪，宗昌纠承荐等。时体仁、延儒皆已入阁，而永光意忌，以为不先劾承荐也。镌宗昌四级，宗昌遂归。十五年（1642），即墨被兵，宗昌率乡人拒守，城全。仲子基中流矢死，其妻周氏及三亲郭氏、二刘氏殉之。谓之'一门五烈'。"①

《东林列传》记载："黄宗昌，字长倩，山东即墨人。举天启二年进士。为人重名义，不苟为依附。初授雄县知县，时逆瑾魏忠贤用事，雄近京师，故多中官往来。有忠贤子侄荫锦衣卫指挥者干政，民弗堪，置诸理。左右怵以危词，宗昌曰：'吾奉天子法而以奸容耶！'又中官之党杀人，朝贵多为解，不听。愤曰：'是其气焰，足以论死，况又杀人！'终令抵罪。以能调清苑知县，是时逆党势愈张，三辅郡县争建忠贤生祠如恐不及，宗昌言于知府方一藻，故不授工，以稽缓之。及珰败，清苑独无祠。初，珰恶宗昌倔强，欲以东林杀之，密使人言于一藻令劾，罢而不果。会熹宗崩，乃已。崇祯元年，擢授山西道监察御史。"②

由《明史》本传和《东林列传》，我们可以勾勒出黄宗昌的仕宦经历和疾恶如仇的耿直官吏形象。明熹宗朱由校时，宦官为患，朝廷被贪婪的宦官集团所把持。黄宗昌在雄县（今河北省雄安新区）、清苑县（今河北省清苑县）任职时，宦官魏忠贤权势熏天，为所欲为。《明史》说"自内阁六部，四方总督巡抚，遍置死党"，许多朝廷官员攀附拜认魏忠贤为义父、干爹，一时朝廷之上布满魏忠贤的干儿、义子，他们为虎作伥，"内外大权，一归忠贤"，一时朝廷乌烟瘴气。临近京城的雄县亦"多中涓戚党，横于乡里"。黄宗昌没有与阉党同流合污，他一身正气，疾恶如仇。"宗昌下车，悉置诸理"，上任伊始，即对魏逆一党、不法之徒，进行严厉的打击和整治。在清苑时，"值魏阉势盛，生祠遍三辅，讫终任，清苑独无祠"。魏阉气盛势炽，褒扬魏忠贤的生祠遍及京畿一带。黄宗昌冒杀身灭族之险，说服了自己的顶头上司——保定知府方一藻，采取种种托词和借口，拒绝为魏忠贤建祠修像。魏忠贤树倒猢狲散后，全国只有清苑等

---

① 《明史》卷258，中华书局1974年版，第6656页。
② 苑秀丽、刘怀荣：《崂山志校注》，人民出版社2015年版，第5页。

少数几个县没建生祠。"第事关众怒,言出祸随,臣既以此七尺许国家,奚暇他顾,即通身受祸,固所不辞耳。"① 苟利国家生死以,岂因祸福避趋之。以身家性命奉献国家,个人的生死祸福置之度外。

天启七年(1627)八月二十二日,明熹宗驾崩,魏忠贤在八月二十一日,假传圣旨,为百余心腹升官加爵。明思宗朱由检即位后,虽然惩治了首恶魏忠贤,但其余党盘根错节,交结纠缠,仍有很大的影响,并有其他权奸滋生。黄宗昌接连上疏,对魏忠贤余孽提出弹劾。他指责道:"权奸大恶,无如矫旨;人臣玷染,无如伪官。矫旨虽细,法所必诛;伪官虽贤,千载共弃。逆党弄权窃柄,阴谋叵测。摒除异己,诛除善良,岂彼一旦而无忌若是。率由怀禄固宠之辈阿谀苟容,尝先意逢迎,遂启其好大喜功之心,因生其矫窃问鼎之渐。向者宁远报捷,不过敌人解围自去,非能斩将搴旗复有寸土,乃虚张声势命爵论功。即朝臣一毫无与者,皆迁官荫子,锡币赉金,滥至百余人,国家名器,尽为逆党收罗心腹之具。"② 逆党滥用国家名器收买人心,宁远一战将士非有尺寸之功,但命爵论功百余人,其所命伪官皆怀禄固宠之辈,任其放纵就有"生其矫窃问鼎之渐"的祸患。为国家之计,黄宗昌以新进小臣的微薄力量与逆党抗衡,他说:"臣以新进小臣,非不知元气当培,攻击宜缓。第在昔肆虐之时,则宜进保元气之说,以与魏珰抗。在今昌言不讳之日,邪气不尽除,恐元气终不可复。"③ 旨意严办此事,"察核以凭裁夺",但是内阁大臣营私舞弊,将矫伪改成冒滥,欲以此减轻对伪官的惩处。黄宗昌再上疏力争,"臣前指逆党矫旨,多官仰戴伪衔,故举叙功时日彰明较著者言之,非纠冒滥也。谓冒滥者固可诛,即非冒滥者而受赏于此时,是谁赏之耶?亦非纠与殿工无涉者耶?谓无涉者固可诛,即与殿工有涉者而命官于此时,是谁命之耶?盖冒滥之罪犹可宽,矫伪之罪不容逭。臣披肝洒血,以纠大奸阁臣,乃以冒滥概之,臣窃疑焉。得毋阁臣素戴逆党,见臣所奏,有隐然心动者耶?否则前日所出之旨,阁臣与逆党表里,故见臣疏,嗫嚅不敢出口耶?否则力庇所切,狐兔之悲耶?不然何判然不俾若是耶?"④ 旨意回复,矫伪与冒滥一样,没什么不同,如果他知道矫伪之人,可以明白指认出来。

---

① 清同治《即墨县志》卷10,中国和平出版社2005年版。
② 苑秀丽、刘怀荣:《崂山志校注》,人民出版社2015年版,第6页。
③ 同上。
④ 同上。

黄宗昌知道这虽为旨意，实际上是手握大权的阁臣之意，目的是让他四处树敌。黄宗昌一不做二不休，索性撕开脸皮做到底，指出矫伪官员60多人，"而忌之者众矣"。

崇祯帝即位，清理阉党，周延儒因居南京闲散之地而获擢用，召为礼部右侍郎。崇祯元年冬，驻宁远的兵士因断饷发生哗变，崇祯帝召集群臣问计，周延儒的话深得皇帝赞赏。数日后，崇祯帝又召周延儒面议政事，周延儒揣摩崇祯帝猜疑和察察为明的个性，奏称锦州兵变应该是骄兵构煽为乱，有关将帅御之无策，以故哗变时常发生。当时崇祯帝正怀疑士兵哗变是边将要挟，周延儒奏本正合皇帝心意，因此获得了崇祯帝的特别信任。崇祯二年三月，崇祯帝召周延儒密议，"漏下数十刻乃出，语秘不得闻"，周延儒得到皇帝的恩眷和更大的信任。黄宗昌不惧忤逆之罪，弹劾周延儒，"若甫仗势横恶，趋炎附逆，翻云覆雨，罄竹难尽，但事稍涉疑似，臣不敢缕述，奸淫灭伦，伤风败俗，虽道路有口，然臣以不敢明言，重为词林之辱。但是延儒扪心清夜，未知天壤间亦可自荣否耳。总之，此一臣者，四维尽丧，百行俱隳。其犹可恨者，指捏内助，恐胁外廷，臣仰知圣明之世，万万无此等事。但延儒受人多金之托，不得不借假无影之奥援以欺人。而延儒门下之鹰犬，费延儒之金，不敢出一字以撩虎须，臣实痛之"①。黄宗昌指责周延儒等人"奸淫灭伦，伤风败俗""受贿卖官、贪赃枉法""四维尽丧，百行俱隳"，因正逢皇子出生，恐冲撞了皇家的大庆，周延儒等人仅被罚俸半年了事。

崇祯二年（1629）冬，"延儒既入相，出宗昌按楚"②。黄宗昌奉旨到楚地按巡，实际上是被周延儒等人排挤出朝廷。先是，岷王禋洪为校尉彭侍圣和善化王的长子企钜等杀害，参政龚承荐等隐匿真相，不据实上报，一直未能结案。黄宗昌巡按至岷州，"群奸始伏辜"。崇祯帝问前诸臣失责罪，黄宗昌政敌趁机出手报复，落井下石，黄宗昌被"降四级，调用。忌者意犹未厌，复以清苑逋赋连及宗昌，候讯者十年，会诏蠲逋，乃得释"③。黄宗昌为官清白廉正，却因疾恶如仇，"树敌过多"，被罢官归乡。崇祯十年（1637），正当壮年的黄宗昌弃官回家，此年45岁。

---

① 清同治《即墨县志》卷10，中国和平出版社2005年版。
② 清同治《即墨县志》卷9，中国和平出版社2005年版。
③ 苑秀丽、刘怀荣：《崂山志校注》，人民出版社2015年版，第5页。

3. 心灵的契合

清初思想家王夫之在反思明朝覆灭亡国的教训时，曾批评明代士人的"任气""气激""躁竞""激昂好为已甚"，他关注到明代士人党争的破坏性，认为他们所恃不过"一往之意气""一时之气矜""有闻则起，有言必诤"。党争中的君子小人，其"术"相去不过"寻丈之间而已"，他们争之不以其道，演变为争而争，失去了论争的正义性。《东林列传》曰："先生（黄宗昌）昌言谔谔以攻逆党，是高杨左魏之后劲也，使天下知有君子小人之分，皆先生之力耳。""正志而决于所向，岂其危险之足虞乎！""君子之盎于天地间者，岂人所得而损益之哉！"[1] 黄宗昌作为东林党士人，其论争中带有明显的为争而争的色彩。他在上疏要求严惩伪官时说，"伪官虽贤，千载共弃"。举贤与能是儒家崇尚的政治治理方式，既然是贤人却认为必须遭到人人唾弃，则是弹劾官员不以其道，而以其党人的利益。上下交争，构成了明代政治文化的特点，王夫之将其称为"戾气"。在他看来，人之有邪恶，政之有善恶，是本来如此的。而那些一味与小人"竞气"的君子，"使气而矜名"的正人，激化了政治的纷争，是难辞其咎的。周延儒与黄宗昌一样，也曾是东林党人，并不属于逆党，随着东林党因为利益而分化，黄宗昌抨击周延儒确有"高杨左魏之后劲"。

黄宗昌有"激昂好为已甚"的个性，当他登山临水之时，自然表现出与众之不同的情感。黄坦《崂山志记言》说："张饶州并叔，其居官行己，先君子素所闻而慕之者。尝语坦曰：'今之日而有是人也，使在朝廷，可以观矣，然谁其容之哉？'"[2] 张允伦认为黄宗昌若能得到朝廷的信用，其政绩必有可观。由此评价可以看出，黄宗昌是有政治才具的，令人惋惜的是其始终未有"天生我材必有用"的机遇。明珠投暗的黄宗昌，虽被暗藏但依然是明珠，他为自己的才华不得施展而愤愤不平，泪眼看山，唯有崂山为知音。他发现了崂山的独特之美，其《崂山志》处处洋溢着对崂山之美的赞叹与惋惜。"崂山之大也，不待琢而光相发者，天地自有之美。旷然心目，各得其所得，此固良工所不能施其巧，而寒暑不能

---

[1] 苑秀丽、刘怀荣：《崂山志校注》，人民出版社2015年版，第32页。
[2] 同上书，第171页。

易其色者也。吾取其朴质，其文其秀可餐，君子居之。天下具自然之美，足以挹取者，率见前止耳。有其美而增加为多，此以外为悦，失其自然者也，崂无是也。深山穷谷，处崚嶒而无虞乎艰危，何所容吾修饰？高下从心，移步而形生，造化之理，殆有不可执一境以求之者，奚假人工哉？故纷华靡丽，崂无取耳。"① 黄宗昌认为崂山是"不待琢而光相发"的明珠，不需要人为琢磨，其朴质的风光秀色可餐，是天地大美之表现。他处深山穷谷，却不"危乎高哉"，游人高下从心，移步而形生，处处给你异样的惊喜。"虽通人大都士不与之通，而天地之灵秀自若，此崂山之所以为崂山也。"文人名士很少涉足崂山，但崂山"不以物喜，不以己悲"，依然"灵秀自若"。"山以静为德，崂无富贵气，而理大物丰，取精为多，则德产之致也。故物之所钟，滋于本，成于末，可以养元，可以厚终者，多得之收敛固藏中，而发于性所自定，命所自立之地。然则枯槁寂寞，其与人之相成，何如哉？"② 收敛固藏，可以养元。元气至大至刚，为天地间之浩然正气。君子培养元气要收敛固藏、修身养性，而修身养性则以静为德，耐得住枯槁寂寞。崂山少有高官达贵的造访，它无富贵气，与君子修身养性相辅相成。"事必求悦乎耳目，则乱之者至矣。斯以知因缘附会之足以丧身也。崂无所事夫雕文镂刻，故妇人女子之迹不至，而励志持行托足者，无以惑于他途。盖孤洁而不杂一膴靡，为天地之正气焉。是可以观矣。"③ 景色满足世人赏心悦目愿望，此地必然纷乱无章，凡夫俗子纷至沓来，妇人女子亦慕名而至。如张岱《西湖七月半》所述，七月半，人游西湖本为赏月，可喧嚣杂沓的人群，使"西湖七月半，一无可看，只可看看七月半之人"。看七月半之人是何状态？"其一，楼船箫鼓，峨冠盛筵，灯火优傒，声光相乱，名为看月而实不见月者，看之；其一，亦船亦楼，名娃闺秀，携及童娈，笑啼杂之，还坐露台，左右盼望，身在月下而实不看月者，看之；其一，亦船亦声歌，名妓闲僧，浅斟低唱，弱管轻丝，竹肉相发，亦在月下，亦看月而欲人看其看月者，看之；其一，不舟不车，不衫不帻，酒醉饭饱，呼群三五，跻入人丛，昭庆、断桥，嘄呼嘈杂，装假醉，唱无腔曲，月亦看，看月者亦看，不看月者亦看，而实无一看者，看之；其一，小船轻幌，净几煖炉，茶铛旋煮，素瓷静递，好友佳

---

① 苑秀丽、刘怀荣：《崂山志校注》，人民出版社2015年版，第29页。
② 同上。
③ 同上书，第30页。

人，邀月同坐，或匿影树下，或逃嚣里湖，看月而人不见其看月之态，亦不作意看月者，看之。"① 崂山无鱼龙混杂之人登临，妇人女子之迹亦罕至，它孤洁朴质，凝聚着天地之浩然正气。

黄宗昌赞赏崂山的"灵秀自若"，难掩对文人名士不识崂山真面目的遗憾。"子瞻为胶守，劳山近在部中，日日所见，又从劳山下渡海达淮，独不一蹑其上，何也？以子瞻之高怀逸趣，足迹所至便抉幽奇，而于劳山，日在目中，足不一至，中必有故。子瞻，蜀人也。渠家青城、巫峡、峨眉、剑阁之胜，生平曾不留念。顾拳拳于虎林、阳羡、蕲黄、赤壁之间。足知此老胸怀，乐疏荡而惮嶙峋，宜乎劳山不能要其一至也。又惜此老未登嶙峋耳，登则嶙峋未始不如疏荡，人亦未始不以境而移其习者，人与山俱不相遇也。慨夫！"② 宋神宗熙宁七年十二月，苏轼由杭州通判调任密州知州，熙宁九年十月离任，在密州任职近两年。密州当时下辖诸城、安丘、高密、莒县、胶西五县，而其时崂山属于胶西管辖区域。苏轼如李白是"五岳寻仙不辞远，一生好入名山游"，尤其在其任职之地，名山奇景无不游赏殆尽。"劳山近在部中，日日所见，（苏轼）又从劳山下渡海达淮"，他却未曾登临崂山，对于崂山这不能不说是最大的憾事。究其原因，黄宗昌说苏轼并非凡是名山美景都登临游赏，如其故乡的青城山、巫峡、峨眉山、剑阁，景色美不胜收，近在身边，都未曾涉足。从他最喜欢的名胜古迹虎林、阳羡、蕲黄、赤壁来看，就能推测出苏轼"乐疏荡而惮嶙峋"，崂山不是苏轼欣赏的那一类，但是若苏轼登临崂山，"登则嶙峋未始不如疏荡"，嶙峋的崂山未必不如疏荡之虎林、阳羡，也难说不会带给苏轼意外的惊喜。"人与山俱不相遇也，慨夫！"苏轼与崂山近在咫尺，却无缘一面，黄宗昌对此怀有难尽的惋惜。他说自然之景可以改变游者的欣赏习惯，"人亦未始不以境而移其习者"，事实上这种情况是很少发生的。

黄宗昌为崂山惋惜，崂山空有明珠般瑰丽，只有幽人隐士的青睐。在他看来，人与山相遇的因缘幸会，"是亦有数"。《崂山志》卷七云："名山大泽，与为朝夕，君子所欣慕，而因缘幸会，是亦有数。远而得之，近而失之；无心而得之，有心而失之。天下如意之事常少，而与山与人相得

---

① （明）张岱：《陶庵梦忆》，作家出版社1995年版，第136页。
② 苑秀丽、刘怀荣：《崂山志校注》，人民出版社2015年版，第6页。

益彰，岂其偶然？故一卜一筑，君子居之，必有无愧于斯者，山与灵矣，泽与长矣。此中之屈伸俯仰，千古如在也。"① 黄宗昌认为名士与名山经常是"远而得之，近而失之；无心而得之，有心而失之"，两者相得益彰并不是偶然，而是有"数"，也就是要有命运的相通。《崂山志》卷四《栖隐》载："崂当地之东偏，空谷之音，士所徜徉而托足者尝不及，而乡有君子，含章尽志，罔不栖迟矣。悲夫！黄农虞夏，独寐寤歌，其不可解于中者，诚难告人。亦曰：俯仰深山，天地之纪，庶力持在斯耳，岂徒洁身而已乎？"② "含章尽志，罔不栖迟矣"，在仕途上尽情驰骋挥发才华的名士是不会栖身崂山空谷的，官场得意、仕途平坦的名士与崂山的"数"是不相同的，冥冥之中注定两者的不遇。"崂山居地一隅，而环处者海，则地气归宿于此也。惟其然，故通人大都士常不与之遇，惟潜晦自命者，往往得而有之。不与之遇，势所限也；得而有之，性所孚也。天下惟势所限者，必有其性所孚之处。然则贤不肖，固有其类矣。"③ 通人大都之士是不会到这四处环海、居地一隅的天涯海角的，唯有"潜晦自命"的失意之人，"得而有之，性所孚也"。隐居崂山，在静谧的深山僻处，抚平内心的惊涛骇浪，得到心灵的片刻宁静。"山高水清，造物者之施设乎！而茂对时育，恍相得也。大而大之，小而小之，人弃我取，盖有气类焉。彼脂车抹马，是不一途；负笈担簦，亦非一士。况乎时会相因，遭逢何常？或托寄焉，而徜徉如此者多也。人各有怀，随在领受，苟旷然目遇，自有得于登临啸歌之外者。其来也，不知其人；其题咏也，吾得而去取之。崂虽偏处东方，赴山蹈海，至者踵其接，而姓名多不著见，非无可著，不欲著也。其不欲著者，君子也。今之日，朝一至焉，夕一至焉。过吾庐皆尔雅士，非黄冠，则缁衣。与之处，口无妄言，若穆然以思，泠然以悲者，是其人姓字皆不可得而谱。或一至，或再三至；或独往，或偕来。其至者不同，要之，皆君子也。夫不欲名之著而至止者，山之德为何如乎？故不传其人，而约略其题咏以识游。盖非其时，而君子之名姓不著者多也。"④ 通人名士对崂山不屑一顾，黄宗昌居此于心有戚戚焉，他与崂山同气相求，"人弃我取，盖有气类焉"。他登临崂山与"脂车抹马"

---

① 苑秀丽、刘怀荣：《崂山志校注》，人民出版社2015年版，第104页。
② 同上书，第68页。
③ 同上书，第29页。
④ 同上书，第112页。

者非一类，与"负笈担簦"者也非一途。至于"朝一至焉，夕一至焉"的黄冠、缁衣，"口无妄言，若穆然以思，泠然以悲者"，登斯山也，心神亦大不相同。其《山中春兴》诗曰："幽兴触时发，春来正未央。浊醪齐物论，流水楚明光。雪尽云根暖，风恬月魄香。此中真有意，陶令已言忘。"① 黄宗昌在诗歌中抒发了隐居崂山的幽兴，他以陶渊明自居，避世桃源，雪尽云暖，风恬月明，一杯浊酒助兴，"天地与我并生，万物与我为一"，遗忘了宦途上的烦恼，淡漠了人世间的坎坷。这种幽兴唯与崂山之数相同者所有，不足为他人所道，因为此外崂山再无知音。

4. 求放心于山水

黄宗昌的《崂山志》，着意在"人以山重，山以人名"，他不仅志山，且重在志人，记录与崂山关系密切的人。《崂山志》不设《人物志》，而设《栖隐》《仙释》，突出了道、佛在崂山的地位和影响，突出了崂山中儒、道、佛三者的交融和谐。第一位崂山道士李哲玄是由儒而入道的代表人物，崂山名僧憨山、名道丘处机均有深厚的儒学修养。而《崂山志》的志人，志者都与崂山有着深厚的渊源，如《华阴山居》志高弘图，《华阳书院》志蓝章，《上庄》志杨宗晓，这三人都有隐居崂山的历史。"一卜一筑，君子居之，必有无愧于斯者，山与灵矣，泽与长矣。此中之屈伸俯仰，千古如在也。"② 在黄宗昌看来，这些名士因为仕途的失意隐居崂山，并不减损崂山的光辉，相反他们坦荡正直的人格魅力，为崂山保留了一段美好的记忆。"屈伸俯仰，千古如在"，他们的遭逢引起了黄宗昌内心的共鸣。黄宗昌之子黄坦《崂山志记言》云："穷通显晦，时也。时所遭，即为人道。尽人之道者，非时所能制也。嗟乎！先君子生平，其以忧患为人道乎？先君子非以见嫉于权臣为忧患也，忧天下事之败于权臣，而患国家之沦胥以亡者也。……先君子之为《崂山志》也，岂志山哉？志其所以处山者耳。故即事以见义，触于目，发于言，人以为性情之适也，而不知伤心为大耳。山之深，海之阔，岂有当于草野微忱哉？已矣乎！先君子明于春秋大义，内君子，外小人，始而去就以是也，终而蛰藏以是也。山志之取予，盖可知矣！"③ 黄坦说其父撰写《崂山志》不仅仅是为崂山作志，

---

① 宫泉久、曹贤香：《崂山诗词精选评注》，人民出版社 2015 年版，第 93 页。
② 苑秀丽、刘怀荣：《崂山志校注》，人民出版社 2015 年版，第 104 页。
③ 同上书，第 171 页。

而是要写出"其所以处山者",写出其伤心之处。《附录》之论也指出:"吾概观崂山一志,而知先生之意不在山也。先之以本志,其发舒也有自,其表著也有旨。因文见义,绎厥微辞,特笔先生之蕴藉、先生之生平也。"①

黄宗昌因崂山不为名士所赏而惋惜,更为隐居崂山的仕途失意者鸣不平。他在《崂山志》中借写崂山名士踪迹,详细叙述了隐居名士的仕途淹蹇,抨击了世道的不公,也抒写了自己的愤懑,"其发舒也有自,其表著也有旨"。《崂山志》卷七《华阳书院》载:"在华楼南麓,盖少司寇蓝公伤心时事,退休大崂之侧,卜筑于此者也。即其所自号大崂山人者,可知矣。……(蓝章)出廷尉,入金宪,君子而见知于有道为何如者?嗟乎!道消道长,时也。时非君子所妄邀,亦取必当官之无愧耳!武宗嗣统,刘瑾煽乱,附己者得显秩,不也,祸随之。公曰:'吾岂以逆阉邀大官之俸哉!'言貌不相假,而瑾知其必我疾也,则谪而去。瑾败,乃复。而畏公切直者犹不使之与朝事也,使其抚陕西。盖小人之思乘权用事也,往往借资左右近习,而宦官宫妾之敢于猖狂不轨,则窃附者之众多,日相寻于无忌耳。虽事败伏诛,坐论不过数人,党固在也。……公以社稷才,不左右天子,而贤劳于外。即至功成寇息,犹使之佐尚书,弼教留都。此公所以五疏乞休,而以大崂山人终与?噫!朝廷无公,崂山有公矣。崂山顾不重哉!夫天下无道,亦崂山之一时也。"② 明成化二十年(1484),即墨蓝章中进士,初任婺源,再任潜山县令,政绩颇受称赞。正德元年迁都察院左金都御史,因为上疏明宪宗朱见深,弹劾宦官刘瑾,被投入狱中,后谪抚州通判。刘瑾事败,蓝章本应得到重用,却因正直被排挤出京城,出任陕西巡抚。蓝章晚年,多次上疏皆不被皇帝采纳,深深失望,请求辞去刑部右侍郎的官职,回到家乡,在崂山隐居终老。蓝章以社稷之才,隐居崂山,以大崂山人自居,在华楼南麓卜筑华阳书院,消遣余生。天下无道之时,则是崂山受青睐之日,于崂山为幸事,于名士则是莫大的悲哀。黄宗昌借写华阳书院,表达出了对书院主人人生际遇的同情。

在《崂山志·游观》中,黄宗昌也多从抒写作者胸中之块垒的角度收载崂山游记。陶允嘉《游崂山记》云:"夫此一崂也,得祖龙而始名,得太白而始显,得丘处机而始大显,地固以人哉。然古称安期、羡门皆在

---

① 苑秀丽、刘怀荣:《崂山志校注》,人民出版社2015年版,第170页。

② 同上书,第106页。

东海上,则始、武之东游,夫亦以山水奇绝,素称神仙窟宅,而觊一遇之耳。憨僧欲以缁流相袭,仙灵其肯甘心乎?又闻方其毁宫为寺,丹垩落成日,天宇澄丽,忽飘风飞雨,洒渐而至,四众骇怖,罔测所由。出视海口,见二巨鱼如山,昂首喷波,直射殿中。岂仙灵不怿而驱此二鳖示怪也?亦奇矣。且震旦水皆东壑于海,登、莱悬出海中,返逆而西,皆崂山之砥柱盘礴,故外耸而中洼耳。无崂山则无登、莱矣!功岂不伟,乃上不得蒙柴望之典,次不得班沂山培塿之列,宁非以远弃海滨,人迹罕至也耶?嗟嗟,又宁独山水也哉!"① 崂山"山水奇绝,素称神仙窟宅",上界仙人如安期、羡门,下界皇帝如秦皇、汉武都曾临幸崂山,然而崂山"上不得蒙柴望之典,次不得班沂山培塿之列",人迹罕至,无五岳之尊崇。明朝万历时期,五大高僧之一的憨山在崂山修建海印寺,本可吸引一些善男信女的朝拜,为崂山增添一点香火气息,为崂山聚集一些人气,可惜却因为朝廷的内争落得个憨山流放,寺庙毁弃,崂山依旧幽寂孤洁。名山秀水如此遭际,人何尝不是如此?即墨蓝田《崂山巨峰白云洞记》也抒发了同样感慨,他说:"北泉山人薄游海上,南访朐山,登琅琊台,北观芝罘山,雄秀突兀,皆未有若崂山者也。《齐记》曰:泰山虽云高,不如东海崂。是崂山之高,高于泰岳矣。然崂山僻在海隅,名未闻于天下,而朐山、琅琊、芝罘,以秦皇之游览也,人人知之。呜呼!山之见知与不见知,而亦有幸不幸存焉。山川且然,而况于人乎!"② 蓝田字玉甫,号北泉。明弘治五年中举人,嘉靖二年登进士,官授河南道监察御史。蓝田为官刚正敢言,曾在"廷议"中连上七疏强谏,触怒皇帝,被罚"廷杖"险些丧生。此后,他又先后弹劾礼部尚书席书、给事中陈洸、冢宰乔宇、宗伯汪俊等权臣。后遭到这些权贵的报复打击,他们罗织罪名迫害排挤蓝田,使他遭贬罢归。蓝田回到即墨故里后,构筑"可止轩"书房,一心闭门读书,绝口不言时事。蓝田游历过朐山、琅琊、芝罘,这些地方"雄秀突兀,皆未有若崂山者",却人人知之。看来名山是否被人熟知青睐,也存在幸与不幸。山川草木尚且如此,蓝田对自己的遭际也就从心理上有些微释然。古之学者为己,今之学者为人。蓝田闭门读书,不求仕途通达,而是追求心地的本真良善。邹善《游崂山记》也议论道:"夫岩壑

---

① 苑秀丽、刘怀荣:《崂山志校注》,人民出版社2015年版,第145页。
② 同上书,第113页。

之幽，沧溟之广，日月之奇，数日可谓遍历而备尝之矣。方其对山水、玩日月时，其心寂寂然，廓廓然，炯炯然，何也？噫！吾心本自幽邃，本自广大，本自光明，一有所触，则心境会而本真露。斯固吾人平旦时也能真识此体，而时保之。处尘垄不异清境，居屋漏常对真明，则志气如神，喧寂一致，方可以言学，方可以言游。不然幽还岩壑，广还沧溟，明还日月，依然旦昼之梏亡矣，而又何取于斯游？六一公云：'醉翁之意不在酒，在乎山水之间。'予谓：'兹游又或不专在山水间云。'因放歌曰：'到此浑如尘外人，不须炼药问长春。千峰离却人如旧，不负千峰负此身。'又歌曰：'观日崖头奇更奇，万缘何处总无知。欲求别后真消息，常似狮崖对日时。'诸生相对，咸惕然有省。"① 邹善认为人的心地光明正大，其所历之境，对山水、玩日月时，就会萌发一种辽阔、深邃、明亮的心境。处俗世而不同污，处逆境而不颓丧。这些议论对黄宗昌而言，如同夫子自道。黄宗昌隐居崂山并不在意于山水之间，"或不专在山水间"，他"求其放心"于日月山水，"心境会而本真露"，寻求心灵的知音。黄宗昌在《玉蕊楼自述》说："尝抚躬自按，今之泉石也，丰树修篁，自在天壤，日兮月兮，于予何有？乃回首先生（郑玄）故址，宿草荒烟中，恍若有得焉，又颓然如失焉。是知君子之自立，固无所借资，而山川人物，实有相待而成者。则人道在斯，先生之启予何多也。将恐将惧，服先生之教，亦何容于恐惧乎？将安将乐，食先生之泽，亦何取夫安乐乎？梦梦者，天也。而昭昭者，先生之生平也。嗟乎！知困者行不殆，虑始者持必终。"② 崂山的际遇给黄宗昌以极大的启发，山川人物有相待而成，"君子之自立，固无所借资"，如东汉大儒郑玄埋没崂山蒿莱，依然留泽后人，表现出君子的光明心地。隐居崂山的名士给予黄宗昌以启迪和鼓励，那就是"士不可以不弘毅"。

黄宗昌为崂山立志扬名，崂山也予黄宗昌以感悟和启迪。相看两不厌，唯有崂山。

---

① 苑秀丽、刘怀荣：《崂山志校注》，人民出版社2015年版，第125页。
② 同上书，第108页。

二 崂山知音蒲松龄

"尝叹夫崂山之胜,其见于旧志所载,与游客散记者,不及什一。其他怪诡之观,丽奇之致,闷蕴于穷谷之间,未显露于世,尚指不胜举。不由宣扬何以发其由灵之光?每一念及,辄为之太息者久之。"① 这是周至元在其《崂山志》自序中的感喟。然而名川仙山得以发其由灵之光,并不仅仅依赖散记与史志。黄宗昌呕心沥血为崂山扬名颂德,其《崂山志》可谓搜罗无遗,但蒲松龄(1640—1715)《崂山道士》短文一篇,就事半而功十倍于《崂山志》。以至于一提起崂山,人们就不由自主想起蒲松龄的《崂山道士》。崂山以道教名山的赞誉博得海上名山第一的桂冠,蒲松龄对崂山美誉度的贡献功不可没。

1. 崂山之行

从某种意义上说,蒲松龄成就了崂山,崂山也成就了蒲松龄,更确切地说成就了《聊斋志异》。因为读过《聊斋志异》的人不多,知道《崂山道士》的人却不少。然而,据考证对崂山文化作出巨大贡献的蒲松龄,一生只游历了一次崂山。

游历崂山之前,蒲松龄作了一次远游,这也是他一生中唯一的一次远游。康熙八年,孙蕙出任宝应县知县,次年邀请蒲松龄赴宝应做幕僚。孙蕙字树百,淄川人,长蒲松龄八岁,顺治十四年乡试中举,蒲松龄则是顺治十五年考中秀才,两人皆受知于山东学政施闰章。顺治十三年,施闰章督学山东,蒲松龄以县、府、道三个第一进学。施闰章为道试出的题目是《蚤起》《一勺之多》,蒲松龄两篇制艺颇得施闰章赞赏,批为:"首艺空中闻异香,下笔如有神,将一时富贵丑态,毕露于二字之上,直足亦维风移俗。""观书如月,运笔如风,有掉臂游行之乐。"② 蒲松龄从此"文名藉藉诸生间"。蒲松龄对施闰章的知遇之恩铭记终生,他在《聊斋志异·胭脂》中,赞扬施闰章断案如神,敢于将济南守吴南岱审办的铁案翻倒,

---

① 周至元:《崂山志》,齐鲁书社1993年版,第3页。
② 盛伟:《蒲松龄全集》,学林出版社1998年版,第1406页。

还公道于当事人。他说:"愚山先生吾师也。方见知时,余犹童子。窃见其奖进士子,拳拳如恐不尽;小有冤抑,必委屈呵护之。曾不肯作威学校,以媚权要。真宣圣之护法,不止一代宗匠,衡文无屈士已也。而爱才如命,尤非后世学使虚应故事者所及。"① 然而此后,蒲松龄再也未遇施闰章这样独具慧眼的考官。《儒林外史》中的范进从 20 岁应考,考了 20 余次也没进学,范进的恩师周进初阅他的卷子说"这样的文字,都说的是些甚么话,怪不得不进学",直到看了三遍后,不觉叹息道:"这样的文字连我看一两遍也不能解,直到三遍之后,才晓得是天地间之至文,真乃一字一珠!可见世上糊涂试官,不知屈煞了多少英才!"② 蒲松龄科举考试的遭遇与范进颇为相似。有学者研究蒲松龄科举屡试屡败的原因,将其归咎于蒲松龄的恩师施闰章。施闰章在试各郡所取童生时,曾宣示"能作诗赋者,许各展所长"。从蒲松龄进学的《蚤起》可以看出,他的制艺是不符合时文格式的,如此继续走科考一途,除非再遇到施闰章这样的诗人考官,否则中举无望。宋人严羽在其《沧浪诗话》谈到学诗时说:"夫学诗者以识为主,入门须正,立志须高,以汉魏晋盛唐为师,不作开元、天宝以下人物。若自退屈,即有下劣诗魔入其肺腑之间,由立志之不高也。行有未至,可加工力;路头一差,愈骛愈远,由入门之不正也。故曰:学其上,仅得其中;学其中,斯为下矣。"③ 将严羽的学诗用到蒲松龄的制艺上,同样有借鉴意义。

孙蕙邀请蒲松龄做幕僚很大程度上是出于同情和关照,两人关系的密切不同于一般的官员和幕僚,就如同杜甫与严武,两人是亦官亦友的关系。孙蕙不摆官员的架子,蒲松龄也不必毕恭毕敬。不论是商量宝应一县的大事,还是应对频繁的来往应酬,都是毫无顾忌,配合默契。然而刚到而立之年的蒲松龄对科举仕途还充满着幻想,还有十分的自信,他不甘心沉沦幕僚一生。其《中秋无月,客出太白捉月图,因赋得把酒问青天》曰:"鱼鳞云起何漫漫,远人对此愁心颜。黪光落琖云影湿,细雨无声秋树泣。何人妄肖捉月图,使我展卷百忧集。四座停杯皆黪然,山鬼吹风搴帘入。我独一杯酬青莲,欲放狂歌仍悒悒。吁嗟乎青天,不知谪仙氏捉月在何年?长鲸亦已去,望月古今怜。醉中美人呵冻笔,画上好事何不传。

---

① 盛伟:《蒲松龄全集》,学林出版社 1998 年版,第 3201 页。
② (清) 吴敬梓:《儒林外史》,岳麓书社 1988 年版,第 17 页。
③ (宋) 严羽:《沧浪诗话》,中华书局 1997 年版,第 53 页。

世人图绘皆吉祥，可怪此图独乖张。当年作此应有意，宁知观者双泪盈满眶。噫嘻悲乎，生才复乃悭所遇，欲笺天公问其故。"① 据记载的传闻，李白中秋之夜身着宫锦袍，在采石矶江中，傲然自得，旁若无人，因醉入水中捉月而死。阴霾笼罩的中秋，蒲松龄看到客人出示的太白捉月图，身在异乡的他不禁将自己与李白联系起来，同是天涯沦落人，对自己的怀才不遇愤懑不已，"生才复乃悭所遇，欲笺天公问其故"，他要写封信问问天公，为什么我满腹才华却命途多舛？"射阳湖畔柳如絮，荷粉凋残露几层。历历明星横野渡，深深远浦隔渔灯。每缘顾内忧妻子，宁不怀归畏友朋。一棹西风江树暮，烟波何处采菰菱？"(《堤上》)② 家中妻子、儿女生活极其艰苦，深深担忧却漂泊远方无暇顾及，自己为他人作嫁衣裳，虽然宾主相欢，但终究不是自己的愿望。康熙十年，蒲松龄辞别孙蕙回到了故土。

在蒲松龄返回故乡的第二年，康熙十一年（1672）的夏天，他与同乡唐梦赉、高玮、高珩、张绂等八人，一起游历崂山。唐梦赉在《志壑堂文集》卷12的《杂记》中记述了这次崂山之游，"壬子之夏，游劳山，见海市。时同行八人，初宿修真观，历上清、下清庵，登八仙墩，水尽山穷，连天一碧。再宿青石涧，观日出。回至番辕岭，微雨初晴，东望海际，见一城在白云中，堞数十仞，炮台敌楼，历历可数。俄见一人青衣出，路南行，后一人肩挑雨具从之，向西望若凝目。吾辈诸同人方惊疑，云去时未见此城，且迁海以后宁复存此岛乎？询之土人从同行者，乃曰：'此海市也，是为沧州岛。'一食顷，而渐低，青山露髻文，移时城山尽出，恍如梦寐矣"③。唐梦赉写崂山海市的文章还有《崂山看海市补赋》《贺新郎·忆二崂山观日出，时海市见沧洲岛》《双调新水令·游崂山看日出，回番辕岭，海市现沧州岛》等。其《崂山看海市补赋》写道："望日天涯碧玉隈，番辕岭下化城开。五云缥缈芙蓉岛，百雉崔嵬烟火台。人物安期应共往，市廛徐福归同来。丽谯乍卷青峦山，指点诸峰首重回。"④ 从唐梦赉的诗文记载中，可以看出他们一行八人是从修真观所在地太平村（现名为王哥庄）出发，开始崂山之游的。这也是在当时交通不便的情况

---

① 盛伟：《蒲松龄全集》，学林出版社1998年版，第1594页。
② 同上书，第1608页。
③ （清）唐梦赉：《志壑堂文集》卷12，清康熙刻本。
④ 宫泉久、曹贤香：《崂山诗词精选评注》，人民出版社2015年版，第56页。

下，游历崂山的普通途径。番辕岭也叫翻袁岭，这是文人用文字记载当地人发音的地名，故有几种写法，此地今称返岭。蒲松龄的好友张笃庆之父张绂在《焕山山市记》追记了崂山之游，并追述了崂山海市的奇幻景象，"向者壬子初夏，偕同人游二劳山，遇雨，假宿青石涧。凌晨晴霁，过翻袁岭，矫首南望，倏见城郭楼台，旌旗人马，变幻顷刻，咸叹以为异观焉。问之土人，曰：此沧州岛现海市耳"①。海市出现的沧州岛，周至元《崂山志》记载："沧州岛，在崂山头东。"又："崂东海中有岛，名沧州。相传为安期生所居。"② 高珩的《青萝洞行》描写了崂山之行，其诗前半部分写有："仆本野人宜岩壑，百种疏慵安落拓。揣分端寻樵牧宜，宿缘偶被冠赏缚。翻然掉首赋归田，十日疾看海上山。蜃楼依稀感海若，天吴紫凤嬉吾前。"③ 高珩在康熙十一年春天以葬亲为由返归故里，并因病请假卸职归田，得以实现自己被仕宦延迟的宿缘。高珩《栖云阁拾遗》卷二《游崂山》第三首曰："何年兰若此修真，仿佛空山姑射身。湘瑟鼓来疑弟子，秦箫吹后忆仙人。石帷垒在犹如黛，杏已花残不复春。过客漫劳频吊古，纵余珠翠已成尘。"④ 高珩诗歌中的"兰若修真"就是太平村的修真庵。周至元《崂山志》载："（修真庵）在王哥庄村中，创建已不可考。明天启二年，全真道人李真立重建，其徒边永清、杨绍慎又大修之。正殿祀玉皇、三清，东祀文昌，西为王母殿。地既宏阔，殿尤轮奂。嗣后嘉庆、光绪间皆有续修。其地前横清溪，遥环群山，处市廛之中，而尘嚣不染，亦胜地也。"⑤ 据王哥庄一带民间传说，明崇祯皇帝自缢身亡，明朝覆灭之后，在宫廷御马太监边永清和太监蔺卿的护送下，宫女养艳姬、蔺婉玉等四人化装为乞丐，携带金银珠宝，到修真庵出家躲避。明末高弘图在《崂山九游记》说："游断自鹤山起始。余实先一夕抵太平村，以为今日游，故用以冠。……太平为劳盛神宫名，村即其宫之北址，四五家烟景也。游人第以王家庄呼之，余易其称为太平村。村有中贵人李，作道院于其中央。余以游抵院，中贵人羽扮出相邀。自言先朝遗履，得东道于此

---

① 袁世硕：《蒲松龄事迹著述新考》，齐鲁书社1988年版，第316页。
② 周至元：《崂山志》，齐鲁书社1993年版，第7页。
③ （清）高珩：《栖云阁诗集》卷3，清康熙刻本。
④ （清）高珩：《栖云阁文集》卷2，清康熙刻本。
⑤ 周至元：《崂山志》，齐鲁书社1993年版，第46页。

若干岁矣。"① 据高弘图所记载,其崂山之行也是从太平村即王哥庄开始的,他在此地宿营的是修真庵。黄肇颚《崂山续志》中《重修修真庵碑记》载康熙十年(1671)"重行修葺玉帝殿、三清殿,以及东庑之文昌、迤西之王母殿并山门,黝之,垩之,丹之,青之,神像俨然,如见其形,如闻其声"②。修真庵重修的时间正是在蒲松龄崂山之游的前一年。王士禛有一首题名为《九日》的诗歌:"海上仙灵窟,风光近十洲。名山无远近,瑶草自春秋。欲探逢萌隐,徒惭谢客游。一歌朱雁曲,怀古但悠悠。"③ 这是他唯一提及游历崂山的诗歌,诗后注有"高绳东、高念东两先生邀游二崂未果",这次崂山之游王士禛未能成行。康熙十一年春,对王士禛来说是多事之春,三月长子启浺续娶,四月第五子启沐生于京邸,五月仲子启浑将回乡迎娶御史淄川高坪女,将行而忽得寒疾,六月病卒,年仅十七。《王考功年谱》记载:"浑为士禛仲子,有才具,年十七矣。会士禛奉命主四川乡试,先生念其万里之行不可为怀,又虑伤太夫人心,每中夜推枕,徘徊起叹。"④ 在这种情况下,王士禛无暇也无心去游历崂山。蒲松龄的壬子崂山之游确切地说还有高绳东,高绳东为高玮之号,字握之,淄川人。顺治丙戌进士,官河间推官,有《留耕堂诗稿》《南游草》诗文留世。高玮是高珩之兄,与王士禛为表兄弟。据考证,蒲松龄的此次崂山之游写下了诗文《崂山观海市作歌》《劳山道士》《成仙》《海公子》《齙石》《安期岛》《罗祖》《香玉》《野狗》《公孙九娘》等篇。

蒲松龄的《崂山观海市作歌》详细描写了崂山海市的奇观:"山外水光连天碧,烟涛万顷玻璃色。直将长袖扪三台,马策欲挞天门开。方爱澄波净秋练,乍睹孤城悬天半。埤堄横亘最分明,缥瓦鱼鳞参差见。万家树色隐精舍,丛枝黑点巢老乌。高门洞辟斜阳照,晴光历历非模糊。襥属一道往来者,出或乘车入或马。扉阖忽留一线天,千人骚动谯楼下。转眼城廓化山丘,猎马百骑皆兜牟。小坠腾骧逐两鹿,如闻鸣镝声飕飕。飘然风动尘埃起,境界全空幻亦止。人世眼底尽空花,见少怪多勿须尔。君不

---

① 苑秀丽、刘怀荣:《崂山志校注》,人民出版社2015年版,第154页。
② (清)黄肇鄂:《崂山续志》,山东地图出版社2008年版,第32页。
③ 《王士禛全集》,齐鲁书社2007年版,第50页。
④ 同上书,第95页。

见，当年七贵赫如云，炙手热焰何腾熏！"①蒲松龄此诗绘声绘色地描写了海市，变幻多端，令人眼花迷乱，在诗歌最后他有感而发，将这空幻的迷人景象与炙手可热的五侯七贵的权势相联系，认为挖空心思追求的一切最终都像海市一样化为乌有。此次崂山之行，蒲松龄还写有一首词，但这篇作品在聊斋词并没有载入。

2. 宝山采铜

蒲松龄一生只有一次游历崂山的经历，宝山采铜，他从崂山大量的文化资源中获取了创作《聊斋志异》的丰富素材。蒲松龄生活的前期正是满清统治者崇尚武功之时，亡国亡天下，不驯服于异族统治的反抗活动在各地风起云涌，满清统治者亦以惨烈的手段血腥镇压。胶东半岛的于七起义，前后相继30余年，极大地撼动了清初的统治基础，也遭到了清兵的疯狂报复。明清之际思想家顾炎武因黄培案入狱，根本原因也与于七起义有关。顾炎武在江南抗清失败后辗转山东，目的是联系抗清义士反清复明，顺治十六年他来到即墨，居住在即墨黄培家中。《周至元诗文选》中记载，顺治十八年（1661），于七在栖霞起义抗清，宋继澄等人兴奋不已，据说黄培曾以物资接济过于七的起义队伍。不幸的是，轰轰烈烈的战争还是以失败告终，黄培等人的希望化为泡影。顾炎武与黄培关系密切，且有反清复明的共同目标，黄培与于七暗中联系，顾炎武染指于七起义一事也是言之有理的。顾炎武被关押济南，由其外甥徐乾学营救出狱。蒲松龄游历的崂山一带是于七起义活动的区域，崂山也是于七逃脱清政权追捕，得以善终的地方，蒲松龄崂山之游应该是耳闻了有关于七起义的情况。《崂山志》记载了有关于七起义的资料，"善和，栖霞人，俗姓于，行七，人因以于七呼之。以武举起家，仗侠任性。与邑绅阎某不合，被迫谋反，官兵追之急，逃入民家为佣，而主人不知也。官侦知之，围主人第，七越垣遁。捕者遍搜不得，乃絷主人归。七闻之，乃赴县自首，请释主人。于是纵其主，而系于七狱。七矫捷过人，夜间破牢而脱，辗转入崂山，遂出家于华严庵。受佛戒后，一改往日所为。晚年得成正果。今庵中有其遗像，面赤体伟，虽缁衣荷锸，时露雄赳本色"②。于七能够在华严

---

① 盛伟：《蒲松龄全集》，学林出版社1998年版，第1626页。
② 周至元：《崂山志》，齐鲁书社1993年版，第172页。

寺出家，得以保存性命，其经历颇为惊心动魄。周至元在《崂山志·志余》记载："相传于七之乱杀人甚多，既其败，官兵捕之急，乃惧而逃来崂，入华严寺，力求援救。师曰：'汝能依我嘱方可。'七伏地请。师乃命人以沸汤浇其顶，七疹极而踣，少苏，则满面起疹疱矣。乃令卧衾中。既而扑者寻踪至，遍寻不获，至一室见有人蜷伏被中，揭被视之，则满面脓疱，无人相，乃不疑而去，七始得脱险云。"① 蒲松龄在《野狗》《公孙九娘》中隐晦地指责了在于七之乱中，满清统治者杀人如麻，视百姓性命如草芥的野蛮和残忍，如《野狗》："于七之乱，杀人如麻。……值大兵宵进，恐罹炎昆之祸，急无所匿，僵卧于死人之丛，诈作尸。"②《公孙九娘》："于七一案，连坐被诛者，栖霞、莱阳两县最多。一日，俘数百人，尽戮于演武场中。碧血满地，白骨撑天。上官慈悲，捐给棺木，济城工肆，材木一空。"③ 在《野狗》篇中，蒲松龄仅说"于七之乱，杀人如麻"，他故意模糊了主语，究竟是谁杀人如麻？《公孙九娘》则直接道出了因连坐被统治者诛杀者一日数百人，白骨撑天，让读者明白了是谁杀人如麻。

《崂山志》记载："罗祖讳孟鸿，号清庵，崂西人。幼失怙恃，依叔成立。应兵役赴辽东。成化六年入空门，拜鹅头为师。苦参十三年白光摄顶，遂大悟。文奈禅师问曰：如何是万法归一？祖曰：万法从何生。僧曰：万法从心生。祖曰：汝既知心生万法，何不能玩法归心？因说偈语：万法归一一本无，光前绝后现真如。天然个里无一字，言下知归大丈夫。后归崂山，嘉靖六年圆寂。敕封无为居士罗真人。"④ 周至元记载的罗祖资料晚出蒲松龄的小说《罗祖》，但他更注重的事实和证据，将蒲松龄小说虚构成分滤掉，还原了一个历史的人物。

关于安期生，《崂山志》记载："安期生，传为琅琊阜乡人。卖药海上，受学于河上真人。或言秦始皇东巡，与语三日夜。赐金璧数千万，出阜乡亭，皆置之而去，留赤玉舄为报。曰：'后数十年，求我于蓬莱山下。'后始皇遣人入海求之不可得，立祠阜乡亭边十数处，时人称之千岁公。李太白诗曰：'我昔东海上，劳山餐紫霞。亲见安期生，食枣大如

---

① 周至元：《崂山志》，齐鲁书社1993年版，第345页。
② （清）蒲松龄：《聊斋志异》，上海古籍出版社1979年版，第29页。
③ 同上书，第202页。
④ 周至元：《崂山志》，齐鲁书社1993年版，第169页。

瓜.'即咏此。(按《汉书·蒯通传》有'齐人安期生与蒯通善，尝干项羽，羽不能用其策。安期生终不受羽封'。皇甫谧《高士传》以为即一人也。)"①《崂山志·异闻》记载胡峄阳时说："相传其（胡峄阳）殁后数年，有渔者数人航海遇风，飘至一岛，岛中百花盛开，气候甚暖，有洞穴，无室庐。有老人晒丹枣于石上，枣大如瓜。老人面貌甚清古，与之语，不答。告以饥，人与一枣，食之得果腹。"②蒲松龄的《安期岛》中的安期岛"时方严寒，既至，则气候温煦，山花遍岩谷"，岛内有仙人，居住洞府即山洞。小说描写与《崂山志》记载的异闻"有洞穴，无室庐"相似。岛内有枣大如瓜，与李白的诗歌"亲见安期生，食枣大如瓜"相同，说明此岛就是安期岛。《崂山志》又载："崂东海中有岛，名沧州。相传为安期生所居。清嘉庆中，有游客乘船游之，见其上耐冬花甚繁，岩半有洞，室内有丹灶，别无他异。"③从此可以得出这样的结论，安期岛就是沧州岛，蒲松龄一行八人曾于此目睹海市奇幻景观。

得道成仙，以啖石为饭，这种传说在崂山流传很广。《崂山志·王嘉禄》记载："王嘉禄，新城人。少入崂山，遇道士教以五禽之戏，久遂不食。但以石为饭，或以松柏叶，渴则饮涧水。久之，遍身生毛寸许。一日思母，复火食，毛尽落，餐石如故。闲常囊石自随，映日视之，即辨其味。著齿无声，如粱糕饵。后母死，复入崂，不知所终。"④清代诗人王士禛有《啖石》篇："仙人煮石，世但传其语耳。予家佣人王嘉禄者，少居劳山中，独坐数年，遂绝烟火，惟啖石为饭，渴即饮溪涧中水，遍身毛生寸许。后以母老归家，渐火食，毛遂脱落。然时时以石为饭，每取一石，映日视之，即知其味甘咸辛苦。以巨桶盛水挂齿上，盘旋如风。后母终，不知所往。"⑤蒲松龄的《齕石》更确切地说明王嘉禄是王士禛祖父王钦文家圂人，即饲养牛马的仆人，他入崂山是为学道，王士禛说"母终，不知所往"，蒲松龄则明白记述"母死，复入山，今又十七八年矣"。

---

① 周至元：《崂山志》，齐鲁书社1993年版，第162页。
② 同上书，第335页。
③ 同上书，第340页。
④ 同上书，第164页。
⑤ 《王士禛全集》，齐鲁书社2007年版，第3337页。

3. 只因厌作人间语

崂山为道教渊薮，入山修道，得道成仙的故事传说很多，有关高超道术的传说也很多。王士禛写有《崂山道士》："崂山又名劳山，在即墨界，山中多一二百岁人。有高密张生者，读书道观。观有老道士，形貌怪丑，执樵苏之役，张意忽之。一日买二牛，其家去山百余里，苦无人遣送，方踌躇顷，道士忽谓张曰：君似有所思，得勿以牛故耶？吾为君送之。张异其言，逡巡已失牛。比归，问家人，曰：某日某时，有道人送二牛至。忆其时正立谈顷也。自是知非常人，颇礼之。又一日，张为其徒说《周易》，道人从窗外听之，呼曰：君所述皆俗说。试叩之，名理出人意表。生授其学，遂以说《易》擅东方。一日薄暮，大雷雨震电，张闭门，从窗隙中见天神数百辈，围绕道士房，如作礼状，惊愕不敢喘息。比达曙，雨止，开门视之，道士门已反鐍，寂无人矣。是夜，山中道观数十百处皆见道士焉。"[①] 王士禛笔下的崂山道士有异术，并多理学家之气，与蒲松龄笔下的崂山道士相比明显缺少了奇趣。故家子王七入崂山求道，原因是"少慕道，闻劳山多仙人，负笈前往"，他主动求道，却入门不正，一开始便进入歧路。他羡慕的道实为道术，为道教末流。在求道过程中，面对每日辛苦的劳作，"过月余，手足重茧，不堪其苦，阴有归志"，他无法适应道教的"禁欲苦修""动静双修"。可他始终羡慕道士的法术，离开时，要求道士"略授小技"，却落得求道不成，炫耀道术被妻子耻笑的结局。蒲松龄《崂山道士》中描写了道士的真正法术，剪纸为烛，室内光明如月。投箸月中，邀得美女翩翩起舞。使读者如王七一样对崂山道士的法术心生无限向往，对崂山道士也莫名地拜服。

蒲松龄崂山小说成就最高者当属《香玉》，此篇的素材直接来自崂山民间关于上清宫白牡丹的神奇传说。这个传说的源头应出自明末高弘图《崂山九游记》中的记载："登明霞洞，洞为道姑刘静室，宫道士王方与讼，为余言：'道姑非一窟，上清宫一而二自姑始，且割其绝顶去。'余是以有'毛女今凌顶，强梁分去青'之句。宫有白牡丹一本，近接宫之几案，阅其皱干，似非近时物。道士神其说，谓百岁前曾有大力者发其本，负之以去。凡几何年，大力者旋不禄，有白衣人叩宫门至，曰：'我

[①] 《王士禛全集》，齐鲁书社 2007 年版，第 3371 页。

今来，我今来！'盖梦谭也。晨视其牡丹旧坎，果归根吐茎矣。大力者之庭，向所发而负者，即以是年告瘁。事未必然，谭者至今不衰。"① 据盛伟先生考证，将牡丹移走的大力者，就是《香玉》中提到的即墨蓝氏。《香玉》："次日，有即墨蓝氏，入宫游嘱，见白牡丹，悦之，掘移径去。……过数日，闻蓝氏移花至家，日就萎悴。"② 盛伟先生引用《兰台法鉴录》记载："蓝氏，指明朝即墨蓝侍郎蓝章。蓝章，字文绣，明成化二十年进士。擢御史，屡迁右金都御史。忤刘瑾，谪抚州通判。正德五年，瑾诛，起陕西巡抚九年，以功迁南京刑部右侍郎。"至于白牡丹托梦道士，自言蓝氏将其移植家中，其去来有日。蒋瑞藻写于民国初年的《小说考证》对《香玉》的文化渊源进行了探寻，"上清宫之北，有洞曰烟霞洞（高弘图为明霞洞）为刘仙姑修真处。仙姑之史不可考。洞前一白牡丹，巨逾罔抱，数百年物也。相传前明蓝侍郎者游其地，见花而悦之，拟移植园中，而未言也。是夜，道人蒙一白衣女子来别曰：'余今当暂别此，至某年月日再来。'及明，蓝宦遣人持谏来取此花。道人异之，志梦中年月于壁。至期，道人又梦女子来曰：'余今归矣。'晓起趋视，则旧植花处，果含苞怒发。亟奔告蓝，趋园中视之，则所移植者，果槁死云。洞前花至今犹存，此则近于齐东野语矣。然《聊斋志异·香玉》一则，即本此而作"③。蒋瑞藻所说行迹不可考的刘仙姑是刘贞洁，字恒清，即墨马山农家女。据说九岁始能言，十五岁时仍目不知书，但能领略道经要义。明朝万历年间，慈宁太后传旨派马车将其接至京城，听她讲述《体原》《豁悟》等八部经，赐号慧觉禅师。蓝水《崂山古今谈·道释补遗小传》说刘仙姑"居明霞洞东铁佛涧，又占据明霞洞和慈光洞，与上清宫王道士讼"，后由其侄迎归故里，于其村东筑白云庵居之，卒于清顺治四年，年71岁。周至元《崂山志》："绕宫（上清宫）之异卉古木最称繁盛。门前之银杏两株，尤为苍老，怪枝纷披，瘿瘤累垂，洵为数千年物。而宫中之白牡丹，更属盛茂，干高如檐，花时至数百朵，相传即《聊斋志异》所称香玉者也。"④ 在这里，周至元肯定了崂山文化中关于白牡丹的传说，成为蒲松龄小说《香玉》的素材来源。《香玉》中凌波仙子

---

① 苑秀丽、刘怀荣：《崂山志校注》，人民出版社2015年版，第154页。
② （清）蒲松龄：《聊斋志异》，上海古籍出版社第674页。
③ 蒋瑞藻：《小说考证》，商务印书馆1957年版，第51页。
④ 周至元：《崂山志》，齐鲁书社1993年版，第85页。

是由耐冬幻化而来的，她艳丽而又冷漠的形象为读者留下深刻印象。耐冬是由张三丰从外地移来，黄宗昌《崂山志》："邑中初无耐冬花，三丰自海岛携出一本，植现庭前，虽隆冬严雪，叶色愈翠。正月即花，蕃艳可爱。今近二百年，柯干大小如初，或分其蘖株别植，未有能生者。"① 《香玉》："劳山下清宫，耐冬高二丈，大数十围；牡丹高丈余，花时璀璨似锦。"周至元写耐冬"一至立春始放叶，硬而翠，冬日愈茂。花赤红，雪中赏之，尤宜"，他以诗赞道："空山夜来三尺雪，北风怒号岩隙裂。冲寒忽有耐冬花，雪中犹芳自孤洁。貌似胭脂心似霜，干如珊瑚叶如铁。偷取石醋缕缕衣，染成杜鹃枝枝血。吹煦未肯借东风，桃花为伍更不屑。嫣然一笑天地春，却嫌梅花穷寒骨。"② 周至元"冲寒忽有耐冬花，雪中犹芳自孤洁。貌似胭脂心似霜，干如珊瑚叶如铁"的诗句，凝练地表达了耐冬的品格，而它在蒲松龄笔下的凌波仙子身上充分体现出来。

《海公子》的故事发生在"东海古迹岛"，"东海古迹岛，有五色耐冬花，四时不凋。而岛中古无居人，人亦罕到之"③。据黄宗昌《崂山志》载："崔道人，修真黄石宫，避人。与其徒结茅古迹岛，自耕食。岛在山南海中百余里，常为蟒穴。崔始居而蟒来，以头塞户，瞪目三日。崔语之曰：'有宿怨当食我，无则久居此何为？'旋去，隐不复见。世传其事，谓道力足以胜之也。"④ 黄宗昌记载了古迹岛的方位，以及岛内有巨蟒存在，巨蟒虽曾将头伸进崔道人居室，怒视了三天，但终无法伤害崔道人。黄宗昌说这个故事流传民间，"世传其事"，应该是达到妇孺皆知了。蛇精幻化人形害人的传说，在崂山地域流传很多。如纪晓岚《阅微草堂笔记·槐西杂志》卷二记载："即墨有人游崂山，寄宿山家。所住屋有后门，门外缭以短垣，为菜圃。时日已薄暮，开户纳凉，见墙头一靓妆女子，眉目姣好，仅露其面，向之若微笑。方凝视间，闻墙外众家童子呼曰：一大蛇蟠于树，而首阁于墙上，知蛇妖幻形，将诱而吸其血也。仓皇闭户，亦不知其几时去。设近之，则危矣。"⑤ 周至元《崂山志》亦记载："崂西某村女，年已及笄，浣衣涧中，见有美少年衣貌楚楚，向其调笑。

---

① 苑秀丽、刘怀荣：《崂山志校注》，人民出版社2015年版，第83页。
② 周至元：《崂山志》，齐鲁书社1993年版，第213页。
③ （清）蒲松龄：《聊斋志异》，上海古籍出版社1979年版，第73页。
④ 苑秀丽、刘怀荣：《崂山志校注》，人民出版社2015年版，第83页。
⑤ （清）纪晓岚：《阅微草堂笔记》，河北教育出版社1986年版，第426页。

女睨之美，亦以一笑报之，少年遂去。女浣毕归家，至黄昏，见少年入其室，神意迷惘，遂成欢好。自此每夕必至恩爱，胜伉俪。其嫂偶夜起，闻女室有私语声，潜穴窗窥之，见一大蛇绕女身，惊极而号。家人俱起，询其故，妇备言之，排闼入女室，则蛇仍环女身。双目炯炯，然始知被人睹破本形也。百术营救不可解，数日后蛇毙，而女亦亡。此民国十五年事也。"① 蒲松龄游历崂山也应该耳闻了这些蛇精害人的民间传说，他以种种传说为素材，构思了《海公子》。登州张生好奇，喜欢游猎，听闻古迹岛，便扁舟前往。在岛上偶遇一丽人，两人正交欢相狎之时，女子突然说海公子来了，女子仓皇逃窜。海公子就是巨蛇，巨蛇将张生缠绕数匝，以舌刺张生鼻子，吸其鼻血。幸而张生想起随身带有毒狐的毒药，将巨蛇毙命，才逃过一劫。《海公子》的故事情节显然比民间传说要曲折离奇得多，民间传说中的主人公被美女蛇诱惑多是毙命的结局，而《海公子》中的张生则以机智的方法，杀死了巨蛇，保住了自己的性命。

　　蒲松龄以崂山为背景的小说故事发生地确切点明的除《香玉》外，另一篇就是《成仙》，主人公成生出家为道是在上清宫。《成仙》的另一个主人公周生是成生的同窗，他在被县宰诬陷，身陷囹圄几近丧命后，仍然对俗世恋恋不舍，他"溺少妇"，对求道毫无兴趣，对规劝自己归隐的成生"辄迂笑之"。他在与成生人神互换后，才不得不入崂山。他在崂山期间见识了许多世间没有的神异景色，"时十月中，山花满路，不类初冬。……见异彩之禽，驯人不惊，声如笙簧，时来鸣于座上，心甚异之。然尘俗念切，无意留连"②。对周生来说，崂山的道教仙境与他是异质的，身处其中，也难以沾染仙气，道教圣地在其生命中只不过是停留数日的暂时场所。周生的故事后半部分多为虚幻，前半部分则来源于现实，清初江北第一文字狱黄培案应该为蒲松龄创作《成生》提供了素材。黄培是明代万历间兵部尚书黄嘉善嫡孙，世袭锦衣卫指挥佥事、后升钦差提督街道、锦衣卫管卫事、都指挥使。明朝灭亡之后，他怀抱强烈的反清复明意愿。黄培原配妻子从弟蓝溥的儿子蓝启新与黄培的儿子黄贞明在同一私塾就读，他们两人既是亲戚也是同窗。蓝启新仗着自己伯父是当朝权贵看不起黄贞明，黄贞明也蔑视蓝启新，两人在私塾读书时发生口角冲突。蓝溥

---

① 周至元：《崂山志》，齐鲁书社1993年版，第343页。
② （清）蒲松龄：《聊斋志异》，上海古籍出版社1979年版，第37页。

因黄贞明语及家长私事，心中愤懑难平，迁怒于黄培。他找到黄培赠给自己的《含章馆诗集》，寻摘诗句文字，写成一篇告发黄培谋逆的状子。即墨知县考虑到此事关联当地望族，处置失当容易横生枝节，便打起官腔，并以患病为由，拒绝蓝溥开堂审案的要求。因拖欠佃租被黄家仆人殴打的落魄秀才金桓，闻讯也怀着报复心理加入了告状队伍里。黄培发现事态扩大，如果任由他们肆意告状，局面将难以收拾。他找到能言善辩的亲家江谦担当调解人，帮自己和蓝、金二人进行调解。江谦先说服蓝、金同意放弃告状，私下了结此事，但顺治进士姜元衡却突然发难。姜元衡原先是黄家仆人，世受黄氏恩情。自从姜元衡考中进士后，黄培对他冷嘲热讽，两人几次发生龃龉，关系如水火，势不两立。姜元衡见蓝、金二人告状无果，便亲自读完《含章馆诗集》，从中提炼黄培"十条罪状"。姜元衡罗列黄培罪状，安排人到济南和京师继续告状。清廷命令山东督抚对此案严加审讯，并将审讯结果奏复朝廷。在官府的严刑追究后，涉及黄培诗案的人越来越多。由于黄培将罪责尽量揽在自己身上，最后绝大多数涉案者都从轻发落，免于追究。黄培被处以绞刑，行刑之日，谈笑自如，犹作诗以明志，从容就义。黄培案在清初轰动一时，即使蒲松龄没有崂山之游，也能够熟知此事。蒲松龄的崂山之游可能会加深对此事的了解，《成仙》故事的地点在崂山，它的素材也出自崂山。

"憎命文章真是孽，耽情辞赋亦成魔。"[1] 从与好友张笃庆、李希梅缔结"郢中书社"，到"依窗危坐而卒"前22天作绝笔诗《除夕》，蒲松龄在理智与情感、挚爱与悔恨的矛盾交织中，经历了五十多年的创作生涯。尽管《聊斋志异》受到人们的追捧，声名日炽，然而有几人能真正了解作者本心？清初淄川文人高珩说："天下有解人，则虽言孔子之'不语'者，皆足辅功令教化之所不及。……吾愿读书之士，揽此奇文（《聊斋志异》），须深慧业，眼光如电，墙壁皆通，能知作者之意。"[2] 用现代的文化观念来说，《聊斋志异》是小文化传统，它与精英代表的大文化传统是异质的，是难登大雅之堂的。"子不语，怪、力、乱、神。"[3] 而《聊斋志异》故事多属怪、神之类，不属于"雅言"。高珩呼吁文人在读《聊斋志异》时要独具慧眼，不要被怪力乱神迷惑，要"能知作者之意"。清初诗

---

[1] 《蒲松龄全集》，学林出版社1998年版，第1716页。
[2] （清）蒲松龄：《聊斋志异》，上海古籍出版社1979年版，第3页。
[3] 杨伯峻：《论语译注》，中华书局1980年版，第72页。

坛领袖王士禛是读懂了《聊斋志异》的著名文人之一,他为《聊斋志异》题诗道:"姑妄言之姑听之,豆棚瓜架雨如丝。料应厌作人间语,爱听秋坟鬼唱时。"①王士禛以农村人们在雨天闲暇时间,聚集在豆棚瓜架之下听谈狐说鬼故事的情景,比喻蒲松龄小说言而无稽,听而有趣。他猜测似地说蒲松龄喜欢谈狐说鬼,大概是厌谈人世间的俗事,并化用李贺的"秋坟鬼唱鲍家诗",暗喻蒲松龄创作《聊斋志异》的本心。王士禛的题诗颇得蒲松龄创作之意,于其心有戚戚焉。蒲松龄酬诗《次韵答王司寇阮亭先生见赠》:"志异书成共笑之,布袍萧索鬓如丝。十年颇得黄州意,冷雨寒灯夜话时。"②在诗歌中,蒲松龄吐露了创作《聊斋志异》的苦衷,倾诉了自己落拓不遇的内心苦闷。他在《聊斋志异》序言亦说:"集腋成裘,妄续幽冥之录;浮白载笔,仅成孤愤之书。寄托如此,亦足悲矣!嗟乎!惊霜寒雀,抱树无温。吊月秋虫,偎栏自热。知我者,其在青林黑塞乎!"③蒲松龄渴望相遇知音,"知我者,其在青林黑塞乎",他借狐鬼故事抒发怀才不遇的愤懑,而这些狐鬼故事不是言之无稽,是他从生育他的土地吮吸营养的硕果,当然这片土地也包括崂山。

三 对这片土地爱得深沉的周至元

"崂山古无志,有志自明即墨黄御史宗昌。"④黄宗昌撰写《崂山志》后,引发后人对崂山自然文化和历史文化的探索、研究,此后黄肇颚的《续崂山志》和周至元的《崂山志》继出。人们多认为黄宗昌的《崂山志》"不徒记名胜,表遗迹也",而是其"当明季,遭沧桑之变,孤忠侘傺,借著述以发其悲慨"的著作。周至元(1910—1962)的《崂山志》是继黄宗昌《崂山志》后崂山山志的代表作,其"内容丰富,考察详尽,考据准确,层次鲜明,结构紧凑,语言简练",而其"豁达的性格,开朗的心胸,使他对于崂山的感情有别于黄宗昌生不逢时、怀才不遇的消极和

---

① (清)蒲松龄:《聊斋志异》,上海古籍出版社1979年版,第7页。
② 盛伟:《蒲松龄全集》,学林出版社1998年版,第1732页。
③ (清)蒲松龄:《聊斋志异》,上海古籍出版社1979年版,第6页。
④ 周至元:《崂山志》,齐鲁书社1993年版,第9页。

无奈，其涌动的文笔甚为优美"①。周至元以优美的文笔撰写《崂山志》，不是借此抒写胸中之块垒，而是倾注满腔的热情，抒发自己对故乡山水的挚爱，故其《崂山志》依然表现出鲜明的情感色彩。

1. 厚重的学养

周至元在其《崂山志》自序说："尝叹夫崂山之胜，其见于旧志所载，与游客散记者，不及什一。其他怪诡之观，丽奇之致，闷蕴于穷谷之间，未显露于世，尚指不胜举。不由宣扬何以发其由灵之光？每一念及，辄为之太息者久之。缘时，于携屐寻胜之余，每见摩崖碑碣题咏游记之足资二崂文献者，便留意抄存，日积月累，已裒然盈箧。窃思续成崂山艺文之志，以补前志之缺略。"② 周至元续写《崂山志》的因由是要"补前志之缺略"，旧志所记载（自然包括黄宗昌的《崂山志》）、游人散记的崂山"怪诡之观，丽奇之致"，不及崂山的十分之一。其山水奇观"闷蕴于穷谷之间，未显露于世，尚指不胜举"。其境况令周至元"为之太息者久"，这是周至元决然续写山志的主要原因。在《崂山志》例言中，周至元亦说道："（黄宗昌《崂山志》）文简赅而近于略，且区仅有三百余年，其间桑田屡变，世事频更，而尤以青市辟后，变化最巨。昔日为人迹罕至之境，今则为中外辐辏之地。此今志之作所以不容已也。"③ 周至元认为黄宗昌的《崂山志》文字过于简略，时间跨度太短，仅仅撰写崂山300年的历史。星转斗移，沧桑巨变。周至元要把历史的、现实的崂山呈现在读者面前，让人们对崂山有一个全面的认识。

周至元撰写《崂山志》，其学养和识见是撰述的必要条件，而这些皆与其家族文化的传承密切相关。周至元的家族是当地五大家族之首。即墨周氏有"留村周"和"章嘉埠周"两支，这两支是同姓不同族，周至元出自"章嘉埠周"。据章嘉埠周氏族谱记载，周氏族系从一世到四世世代务农，无可称道者。从六世开始周氏家族进入鼎盛兴旺时期，周氏六世周如纶，字叔音，号少东，万历十四年进士。《即墨县志》记载："（周如纶）宰襄阳，清赋额，治巨盗，平滞讼。迁水部日，候补邸舍中，闻同

---

① 苑秀丽、刘怀荣：《崂山道教与〈崂山志〉研究》，中国社会科学出版社2011年版，第162页。

② 周至元：《崂山志》，齐鲁书社1993年版，第3页。

③ 同上书，第6页。

舍谈科场弊窦，遽有请行覆试之疏。公论快之。既授职，会朝鲜以倭仇请兵，大司马议从其请。纶疏陈王师轻出非体，宜令朝鲜自强，坚壁清野；我乘其弊，倭可一鼓歼也。疏入不报，竟无功。人皆以纶为硕画，而惜中枢之不用。在部以京察外谪补代州司马。"① 周如纶著有《什一草》一卷、《见少集》一卷。周氏六世周如砥，字季平，号砺斋，万历十七年进士。《即墨县志》卷九记载："（周如砥）选庶吉士，终祭酒。以文章名天下。……每进讲，因事启沃，多所裨益，两典胄子，人以胡瑗、刘智目之。立朝以严重自持。当四明盛时，天下士多出其门。如砥旅谒外不一造膝，归里后，郡邑大夫罕识其面，至桑梓利弊，辄昌言无隐。邑地瘠赋繁，每代旁邑偿羡，如砥请蠲溢额，以苏穷黎。岁饥，发粟倡赈，全活无算。"② 周氏六世周如京，字季皋，万历七年举人。周氏家族七世周士皋，字子寅，号溟崖，周如砥长子，万历三十八年进士。周士皋"工古文辞，与济南王象春齐名"。著有《雅音会编》《溟崖诗稿》。周爆，字子微，号丹崖，周如砥次子。明天启恩贡，三中副榜。著有《玉晖堂随笔》八卷、《玉晖堂集》四卷、《夜奏存稿》等。章嘉埠周氏家族的第六世、第七世人才济济，成为官宦世家，已经形成了诗书传家的家族传统。周氏家族传至第八世到第十世，出现衰微之势。从第十一世到第十五世，章嘉埠周氏家族又出现中兴局面。至此，具有数百年家族史的周氏家族，成为即墨的名门望族。周氏家族中的周如纶、周如砥、周如锦、周士皋、周爆、周浚、周旭、周文编、周逢源、周联馨、周来馨、周迪馨、周志让、周思纁、周翕、周澄文等近二十人皆有诗文集存世。这种家族传承的浓厚文化氛围，对周至元产生了深刻的影响。

周至元为周氏家族的第十八世，其祖父周正荣，擅长医术，在即墨经营着有上百年历史的福箱堂大药房。周至元，名式坤，字至元，自号伴鹤头陀，晚号懒云。自1930年始，周至元拜当地名医李圣皋为师，学习中医。1935年，周至元遭丧母之痛，次年胞兄病逝，他开始行医兼务农，以此养家糊口。1946年，周至元在即墨城西开设药店，他在诗歌《往事回首》其十自注说："余自三十七岁，设药肆于即城西关，业务清淡，惟日与棋友棋局消日。"在《往事回首》其十二自注说："悬壶之暇，从事

---

① 清同治《即墨县志》卷9，中国和平出版社2005年版。

② 同上。

农作，日与妻子耕种南畴。"① 周至元没有经济上衣食无忧的宽裕，没有饱食终日无所事事的闲暇，也没有逍遥山水以消心中块垒的苦闷，他心系崂山是真正出于对崂山的挚爱。崂山与即墨城近在咫尺，作为平头百姓的周至元每年游历崂山成为其最大嗜好。他在《游劳指南序》说："余生有烟霞之癖，尤幸所居与崂山为近。兴到之时，辄携筇独往，攀危峦、跻深壑、探奇索隐，动辄经旬而后返。"② 周至元本性喜爱山水自然，近在咫尺的崂山又为他提供了亲近山水自然的机会。他在给出版社编辑的信中说："我在很小的时候对崂山即有深刻的认识，在民国二十二年曾编写一本《游崂指南》，出版问世，颇蒙社会所谬赏。于是益日奋励，毅然以山志为己任，除对崂山有关材料广为搜罗外，更于山中名胜遍事探讨。经过三十余年的功夫，到1957年，又破上一年的时间，阅读了其他山志作品，数次删削，到1958年才把山志完成。"③ 周至元的第一次游历崂山，是在1926年他16岁时，与同乡蓝水一起去的。此后30余年，他40多次游历崂山，为撰写《崂山志》作了必要的准备。

2. 倾尽一生为崂山

周至元倾尽一生心血关注崂山，"对崂山有关材料广为搜罗"，在前人的基础上，拾遗补漏，更深入地挖掘崂山的文化内涵。在黄宗昌《崂山志》"栖隐"和"仙释"的基础上，周至元的《人物志》对栖隐、名贤、节义、仙道、高僧进行补充，增加了新内容，如《名宦》和《游览》。补充的隐士有鲁仲连、盖公、王仲、王扶，明代的周如锦、范炼金、杨连吉、郭第。增添了李一壶、董樵、蒋清基等21人。补充的名贤有王吉、房凤、范阶、蓝田、黄宗昌、周燆、蓝再茂、郭琇、李毓昌、康有为等。《节义》部分补充了田横，增添了杨遇吉、王真吾等。《仙道》部分补充了徐福、安期生、王旻、孙昙、王嘉禄、张志清、边永清，增添了于一泰、王生本等14人。《名宦》部分记载了汉代童恢，元代董守忠，明代李一敬，清代康霖生、尤三胜、叶栖凤、郑鸣冈。《游览》部分记载了吴王夫差、秦始皇、汉武帝、法显、李白、高出、左懋第、顾炎武、张

---

① 苑秀丽、刘怀荣：《崂山道教与〈崂山志〉研究》，中国社会科学出版社2011年版，第191页。

② 同上书，第175页。

③ 同上书，第197页。

谦宜、蒲松龄、黄肇颚等。《人物志》增补了184人，极大地丰富了其内涵。周至元在《崂山志》中最大程度地收集记载了断碑残碣、器物字画。历经2000多年，崂山寺庙、道观众多，碑碣林立，刻石繁多，由于崂山地域宽广，山路艰险，无法将其全部搜集。周至元"磨苔择藓，遍为搜求，更择其碑碣之有关兴废，摩崖之足资古迹者，汇为一卷"①。在周至元《崂山志·金石志》中，古器物收集了崂山文物15件，其对海印寺大佛像的记载说："（佛像）高三尺，重四十斤，坦腹露乳，做含笑状，余曾见之即墨城，后不知为何人所购得。"海印寺因为破坏殆尽，遗址荡然无存，周至元对海印寺大佛像的记载，在人们的记忆中留存了一点海印寺的印象。在《崂山志·志余》的"书画"一条还记载了憨山的作品，"华严寺有憨山所画长条一副，雄浑古健，见者惊为名笔。诗系七律，云：独立高台眺大荒，飞来空翠洒衣裳。一林爽气生天籁，无数昏鸦送夕阳。厌俗久应辞浊世，濯缨今已在沧浪。何当得脱尘埃去，披拂云霞坐石床。"此记载也使人们从另一个角度认识了憨山。周至元在摩崖、碑文部分还保存了价值较大的摩崖石刻43处、碣14处、碑文49篇，为崂山文脉的延续做出了重大贡献。周至元《崂山志》收录了大量游崂名士的诗文名篇。崂山被称为海上第一名山，古往今来，仙山圣水吸引了众多文人墨客，他们登临崂山，欣赏崂山奇异的自然风光，留下了大量的诗歌、游记。周至元在黄宗昌《崂山志》基础上增添了张臣《崂山周游记》、张允伦《游崂山东境记》和他本人的《游崂二险记》等20篇。增添了张谦宜《崂山赋》、周毓正《书带草赋》、清恭亲王溥伟《登崂山赋》等，增添了李白《赠王屋山人》、蓝章《崂山》、陈沂《崂山南大门》等诗歌110首。增添了憨山的《建海印寺上顺翁胡太宰书》、耿义兰的《控憨山书》、高弘图的《吾堂序》、顾炎武的《崂山考》等19篇。共计增补诗文164篇（首），增添了崂山的文采。周至元还记载了崂山的奇闻轶事、民间传说，他说："崂山地僻海隅，旧称仙窟。故灵异之传，神仙之说，散见于稗史野乘中者，不一而足。……至于山外遗闻，海畔轶事，逸情雅致，在在可记。"② 在《崂山志·志余》载有关于粥敷城的传说："粥敷城，一名粥熟，在标山西北。俗传唐征高丽时，驻军所筑。又谓太宗至此，有妪以盂

---

① 周至元：《崂山志》，齐鲁书社1993年版，第192页。

② 同上书，第335页。

饷军，全军食之不尽，太宗大惊，因问所居。妪答以山前小庙。太宗曰：'仙人所居，不为小矣。'后遂以大庙名之。今庙中所供，尚有唐敕封之神。"唐太宗李世民东征高丽，路经胶东半岛，因粮草接济不遏，当地百姓自愿犒军，传说纷纭不一。周至元此记载又为传说增添了一份神秘色彩。周至元对崂山道教门派渊源支流的梳理，让人们对崂山道教的众多门派有了条理的认识，"崂山道约分五派。一曰龙门派，祖丘真人长春。今山中修真庵，北九水百福庵诸观属之。曰隋山派，祖刘真人，今之太清宫属之。曰九华派，此派属者最多，若上清宫、太平宫、关帝庙、蔚竹庵、神清宫、太崂观、华楼宫、童真宫、聚仙宫、旱寨观等庙尽系焉。旧金山派，源出龙门，至孙玄清始分此派。今山中白云洞、斗母宫、宁真观、大妙诸刹，皆其属也。此外，又有鹤山派，亦龙门派分支。分自徐复阳，但今此派不在鹤山，鹤山转隋山派矣"①。周至元在三十多年时间里四十多次深入崂山，在探索自然的同时，也了解了山村民俗乡情。关于崂山的浴佛节，《方舆志》记载："四月八日为浴佛节，崂东居民多至华严寺进香，妇女则盛饰严妆结伴前往。鬟光钗影来去于沧波翠松间，别有一段风光。"②寥寥数语，写出了华严寺浴佛节的盛况。《方舆志》记载了淳朴的民风，也记载了远离文明的陋习。"崂西一带果树成林，熟时红艳可爱。倘乞之主人，尽许饱啖。若不告而取，虽一果之微，亦以盗窃论。""崂东以僻远故，陋习尚多。兹就婚姻一事而言，凡改醮者，权由夫家作主，母家无权干预。于是但得重金，全不顾嫁者前途，往往有因嫁非其偶而自尽者。人间惨事莫，此为甚矣。凡女子嫁后，所有衣需之物，夫家概不赡给，甚至子女衣着，亦须新妇自筹。致令女子不得已别觅求财之道。风俗所以败，斯亦最大原因。"前记颇多赞赏口吻，后载充满痛恨之情。

3. 探觅瑰丽奇观

王安石在《游褒禅山记》中说："古人之观于天地、山川、草木、虫鱼、鸟兽，往往有得，以其求思之深，而无不在也。夫夷以近，则游者众；险以远，则至者少。而世之奇伟、瑰怪、非常之观，常在于险远，而人之所罕至焉，故非有志者不能至也。"③周至元游历崂山，能够目睹崂

---

① 周至元：《崂山志》，齐鲁书社1993年版，第336页。
② 同上书，第12页。
③ 《唐宋八大家散文选》，汉语大词典出版社2002年版，第125页。

山"怪诡之观,丽奇之致",非常之观的获得在于他"求思之深",在于他的志向和理想。周至元的崂山之游不仅仅是欣赏山水美景,他也以"求思"的态度认识崂山、发现崂山,其间充满着许多艰险。1931年,周至元与蓝水从下宫前往八仙墩,走的是荒芜野路,迷失在山中,向上无法攀登,向下无路可退,从中午到傍晚,努力几十次皆未成功脱险。最后,蓝水匍匐蛇行,周至元于下托其足,得以攀登后,将周至元拖拉上去,得以侥幸逃生。1937年,周至元与袁荣叟攀登崂山巨峰时遭遇险情,他在《崂游二险记》中说:"由岩踊而东上,失足而坠,身嵌两岩之隙,愈用力,愈下沉,辗转奋斗,不能自拔。而引首视隙,则直下千仞,骇极而呼。同游者,闻而至,解带投下,系之臂,始鼓气而上。"[①] 对这几次险情,周至元说:"此二游,每一思及,辄凛然悸,特记之,以戒夫登高临深,孤行而无侣者。"[②] 周至元游历中的险情惊心动魄,但没有这样的亲身体验,就欣赏不到崂山瑰丽的奇观,也生发不出对崂山的挚爱。

　　周至元对崂山的挚爱,凝聚着浓浓的乡土之情。周至元存世诗歌1000多首,大部分是关于崂山的山水诗,这些诗作凝聚着他对崂山的挚爱。周至元对崂山山水的描写,很少掺杂哲理和议论,他追求物我合一、绝去功利的纯美诗歌意境。《采药谷》:"道人采药处,泉石自清幽。涧阔秋风细,林深竹影修。落花浮水面,野鸟鸣枝头。即此堪供隐,烟云朝夕稠。"[③] 泉水潺潺,山石杂列,山涧微阔,秋风细缓,茂竹修长,清新扑面的山水画境,涌动着纯美的诗意。野花飘零、山鸟鸣啭,为清新的山水画境增添了灵动与生机。诗人对采药谷生发无限的留恋,"即此堪供隐,烟云朝夕稠",幻想着像采药的道人一样,隐居在这里,享受世外桃源般的生活。《大仙山》:"一片沧溟落眼前,峰峦朝夕起云烟。苍松白石断尘想,信是人间好洞天。"[④] 远处大海茫茫,峰峦叠嶂,迷雾缭绕,近处苍松郁郁,白石阵列。笔触所到,虽是描写无我之境,但字里行间洋溢着诗人对山水的钟爱和留恋。周至元诗歌中的崂山山水充满着灵动和生气,充分诠释了仙山圣水的奇异。《巨峰》:"二崂之峰亿万计,谁其主者为巨峰。众山罗列儿孙小,此独巍然主人翁。我亦不知入尽青山几十里,上尽

[①] 周至元:《崂山志》,齐鲁书社1993年版,第289页。
[②] 同上书,第289页。
[③] 宫泉久、曹贤香:《崂山诗词精选评注》,人民出版社2015年版,第56页。
[④] 同上。

白云几千重。但觉峤岩绝壁不易登,古洞幽壑杳难穷。造巅顿觉眼界阔,六合之内隐罗胸。举手扪星星离离,俯首瞰日日瞳瞳。沧海如杯水,群山似朝宗。蓬莱在其北,阆苑当其东。西望岱岳何处是,但见齐烟九点青蒙蒙。呼吸帝座若可通,欲叩阊阖问天公。山灵含怒似不容,罡风吹下白云中。"① 巨峰傲然突起,雄视亿万群峰,诗人以"入尽青山几十里,上尽白云几千重",写出巨峰之巍峨绵远。以举手摸星星,低头看日月,夸张巨峰之高耸。"沧海如杯水,群山似朝宗。蓬莱在其北,阆苑当其东。西望岱岳何处是,但见齐烟九点青蒙蒙。呼吸帝座若可通,欲叩阊阖问天公",以所见之高远,暗示崂山巨峰的高旷,诗人用虚实错用的笔法,写出了巨峰的气势和灵动。《鱼鳞瀑》:"涧路行已尽,四围峭壁起。壁尽白云端,划然石门辟。飞瀑就中泻,疑决银河水。界破乱峰青,青练挂一疋。一叠又一叠,滚滚浪花激。乍惊苍龙飞,复恐玉山颓。乱点作雨飞,余沫化烟起。奔泻动谷崖,迅雷走洞底。澄潭照胆清,沉沉深靛色。白昼自阴森,六月寒彻骨。石上片刻坐,尘襟一时涤。贪览景物幽,不觉衣衫湿。龙湫何足拟,雁荡未能比。山水奇至此,喟然叹观止。"② 全诗以突出瀑布的气势为中心展开描写,多用比拟,贴切逼真。瀑布倾泻如青练倒悬,跌落谷底,浪花四溅。溅起的水花如狂风骤雨,如云烟飘动。整首诗意象飞动,悸人心魄。《美人峰》:"奇秀孤峰入窈冥,乍看疑是美人停。化成巫女双痕碧,眉点文君一抹青。云作衣裳劳想象,玉为肌体自娉婷。如何姑射仙人在,海上名山又现形。"③ 美人峰矗立远方,猛然看来像窈窕娉婷的美女站立在那里,"双痕碧""一抹青"化用"山如眉黛"的比喻,衣带如云卷舒伸展,肌肤如玉洁净白皙,好似姑射仙人下凡,美不胜收。《泄云瀑》:"飞泉高泄碧山头,错落珠玑散未收。斜日乍惊彩虹出,晴天忽见白龙游。危岩秀映群峰色,幽谷寒生六月秋。疑是银河谁决破,滔滔不绝水长流。"④ 瀑布飞泻,如散落的珠玑,晶莹闪烁,错落有致,连贯相续。落日映照之下,瀑布状如彩虹,绚丽多彩,又如蛟龙飞舞,具有别样美感。《棋盘石》:"危石峰头搁,相看我亦猜。二分重在外,千古

---

① 宫泉久、曹贤香:《崂山诗词精选评注》,人民出版社2015年版,第57页。
② 同上书,第58页。
③ 同上书,第57页。
④ 同上书,第59页。

不堕来。遥视浑如戟，登临忽似台。沧溟俯视处，历历指蓬莱。"① 峰顶的巨石像搁在那里，时刻有崩坠之险，"二分重在外"，巨石有二分错落在外，摇摇欲坠，但是"千古不堕来"，千百年来依然如故，引发了诗人穿越历史的沧桑之感，俯视沧溟，指点蓬莱，登高临远，时空之辽阔，显示了诗人心胸之宽广。此外，如其《石门》诗的"石门高矗浮云隗，晴日登临眼忽开"，视野高远旷达，有"会当凌绝顶，一览众山小"的气势。《崂山头》诗的"山到路穷处，孤峰海底攒。怒涛如雪涌，造化足奇观"，山穷水尽之处，突现孤峰耸立，海涛怒涌，豁然开朗之境，给人以梦幻般旷达的胸怀。造化的奇观，正契合了诗人的心灵。

4. 一声叹息

周至元对崂山山水的记载描写充满了挚爱，他对崂山人文事件的叙述也表明出鲜明的情感色彩。在崂山的历史记载中，发生在明朝万历年间的海印寺事件是比较引人注目的大事件，对此事件的记载和评述融入了周至元的爱憎情感。海印寺事件的主角是万历名僧憨山和道士耿义兰。周至元《崂山志·高僧》记载："憨山名德清，一号澄印。习举子业，经书子史入目能通，尤长诗词。然非其志，乃弃而入空门，就南京报恩寺为僧。专心参究，遂博明宗旨，并倡三教归一之说，与妙峰禅师一见契合。既而北游京师，所至贤士大夫皆乐与之游。尝为慈圣李太后禳祷，事毕，太后为建院于五台山之龙山。居久之，声闻益高。自思大名之下，不可久居，乃与妙峰南下。妙峰入峨眉，憨山东入崂山，寻那罗延窟居其中。"② 憨山在万历十一年从五台山入崂山，购太清宫废址建造海印寺。憨山在《建海印寺上顺翁胡太宰书》说："今择山之东极尽处，有一美地，名下宫。观其形势，背负鳌山，面吞沧海，中藏一庵，屋庐虽毁，基址犹存。且前平地数亩，足赡数人。……鄙人颇惬意于此，乃就邑而谋诸父老，幸得东海高人桂峰法师为之先容，江、黄二隐君，泰岩、荫潭诸先生为之助威。又崔公子大哥亲过即墨，以实鄙人之志，因而暂得驻足，但不知后期何如耳？"③ 海印寺的基址原为太清宫旧址，万历十一年时，太清宫已经颓圮。

---

① 宫泉久、曹贤香：《崂山诗词精选评注》，人民出版社2015年版，第60页。
② 周至元：《崂山志》，齐鲁书社1993年版，第168页。
③ 同上书，第290页。

"宫宇倾圮，羽流散亡殆尽""山色如灰，中之贫民樵采，云山殆尽，藏修之士，百无一人，处处琳宫，皆为荆棘"。太清宫道人将废址售予憨山，"大动土木工程，广筑方便僧院。二崂胜境，期佛场与五台共兴；东海名山，愿梵刹似普陀再现"。一时海印寺香火鼎盛，堪与五台山、普陀山相比。海印寺始建，憨山便心有不安，"墨地风俗淳笃，俨然太古民。但山野之民，不知僧为何物，易轻蔑而虐之。即今在在皆然，非大外护弹其心，定不使安然坐进此道也。鄙人窃慕鲁连之风、仲尼之志久矣。顷惟明公，功业赫赫，正当振荡之秋，鄙人何物，敢以隐语以挠高明。但此名山，得尺寸安居，不为外魔所侵，即尽此生平"①。憨山预料山野之民将对佛教徒轻蔑而虐之，上书胡顺翁欲以权势弹压其心，使海印寺不为外魔所侵扰，使其能安居修道。果然不出其所料，万历十七年，刚刚兴建的海印寺就面临了覆灭之灾。此灾难不是来自山野之民，而是来自羽流，道士耿义兰"思诈憨山之资不遂，告于抚院"。耿义兰在控告书中说："妖僧隐匿入室，聚财结党白莲教等，假称敕旨，占山杀道，惑众殃民，造海船运粮草，违法大逆。……妖僧蔡澄申，先年探拜冯保为义父，递运银两，上五台山，构称无遮僧大会，后保犯事抄没，妖僧将银隐匿。万历十一年间，逃入山东，冒称皇亲出家，改名德清，一号憨山，一号明朝，一号玄高，一号洪润，结党白莲等教头目张桂举、僧人自然、大义、大伦等，钻贿汉经厂内相张本，于万历十三年三月内假称敕旨赍奉，前来占山，势逐住宫道士刘真湖等，拆毁太清宫圣像三百余尊，打死道士张德容，碑像、人尸抛入海内，改宫为敕建海印禅寺，改山为那罗延山，控开红缨土棍，乘四人轿，势占民产三千亩。……恶等又于万历十九年二月内，诈称皇上钱粮赍奉佛像经典，假持兵部明文碑行，骚摇驲递，百计害民，……窃思妖僧，占山毁宫，敕建僧宇，系何年何月，某衙门题请奉皇上敕旨，察某衙门官员所费某项钱粮，某衙门稽察恶等违法诈冒多端，罪衍重重。且恶现今造海船，盖营房，骆驼运粮草。况崂山居东海之内，与外国倭夷相邻，以逆党隐冯保家财，积草屯粮，出没异常，祸机将来莫测。"② 耿义兰状告憨山得逞，手段是针对万历时期的政治局势，捏造诬陷，无限上纲上线。耿义兰状告憨山拆毁太清宫圣像三百余尊，霸占民产三千余亩纯属

---

① 周至元：《崂山志》，齐鲁书社1993年版，第291页。
② 同上书，第292页。

虚构事实。太清宫在憨山到崂山之前就已经损毁，至于三千亩民产更是无从谈起，太清宫所在之地，群山连绵，地无三尺之平，何来三千亩良田？而耿义兰诬陷憨山暗地勾结冯保，为其隐匿银两财产，聚财结党私通白莲教，积草屯粮，出没异常，有图谋不轨之象，祸机将难莫测。对此栽赃，憨山有口难辩，而且迎合了万历皇帝的政治清算行为，手段阴险毒辣。

万历十一年，明朝首辅张居正去世，万历皇帝开始进行政治清算。宦官冯保被驱逐出京，软禁于南京孝陵。冯保是万历皇帝太子时的伙伴，他兢兢业业悉心照料万历，被万历皇帝称为"大伴"。万历登基后，冯保擢升为司礼太监，是宫内职位最高的宦官。在万历初期张居正改革过程中，冯保扮演了一个极其重要的角色。他深受皇帝和李太后的信任，其掌握的司礼监与张居正掌管的内阁步调一致，使张居正的改革得以顺利进行。长期以来，学者多认为太监冯保的败亡是万历皇帝贪财好货所致。而根据历史资料分析，冯保的败亡更应归咎于他对万历皇帝长期严厉的监督管束，造成了万历皇帝对他由亲而敬，由敬而畏，由畏而恨。清算冯保也是万历皇帝清除张居正执政的政治影响，重建万历政治新格局的一个重要步骤。它是对朝廷政治风向的试探，是清算张居正的过度和跳板。冯保的败亡是朝臣争夺政治中枢权力的结果，而一旦将憨山与冯保牵连一起，憨山必将面临覆亡的结局。白莲教则是唐宋以来流传于民间的一种秘密宗教结社，它的教义简单，经卷比较通俗易懂，为下层人民所接受，常常被利用作为组织人民反抗压迫的工具。明朝洪武、永乐年间，川、鄂、赣、鲁等地多次发生白莲教徒武装暴动，有的还建号称帝，均被镇压。朱元璋深知白莲教造反的结果，在自诩"大明王"登基称帝后，立即颁布取缔白莲教的禁令。不过，白莲教却并未因此而悄然敛迹，历经明朝前期的南北融合之后，反而出现了暗地流传的盛况。统治阶级对白莲教非常担忧，严加防范。耿义兰的诬陷正中明朝统治者的痛处，憨山身败名裂的结局也就在情理之中。

耿义兰在状书中说他们要求严惩憨山"原非为产，乃为千万年之香火废于一旦，数百座神像灭于妖僧"，而事实上，憨山被流放，海印寺被拆毁后，太清宫依旧荒芜。左之宜在《明天启二年重修太清宫碑》说："忆昔山场为憨僧所侵，改造道宫为海印寺，一时人心愤懑，众口沸腾。诸道中抗疏申理，得谕旨，复改为道宫。僧昔所筑者，悉为瓦砾，成丘墟矣。……然古迹虽复，而殿宇掬为荒蓁，使修举无人，犹不复也。"① 场地夺回，但是殿宇荒蓁，修举无人，本来香火鼎盛之地重又归于沉寂，令人惋惜，也不禁让人质疑耿义兰们告状的动机。周至元对耿义兰状书中所提之事，认为是"考此疏所云之事，大都虚妄"。他在《崂山志·高僧传》中记载憨山"南入太清宫，就树下掩片席而居七阅月，土人张大心结庐使安之。会有施金三千为建庵资，曰：'吾三椽下容身有余矣。'时大饥，出济山民，因是邑绅皆重之"②他还记载："憨山之来崂也，即墨绅士多乐与之游。既其被捕入狱，黄嘉善等力为营救，并使人就狱中探之。见其在狱从容赋诗，毫无忧惧之色，探者归，语嘉善，叹惜久之。"③周至元记载中憨山的品行和为人与耿义兰所说大相径庭，绝非耿义兰诬陷的"占山杀道，惑众殃民"。周至元在《吊海印寺故址赋》说："忆昔憨山之为人也，气宇轩昂，智慧圆通，才华既赡，文章尤工。论诗格不逊贾岛，评书法则雅近坡翁。玄理湛深，遥传寒山衣钵；胸襟潇洒，恰有佛印遗风。至其卓锡来崂也，世事全灭，尘襟悉屏。窟探那罗，迹寻幽复。蒲团一座，甘于木石同居；面壁十年，恰爱岩扉清冷。令顽石亦点头，每同生公说法；散天花而不着，浑如老僧入定。讵知魔障未消，尘缘再缠。看佛刹，几叹胜地全无；结禅林，顿思名山重建。于是走京师，谒上宪；缘化多方，佛经遥颁。大动土木工程，广筑方便僧院。二崂胜境，期佛场与五台共兴；东海名刹，愿佛刹似普陀再现。岂意物盛则衰，日中则昃。世态本幻，人情尤诡。何来狂道，忽兴鼠牙之讼。蠢尔刁奴，竟似狼心难测。绿章频上，终蒙不白之冤。……从此蓝若荒废，岩壑冷落。……碎瓦乱砾，饱兴过客浩叹；断壁颓垣，徒供游人凭吊。"④ 周至元对憨山甘于寂寞、清贫，一心向道，表示了赞赏，"蒲团一座，甘于木石同居；面壁十年，恰爱岩扉清冷"。强烈谴责了耿义兰们的卑鄙行径，"何来狂道，忽兴鼠牙之讼。蠢尔刁奴，竟似狼心难测。绿章频上，终蒙不白之冤"。对憨山的遭遇充满同情，"丹诏屡下，又遭雷州之谪"。对海印寺的被毁弃，表示了无限的惋惜之情，"庄严佛殿，宛如昙影暂开；大好禅林，竟同蜃楼倏灭""断壁颓垣，徒供游人凭吊"。周至元咏叹海印寺诗说："蜗

---

① 周至元：《崂山志》，齐鲁书社1993年版，第180页。
② 同上书，第188页。
③ 同上书，第180页。
④ 同上书，第309页。

角何劳抵死争，道人怜汝太无情。名山未许名僧住，涛打空堤似不平。"①国内名山大川，释道并存、香火鼎盛的情况并不少见，何以唯独在崂山，道教徒要拼命将佛教徒赶出去？憨山花费几年心血辛苦建成的海印寺毁为一堆乱石，"道人怜汝太无情"，周至元痛恨耿义兰的卑鄙无情。黄宗昌对此事件也颇多感慨，他在《崂山志》卷五说："山史氏曰：道高而毁来，忌之者多也。释氏子夫何忌而多口若是，盛名难厌，故君子恶其著耳。吾观憨山年谱，而知憨山之所以为憨山者，其开宗明义，已既廓然四达，了无生相矣。胡劳劳人世为？岂借桴济湃，道当如是与？嗟乎！贤人君子多坎险，虽道大如憨山而亦不免然，彼小人者之流毒可胜道哉！"②黄宗昌感慨小人手段之阴险毒辣，叹惜"道大如憨山"也难免中小人之招。周至元为憨山叹惜，更为崂山惋惜："一自高僧卓锡来，顿教海角起楼台。如何幻灭忽顷刻，竟似昙花一现开。远戍雷州更不归，二崂山色死成灰。至今惟剩荒基在，野竹秋风绿一围。"③周至元对憨山筚路蓝缕创建海印寺，"顿教海角起楼台"，表示由衷的敬佩，海印寺毁于一旦，"如何幻灭忽顷刻，竟似昙花一现开"，多年的心血顿时化为一片瓦砾，剩下荒基一处，让人说不出的遗憾。在此事件300年后，周至元更清楚了它对崂山的伤害。海印寺能与五台山、普陀山并存下来，崂山也就不需要凭蒲松龄虚构的崂山道士传播声名了。

周至元无论是对"崂山村落里程之沿革，山川河流寺观之兴替，人文物产之殷赈繁衍，考诸图经，诹诸故老，参以目验"，还是对"骚人寻胜，墨客登眺之际，逸兴遄飞，或跻高而成赋，或临流而咏诗，俊词玮章，足以增光山灵，备为纂录"，还是对崂山历史事件或游崂名士的褒贬抑扬，皆出于他对生于斯、长于斯的故土的热爱。

---

① 周至元：《崂山志》，齐鲁书社1993年版，第89页。
② 苑秀丽、刘怀荣：《崂山志校注》，人民出版社2015年版，第85页。
③ 周至元：《崂山志》，齐鲁书社1993年版，第89页。

第二章

风雅名士

一　绝世风流的诗坛盟主王士禛

在崂山历史的记载上，游览登临的文人墨客中，王士禛（1634—1711）是比较著名的一个，他是真正的集名士显宦于一身。

王士禛在中国文学的悠久历史中称不上大家，但在有清一代，他以神韵诗风的猎猎大旗矗立诗坛，成为"绝世风流润太平"的骚坛盟主，其神韵诗歌理论影响了清朝200多年。清代诗人宋湘称赞王士禛，"国朝称诗坛，渔阳起山左。主盟四十年，有似中流柁"[1]。其处在执掌牛耳的地位，获得了"一代正宗"的赞誉。"海内公卿大夫、文人学士，无远近贵贱，识公之面，闻公之名，莫不尊之为泰山北斗。"[2] 著籍称其门下弟子者，"不下数千人"。王士禛是文坛巨匠，也是宦途名臣。他"昼了公事，夜接词人"，著名的明末三公子之一冒襄评价他道："公实今日之循吏。仁而明，勤而敏，廉而能慎者也。"[3] 王士禛曾经在短短几个月完结"钦件数千""抚绥有方，慈惠倍至"。后升迁入值南书房，为刑部尚书，位跻六部九卿之列。清乾隆称其"积学工诗，在本朝诸人中，流派较正。从前未邀易名之典，宜示褒荣，以为稽古者劝"[4]。蒲松龄赞誉他是"名士风流在，良臣气概殊"[5]，王士禛登临崂山，也探究崂山，与崂山结缘，是崂山的真正知己之一。

---

[1]（清）宋湘：《红杏山房诗钞》，清乾隆刻本。
[2]《王士禛全集》，齐鲁书社2007年版，第1026页。
[3] 同上书，第213页。
[4] 同上书，第421页。
[5] 盛伟：《蒲松龄全集》，学林出版社1998年版，第3046页。

1. 神龙见首不见尾

王士禛是否到过崂山？答案是肯定的，但其诗文却无一字明确说明他曾经游历崂山。其游历崂山的时间，我们只能从其诗文和他人著述的蛛丝马迹中寻找推断。王士禛的《九日》诗："海上仙灵窟，风光近十洲。名山无远近，瑶草自春秋。欲探逄萌隐，徒惭谢客游。一歌朱雁曲，怀古但悠悠。"① 这首诗后注有"高绳东、高念东两先生邀游二劳未果"，这是王士禛唯一提及游历崂山的诗歌，这次崂山之游王士禛未能成行。诗中的"欲探逄萌隐"，是说他本来要去探寻逄萌隐居之处的，结果未能如愿。逄萌是西汉末年北海郡都昌县（今山东省昌邑市）人，家境贫困。他曾任亭长，县尉路过驿亭，逄萌候迎拜谒，感慨不已，喟然叹曰："大丈夫岂能为他人服役。"遂去长安求学。在长安听到王莽杀其子王宇，逄萌对友人说："三纲绝矣，不去，祸将及人。"② 便悬冠于长安东郭城门，返回故里，携家渡海到辽东居住。建武元年（公元25年），东汉光武帝即位后，逄萌又从辽东来到崂山，隐居在崂山的不其山下，讲学授业，汉明帝曾屡次下诏征其出仕，逄萌佯作疯狂拒之，后以寿终。逄萌隐居的地方是崂山，王士禛写逄萌隐居之处的美景自然就是崂山的美景。高玮，字握之，号绳东；高珩，字葱佩，号念东。高氏兄弟的外祖父王象乾是明朝嘉靖时期的兵部尚书王之垣的长子，王士禛的祖父王象晋是王之垣的三子。高氏兄弟与王士禛是表兄弟关系，高氏兄弟邀请王士禛同游崂山，王士禛未能同行，高氏兄弟的这次崂山之行是在康熙十一年四月。淄川唐梦赉《志壑堂文集》卷十二《杂记》中，写道："壬子夏，游崂山，见海市。时同行者八人。"③ 同行者八人中，应该有高衡、高玮、蒲松龄、张绂等。唐梦赉字济武，号豹口，又号岚亭，生于明天启七年（1627）。清顺治五年（1648）中举人，翌年（1649）成进士，授翰林院庶吉士，顺治八年（1651）授翰林院检讨。唐梦赉26岁时，纠劾某位给事中而忤怒朝廷要员，陷入朝中派系斗争漩涡，竟被罢官。归田后，寄情山水，栖心禅悦，日与高珩等人诗酒唱和。唐梦赉《杂记》中记述了游历崂山见到海市蜃楼的情景，"初宿修真观，历上清、下清庵，登八仙墩，水尽山穷，连天

---

① 《王士禛全集》，齐鲁书社2007年版，第50页。
② 《后汉书》，中华书局2011年版，第2759页。
③ （清）唐梦赉：《志壑堂文集》卷12，清康熙刻本。

一碧。再宿青石涧，观日出。回至番辕岭，微雨初晴，东望海际，见一城在白云中，堞数十仞，炮台敌楼，历历可数。俄见一人青衣出，路南行，后一人肩挑雨具从之，向西望若凝目。吾辈诸同人方惊疑，云去时未见此城，且迁海以后宁复存此岛乎？询之土人从同行者，乃曰：'此海市也，是为沧州岛。'一食顷，而渐低，青山露髻文，移时城山尽出，恍如梦寐矣"①。唐梦赉写崂山海市的文章还有《崂山看海市补赋》《贺新郎·忆二崂山观日出，时海市见沧洲岛》《双调新水令·游崂山看日出，回番辕岭，海市现沧州岛》等。

  蒲松龄的《崂山观海市作歌》也详细描写了崂山海市的奇观。蒲松龄的好友张笃庆之父张绂在《焕山山市记》中，追述了崂山海市的奇幻景象，"向者壬子初夏，偕同人游崂山，遇雨，假宿青石涧。凌晨晴霁，过翻袁岭，矫首南望，倏见城郭楼台，旌旗人马，变幻顷刻，咸叹以为异观焉。问之土人，曰：此沧州岛现海市耳"②。高珩的《青萝洞行》诗写有："仆本野人宜岩壑，百种疏慵安落拓。揣分端寻樵牧宜，宿缘偶被冠赏缚。翩然掉首赋归田，十日疾看海上山。蜃楼依稀感海若，天吴紫凤嬉吾前。"③ 高珩在康熙十一年春天以葬亲为由返归故里，并因病请假卸职归田，得以实现自己被仕宦延迟的宿缘。从高珩诗歌叙述的海市蜃楼来看，他应该是与唐梦赉同行的八人之一。康熙十一年春，对王士禛来说是多事之春，三月长子启涑续娶，四月第五子启沐生于京邸，五月仲子启浑将回乡迎娶御史淄川高坪女，将行而忽得寒疾，六月病卒，年仅十七。《王考功年谱》记载："浑为士禛仲子，有才具，年十七矣。会士禛奉命主四川乡试，先生念其万里之行不可为怀，又虑伤太夫人心，每中夜推枕，徘徊起叹。"④ 在这种情况下，王士禛无暇也无心去游历崂山。壬子年之后，高珩再未游历崂山，王士禛未能与高珩等人成行的崂山之游只能是壬子年这一次。王士禛有《送念东先生予告还山》诗，能够为王士禛壬子前游历崂山作为证明。汉朝官吏休假制度，官吏休假称"告"，二千石以上官吏经考课居最，法令可带职休假，则称予告。高珩予告还山，正是指高珩壬子年请假归里。诗中写道："何处神山沧海东，巨峰万仞插晴

---

① （清）唐梦赉：《志壑堂文集》卷12，清康熙刻本。
② 袁世硕：《蒲松龄事迹著述新考》，齐鲁书社1988年版，第316页。
③ （清）高珩：《栖云阁文集》卷9，清康熙刻本。
④ 《王士禛全集》，齐鲁书社2007年版，第2504页。

空。青天无数云涛卷，下视辰韩墨点中。"（巨峰，劳山最高处）"大劳小劳溟渤间，身乘龙蹻蹑天关。何须更跨楼船去，童女如花竟不还。"①在诗中，王士禛特地注明巨峰是崂山最高处，这点说明他对崂山很熟悉。登上万仞巨峰，俯视遥远的辰韩，如同微小的墨点般渺茫。辰韩是公元前2世纪末至公元4世纪左右朝鲜半岛南部民族部落之一，与马韩及弁韩合称三韩，位于马韩之东。据有关资料记载，以前空气未被污染的时候，在山东半岛的海岸高处是能看到朝鲜半岛的。王士禛诗中的晴空云涛怒卷，远处辰韩墨点，是他攀登巨峰时的实景写照。王士禛游历崂山的时间要上推到壬子年之前，而壬子年前王士禛游历崂山的时间只能是顺治十三年。顺治十二年，王士禄任莱州府学教授，《渔洋山人自传年谱》载："顺治十二年，君（王士禄）就殿试，君既风神玉立，又夙工欧阳书，盛有文名于时，时谓非馆阁不足以辱君。既而前政尚以武陵之故，易置末甲，及馆选复不得与，遂投牒吏部，乞改教职。九月归里，十二月赴莱州府学教授。"②王士禄任府学教授的莱州，历史上的胶西地域亦属其管辖。徐夜《送西樵之莱州》："君作寒官逐岁钱，居贤能不羡前贤。胶西相倚天人重，历下名先海国悬。莫以门生愁缝帐，由来世家爱青毡。吾师东望蓬莱接，犹可移情操水仙。"③徐夜诗中以"胶西相"称许王士禄，"胶西相"指的是汉代的董仲舒，董仲舒在汉武帝时代曾任胶西国相。《汉书·董仲舒传》："仲舒为人廉直。是时方外攘四夷，公孙弘治《春秋》不如仲舒，而弘希世用事，位至公卿。仲舒以弘为从谀，弘嫉之。胶西王亦上兄也，尤纵恣，数害吏二千石。弘乃言于上曰：'独董仲舒可使相胶西王。'胶西王闻仲舒大儒，善待之。仲舒恐久获罪，病免。"④胶西即现在的胶州地域，在历史的区域划分上曾属于莱州府。王士禄任职的次年（顺治十三年）王士禛到莱州探视，《王考功年谱》记载："（顺治十三年）五月，士禛省先生（王士禄）至莱，……八月，及莱守万公开来代尚同游大泽山，又游虎头岩观奇石，皆有诗。"⑤《渔阳集外诗》卷一《丙申诗》自序亦记载："夏五之海上，省家兄西樵于官舍。登三山亭，以观沧海，泓

---

① 《王士禛全集》，齐鲁书社2007年版，第967页。
② 同上书，第5060页。
③ 武润婷、徐承翃：《徐夜诗集校注》，山东大学出版社1997年版，第315页。
④ 《汉书》，中华书局1991年版，第203页。
⑤ 《王士禛全集》，齐鲁书社2007年版，第2499页。

峥萧瑟，蓬邱、方丈近在眉际，罨然有褰裳濡足之思焉。"① 王士禛到莱州后，到蠡勺亭观海，游龙溪，游亚禄山林氏园，观窟室画松。在此王士禛虽未明确点出他的崂山之行，但他的诗文印证了顺治十三年崂山之行。《胶西行》："离离海边树，蔼蔼黔陬城。城中百万户，夹道弹鸣筝。忆昔秾华未消歇，名园处处春花发。箫鼓晴连芝罘云，笙歌夜落珠峰月。月没云开星欲稀，城边杨柳夜乌飞。公子长停珠勒马，美人自爱金缕衣。金羁宝马狭邪路，北里门连乌柏树。繁弦一曲定情篇，隐囊四座弹棋赋。金张甲第上连天，飞宇高甍白日前。藻井尽留明月影，金楹不断海霞边。锦车小驷连春陌，桃花柳絮争颜色。碧罽文茵五十重，紫丝步障三千尺。文茵步障竞遨游，列第歌钟午未休。折步纤腰争上食，吴歌赵舞不知愁。别有翩翩少年子，一言便赠千金匕。结客常闻剧孟家，贤豪半出袁丝里。秦皇汉武旧游仙，碣石蓬莱海上连。二劳峰上三山影，万里沙头九点烟。岂知时会一朝变，鼙鼓殷殷生海甸。玉女窗前今倚弓，仙人台上闻传箭。羽书昨夜下东秦，万里云驰七校屯。铁骑铜鐎催后劲，龙旗虎帐识将军。将军夜发琅玡道，海气沉沉沙浩浩。烽火西通莱子城，潮声东接田横岛。月落孤城蔓草平，乌啼寒夜柝无声。旧日仲舒宅畔柳，年年空复向春荣。"② 史料记载，胶西为汉黔陬县地。隋开皇十六年，置胶西县，属密州。唐武德六年，并入高密，以其地为板桥镇。宋元祐三年（1088）析高密、诸城两县地，复置胶西县，兼领临海军使，仍属密州。金仍曰胶西县。《宋史》说嘉定四年，时胶西当登州、宁海之冲，百货辐辏，李全使其兄福守之，为窟宅，多收互市之利。元置胶州治此。城周围约四里，有三个门，北面无门。明洪武元年（1368）莱州升为莱州府，治掖县。登州、宁海州归其管辖。六年（1373）降为莱州，九年（1376）复为府，辖附掖县、平度州和胶州。平度州辖昌邑县和潍县，胶州辖高密县和即墨县。王士禛诗中提到的黔陬城属于古胶西，亦即今胶州。黄宗昌《崂山志》卷七说："高弘图，字硁斋，胶西人"，高弘图是胶州人。古黔陬城、胶西县皆位于板桥镇，诗中"城中百万户，夹道弹鸣筝"，写出了板桥镇的繁华景象，居民众多，一派歌舞升平；"笙歌夜落珠峰月"中的珠峰指的是古胶西辖内珠山的高峰，"旧日仲舒宅畔柳，年年空复向春荣"指的是

---

① 《王士禛全集》，齐鲁书社2007年版，第533页。
② 同上书，第25页。

董仲舒在胶西的住处，诗中的这些内容证明了王士禛经临崂山一带。尤其是"二劳峰上三山影，万里沙头九点烟"描写登临崂山所见的美景，直接点出了他的崂山游历。王士禛在此后多年的《杂忆寄故园》诗中回忆当年情景，"弟兄别后海天遥，把臂春云指二劳。苦忆酒阑斋阁夜，净名高座咏离骚"①。这首诗后注说："净名，西樵次子，甫九岁能诗。予丙申省兄至莱。"丙申年王士禛与长兄王士禄在春意盎然、云卷云舒的日子，兄弟俩手握手同游崂山，"把臂春云指二劳"，二劳指的就是大小崂山。此行随同他们一起出游的还有九岁的侄子净名，净名在高朋满座的酒宴上歌咏屈原的《离骚》，为客人以助酒兴。《蠡勺亭观海》："人生快意无几时，明镜朱颜岂常好。吾将避世女姑山，不然垂钓蜉蝣岛。"② 女姑山为崂山的支脉，王士禛要在此避世隐居，因为他感到人生在世，快意不多，这是王士禛诗文中罕见抒发心中愤懑的诗句，也是他年轻气盛的表现。王士禛的此次崂山之行心情并不舒畅，顺治十一年，王士禄、王士祜、王士禛三兄弟结伴"入洛"，同上公车，时人号为"三王"。第二年，乙未科会试，二哥士祜落第，大哥士禄殿试，因为上次科考与胡统虞的关系被放在末甲，不得参与馆选，失望之余，投牒吏部，乞求改为教职。王士禛考中，名列第56名，没有参加殿试便直接回家。在王士禛游崂的诗歌中也不可避免地表现出内心的不平，"击我剑，听君歌，有酒不饮当奈何?"③ 在王士禛的诗文中，对这次崂山之行的见闻还有其他记载，"东武琅玡台上，每晴朗，辄望见海外山林、城郭，仿佛有人物车马往来驰骤之状，不知其何地也。然月仅一二，亦不恒见"④。这是王士禛写崂山之行所睹海市的壮景，山林、城郭，人物车马，境况与张绂所见海市相同。王士禛还记载了崂山特有的植物耐冬，"劳山多耐冬花，花色殷红，冬月始盛开，雪中照耀山谷，弥望皆是。说者谓即南中之山茶，然花不甚大，所云海红花是也"⑤。也许有人怀疑，王士禛的崂山之游是在四月，不可能看到耐冬开花。耐冬的花期是从十一月到次年的五月，王士禛游历崂山时正是耐冬花的花期，所以王士禛对耐冬花的描写是根据他亲眼目睹进行的。以上

---

① 《王士禛全集》，齐鲁书社2007年版，第556页。

② 同上书，第159页。

③ 同上。

④ 同上书，第4064页。

⑤ 同上书，第4691页。

分析足以证明，王士禛的崂山之行是在顺治十三年，在他"省西樵于莱州"时。

2. 崂山的考证

王士禛在与释智朴的信中说："名山游灵，大师显微阐幽，修此坠典，云岚草木皆开生面。"① 名山因为大师的关注或游历，才使其云岚草木皆开生面，得到世人的重视青睐。王士禛游历崂山后对崂山给予极大的关注，他对崂山之名的来源进行了考证，使崂山增加了文化底蕴的厚度。其《劳山说》曰："劳山，在莱州府即墨县境中，昆山顾宁人炎武序《劳山图志》曰：自田齐之末，有神仙之论，而秦皇汉武谓真有此人，在穷山巨海之中，于是神仙之祠遍于海上，万乘之驾常在东莱，而劳山之名至此起矣。夫劳山，皆乱石嵚岩，下临大海，逼仄难度，其险处土人犹罕至焉。秦皇登之，是必万人除道，百官扈从，千人拥挽而后上也。五谷不生，环山以外，土皆疏瘠，海滨斥卤，仅有鱼蛤，亦须其时，秦皇登之，必一郡供张，数县储偫，四民废业，千里驿骚而后上也。于是齐人苦之，而名曰劳山也。杨太史观光《致知小语》曰：山祖昆仑，起自西北，劳山居东南，为中国山尽处。行远而劳，所以名也。二说未知谁是？以理揆之，顾说为长。顾近寄所著《日知录》，内辨劳山三则，又与前说不同。"② 关于崂山之名的来源，王士禛倾向于顾炎武的"齐人苦之，而名曰劳山"的说法。后来顾炎武在《日知录·劳山》中，又记载了新的说法："劳山之名，《齐乘》以为'登之者劳'，又云一作牢，丘长春又改为'鳌'，皆鄙浅可笑。按《南史》'明僧绍隐于长广郡之崂山'。《本草》：'天麻生太山、崂山诸山。'则字本作'崂'。若《魏书地形志》《唐书姜抚传》《宋史甄栖真传》并作'牢'，乃传写之误。《魏书高祖纪》《释老志》并仍作'劳山'。《诗》：'山川悠远，维其劳矣。'笺云：'劳劳，广阔。'则此山或取其广阔而名之。郑康成，齐人。劳劳，盖齐语也。"③ 顾炎武认为"劳山"之"劳"，是来自登山者"劳"，一改前说齐人苦于应付秦始皇游崂山而造成的"一郡供张，数县储偫，四民废业，千里驿骚而后上"的说法，并且还考证出"劳"的新说法，认为"劳"是"劳

---

① 《王士禛全集》，齐鲁书社2007年版，第2391页。

② 同上书，第3200页。

③ 《顾炎武全集》第19册，上海古籍出版社2011年版，第1214页。

劳"之"劳",是齐地语言,为广阔的意思。王士禛是比较赞同顾炎武最早的解释的,"劳山"源自秦始皇东游给地方民众造成的苦难。他在《香祖笔记》卷四说:"大小劳山在莱胶州即墨之境。延安府甘泉县北二十里亦有大小劳山,狄武襄与夏人相拒,士卒疲困憩此,因名。"① 延安府甘泉县也有山名为大小劳山,山名来源是因为士兵作战困劳至极,在此休息而得。王士禛通过他地同名山峰的命名佐证胶州崂山的来历,以旁证的方法来证明崂山之"劳"的来源,也有一定的道理。

王士禛有关崂山的作品,有诗歌也有小说,而这两种文体的写作却包含着不同的情怀,在诗歌的写作上,他还抱持着"诗言志"的传统思想。他在《蚕尾续文集》卷二说:"古诗之传于后世者,大约有二:登临之作,易为幽奇;怀古之作,易为悲壮。故高人达士,往往于此抒其怀抱,而寄其无聊不平之思。此其所以工而传也。"② 王士禛有关崂山的诗歌既有登临之兴又有怀古之思。《胶西行》写道:"秦皇汉武旧游仙,碣石蓬莱海上连。二劳峰上三山影,万里沙头九点烟。岂知时会一朝变,鼙鼓殷殷生海甸。""旧日仲舒宅畔柳,年年空复向春荣。"王士禛登临秦皇汉武昔日游历之处,目睹胶西相董仲舒成为瓦砾的旧宅,感慨英雄豪杰的权势和声誉皆如不舍昼夜的流水,一去不再复返。诗中有自命不凡的自负,"公子长停珠勒马,美人自爱金缕衣""别有翩翩少年子,一言便赠千金匕",以美人自喻,以翩翩少年自况,对自己有莫大的期许。然而,王士禛进入仕途前的科举之路并不平坦,《香祖笔记》卷七记载:"予以顺治八年辛卯中乡试,闱牍为座主蒲阪御史大夫杜公(笃祜,字振门)、房师寿春侍御夏公(人佺,字敬孚)所赏异,已定解元三日矣。有丘县令李应轸者,高邮人,与夏公为淮南乡里,年七十矣,私于夏公曰:'某老矣,日暮途远,使元出本房,差慰迟暮。公能相让,则奕世之感也。'请至再三,夏公乃许之。其受荐即昌乐滕国相(字和梅)也,已拟第六,与予皆习《毛诗》。杜公甚难之,而李请益坚,杜怜其意,遂改予第六,而滕得元。时滕年近六十,予年始十八耳。榜后旅谒,杜公颇悔之,间语予以前事,且曰:'子文合作元,此亦命也。'予初不以屑意。"③ 王士禛虽说"初不以屑意",从其诗文来看,他对此事是耿耿于怀的。从乡试第

---

① 《王士禛全集》,齐鲁书社2007年版,第4533页。
② 同上书,第1965页。
③ 同上书,第4660页。

一降为第六，这对通过科举扬名立身的士子来说，无疑是沉重的打击。他在《蠡勺亭观海》中愤愤不平地说"击我剑，听君歌"，"人生快意无几时，明镜朱颜岂常好？"诗人在仕途上有"直挂云帆济沧海"的雄心壮志，但屡遭困顿的现实，让他产生了时不我待的焦躁不安之情。王士禛有关崂山的赠诗则表现出诗人的幽奇之思，《赠劳山隐者》："何许藏名地，秦山海上深。半夜白日出，风雨苍龙吟。静侣行道处，不闻樵採音。清泠鱼山梵，寂寞成连琴。晓就诸天食，暝栖檐葡林。因知安居法，一契无生心。我亦山中客，悠悠悔陆沉。"①"我亦山中客，悠悠悔陆沉"，陆沉一般解释为隐居，如用此义，则最后一句与整首诗表达的诗人之意相反。金荣注王士禛诗歌引用《史记·东方朔列传》"陆沉于俗"②，这应该是王士禛诗意的正确表达。王士禛对隐者崂山环境的描写，透露出他热爱自然的本性，"我亦山中客"，他向往着大自然中无拘无束的自由。其《谢人送松花》："劳山千万松，六月失炎暑。松膏化为黳，松花落如雨。色黄伴蒸栗，味滑胜钟乳。会从啸父游，白日生毛羽。"③啸父是传说中长生不老的仙人，《列仙传》载："啸父者，冀州人也。少在西周市上补履，数十年人不知也。后奇其不老，好事者造求其术，不能得也。唯梁母得其作火法。临上三亮，上与梁母别，列数十火而升西，邑多奉祀之。啸父驻形，年衰不迈。梁母遇之，历虚启会。丹火翼辉，紫烟成盖。眇企升云，抑绝华泰。"④王士禛希望像啸父一样，长生不老，脱离人世间烦恼，羽化成仙。王士禛的山水诗中，常有一种莫名的惆怅，强烈的出世感。对此，王士禛的侄女婿、清初著名诗人赵执信颇不以为然，他在《谈龙录》中说："司寇（王士禛）昔以少詹事兼翰林侍讲学士，奉使祭告南海，著《南海集》，其首章《留别相送诸子》云：卢沟桥上月，落日风尘昏。万里自兹始，孤怀谁与论？又云：此去珠江水，相思寄断猿。不识谪宦迁客更作何语？其次章《与友夜话》云：寒宵共杯酒，一笑失穷途。穷途定何许？非所谓诗中无人耶？"⑤在大多数人看来，奉皇帝之命祭祀南海是非常荣耀的差事，而王士禛途中写就的诗句却如谪宦迁客之语。赵执信

---

① 《王士禛全集》，齐鲁书社 2007 年版，第 242 页。
② 《渔洋精华录集注》，齐鲁书社 1989 年版，第 98 页。
③ 《王士禛全集》，齐鲁书社 2007 年版，第 956 页。
④ 王叔岷：《列仙传校笺》，中华书局 2007 年版，第 36 页。
⑤ 《赵执信全集》，齐鲁书社 1993 年版，第 535 页。

说："余曰：诗固自有其礼义也。今夫喜者不可为泣涕，悲者不可为欢笑，此礼义也；富贵者不可话寒陋，贫贱者不可语侈大，推而论之，无非礼义也。"① 王士禛身为朝廷重臣，富贵之极，应该志满意得，他心灰意冷的情绪从何而来？一般人是不理解的。如果从王士禛的性格角度，找这个问题的答案，就能够迎刃而解了。王士禛《癸卯诗卷自序》曰："予兄弟少无宦情，同抱箕颖之志，居常相语，以十年毕婚宦，则耦耕醴泉山中，践青山黄发之约。"② 王士禛兄弟从小就"无宦情，同抱箕颖之志"，没有"学而优则仕"的强烈愿望。王士禛虽身处高位，却无渔利猎名之心。《渔洋山人自撰年谱》云："时捐纳方开，多相缘为奸。山人（王士禛）一无所预，戒司官凡关捐纳事，勿以一呈一稿至前。在户部七年，始终皭然，如白圭振鹭，得全清白。举朝皆能谅之，然笑其愚者众矣。"③ 看淡了名利，王士禛吏隐金门，能够在尔虞我诈、翻云覆雨的官场中，独善其身，抱持澄静内敛的心灵，于山水间发现自然的纯美。《渔洋山人自撰年谱》云："（王士禛）奉命南行，雪阻东平，望小洞庭中有蚕尾山，为唐太守苏源明宴赏地，因取以名其山房，并图为小照，自序梗概以志寄托。一时海内风雅之士，咸谓山人处高位而有超世之志焉。"④"处高位而有超世之志"，使王士禛的山水诗歌常常有出世羽化之想。

3. 著书者之笔

王士禛有关崂山的小说与蒲松龄《聊斋志异》中同名的有两篇：《崂山道士》和《啖石》。王士禛因为《聊斋志异》与蒲松龄结识，也因此产生了一些与此有关的传说。邹弢《三借庐笔谈》记载，王士禛曾慕名拜访蒲松龄，三次前往，均吃闭门羹，蒲松龄避而不见，并说："此人虽风雅，终有富贵气，田夫不惯作缘也。"另倪鸿《桐荫清话》记载，蒲松龄写完《聊斋志异》后，"就正于王渔洋，王欲以百千市其稿，蒲坚不与，因加评骘而还之"。蒲松龄拒见王士禛一说，塑造了一个孤高自傲的蒲松龄，拔高了蒲松龄形象，但与事实显然不符。袁世硕先生考证康熙二十五年王士禛丁父忧，返回新城时，曾在淄川毕家与毕家塾师蒲松龄见面。从

---

① 《赵执信全集》，齐鲁书社1993年版，第534页。
② 《王士禛全集》，齐鲁书社2007年版，第243页。
③ 同上书，第5095页。
④ 同上书，第5088页。

蒲松龄给王士禛的第一封信可以看出，他对这次见面是非常兴奋的，"耳灌芳名，倾风结想。不意得借公事，一快读十年书，甚慰平生"①。见君一面，胜读十年书，蒲松龄是多么仰慕王士禛。王士禛身为朝廷重臣，"贵"肯定是有的，但以此睥睨他人，尤其是他亲戚家的塾师，以王士禛的性格是不可能如此的。王士禛奖掖后进、不遗余力是人所熟知的。蒲松龄信中说："或云老先生（王士禛）虽有台阁位望，无改名士风流，非亲炙謦欬者，不能为此言也。……先生调鼎有日，几务殷烦，未敢遽以相质，而私淑者窃附门墙矣。"②蒲松龄亲见王士禛言行，印证了人们传说中的"名士风流"，而名士风流与富贵气是无法混为一谈的。蒲松龄自称是"窃附门墙"的"私淑者"，私下以王士禛为师，他对王士禛的仰慕敬重溢于言表，难觅传说中屡次拒见的清高与孤傲。而王士禛作为清代康熙时期的文坛盟主，以重金购买《聊斋志异》原稿，欺世盗名，此事是绝对做不出来的。在八股取士、诗文为正宗的时代，小说的社会地位是无从谈起的。从蒲松龄的终生好友张笃庆写给他的诗中，我们就可以看出小说在时人心目中的地位，《岁暮怀人诗》："传经十载笑齐伧，短发萧萧意气横。八斗雄才曹子建，三升清酒管公明。谈空误入《夷坚志》，说鬼时参猛虎行。咫尺聊斋人不见，蹉跎老大负平生。"③张笃庆对蒲松龄致力于小说写作认为是误入歧途，他把蒲松龄蹉跎老大、一事无成，归因于"谈空""写鬼"作《聊斋志异》。王士禛为《聊斋志异》题过一首诗，"姑妄言之姑听之，豆蓬瓜架雨如丝。料应厌作人间语，爱听秋坟鬼唱时"④。王士禛认为蒲松龄喜欢写鬼狐故事，可能是厌烦写人间之语，人间之语是什么？言纲常伦理的诗文。王士禛赞赏蒲松龄在小说写作中表现出的才华，但没有因此肯定小说的地位和价值，他对小说的看法是"姑妄言之姑听之"，所以以重金购买小说博得文名的传说是荒诞不经的。

王士禛的小说观念是传统的，子不语怪力乱神，王士禛认为"稗官小说，不尽凿空，必有所本"⑤，"小说演义亦各有所据，如《水浒传》

---

① 盛伟：《蒲松龄全集》，学林出版社1998年版，第2918页。
② 同上书，第2831页。
③ 同上书，第2873页。
④ （清）蒲松龄：《聊斋志异》，上海古籍出版社1979年版，第6页。
⑤ 《王士禛全集》，齐鲁书社2007年版，第3801页。

《平妖传》之类，予尝详之《居易录》中"①。王士禛对蒲松龄的小说评论，也是从这个角度入手的。对《聊斋志异·喷水》写的宋琬母亲因为一老妪从窗棂向房内喷水而死，评论道："玉叔（清初莱阳诗人宋琬，字玉叔）襁褓失恃，此事恐属传闻。"清代的笔记体小说创作理论，有"著书者之笔"和"才子之笔"之争。"著书者之笔"，强调描写内容的真实性，记叙要可信，描写事实要基于闻见，不能像戏曲那样随意妆点。王士禛就是以著书者之笔的风格写笔记小说的，《啖石》："仙人煮石，世但传其语耳。予家佣人王嘉禄者，少居劳山中，独坐数年，遂绝烟火，惟啖石为饭，渴即饮溪涧中水，遍身毛生寸许。后以母老归家，渐火食，毛遂脱落。然时时以石为饭，每取一石，映日视之，即知其味甘咸辛苦。以巨桶盛水挂齿上，盘旋如风。后母终，不知所往。"② 王士禛与蒲松龄写啖石者的故事都是"必有所本""各有所居"，不同点在于啖石者如何获得如此奇异功能，蒲松龄说是崂山学道而成，非人力所为；王士禛则说是"独坐数年"，苦练而成，去除了"怪力乱神"的可能，使人们感觉真实可信。同一篇名的《崂山道士》，蒲松龄与王士禛写作风格大异。"崂山又名劳山，在即墨界，山中多一二百岁人。有高密张生者，读书道观。观有老道士，形貌怪丑，执樵苏之役，张意忽之。一日买二牛，其家去山百余里，苦无人遣送，方踌躇顷，道士忽谓张曰：君似有所思，得勿以牛故耶？吾为君送之。张异其言，逡巡已失牛。比归，问家人，曰：某日某时，有道人送二牛至。忆其时正立谈顷也。自是知非常人，颇礼之。又一日，张为其徒说《周易》，道人从窗外听之，呼曰：君所述皆俗说。试叩之，名理出人意表。生授其学，遂以说《易》擅东方。一日薄暮，大雷雨震电，张闭门，从窗隙中见天神数百辈，围绕道士房，如作礼状，惊愕不敢喘息。比达曙，雨止，开门视之，道士门已反鐍，寂无人矣。是夜，山中道观数十百处皆见道士焉。"③ 王士禛写崂山道士要体现出"有所本""有所据"的小说观念，其笔下的崂山道士在言语之间，将二牛送至百里之外，似乎有点匪夷所思，但这个故事有着广泛的民间基础，物体大搬运的故事在山东民间流传很广，王士禛如此写，信以为真的读者群很大；天

---

① 《王士禛全集》，齐鲁书社2007年版，第4674页。
② 同上书，第3337页。
③ 同上书，第3371页。

神环绕住房，道士莫名消失，情节更为离奇，但崂山道观中许多道士皆目睹过，是"有所据"的。道士精通《易学》，则无怪异之处，读者都能相信，出家人中不乏才学广博的文士。蒲松龄的崂山道士，则完全以"才子之笔"，小说家的手法，以离奇荒诞的情节来塑造的。其崂山道士以超凡的神力，游走于人间天上，呼风唤雨，无所不能，满足了人们的欲望和渴求，引起了人们对超凡能力的向往。离奇荒诞满足了人们的心理需求，所以蒲松龄笔下的崂山道士比王士禛笔下的崂山道士更为著名，王士禛的这篇笔记小说也被另一篇同名小说淹没。

二　青岛的"扬州八怪"高凤翰

高凤翰（1683—1749），清代胶州人，著名的书画家、篆刻家、诗人，"扬州八怪"中唯一的北方人。在中国古代，学人若不得志，多游艺养年，高凤翰就是这样。他的一生坎坷不平，然而为人豪迈达观，特别是在经历右手病废的大不幸后依然通过艰苦的努力得以用左手书画篆刻，终成一代大家，流芳千古。

1. 命途多舛

高凤翰，字仲威，亦字西园，号南村，晚号南阜，清康熙二十二年（1683）生于胶州南三里河村。父亲高曰恭是康熙十四年（1675）举人，高凤翰在《先府君广文公家传》中说他"工诗，善书法，间写兰竹以寄意。少年诗规模唐人，晚乃出入剑南、石湖间，清远闲放，超然有物外想。书学大苏，独能得其意思所在，故落笔峭健耸拔，不堕习气。其论画以立品为贵，尝曰：'读书人游心翰墨，当取人间清虚高洁之物，挥洒性情。艳草凡花，不足辱吾笔也。'"[1] 由此可见，高曰恭诗、书、画艺俱佳，高凤翰自幼随父亲学习，打下了良好的文化基础，"意自九岁受书，即从先君子窃声律，时以意为小词，咏之，颇自喜，每就草，藏衣带间，

---

[1] （清）高凤翰等撰：《南阜山人敩文存稿·使滇日记·使滇杂记》，上海古籍出版社1983年版，第67页。

未尝敢以示人"①。

康熙三十六年（1697），屡试不中的高曰恭无奈之下带高凤翰赴淄川（今山东淄博市）任教谕。淄川时期是高凤翰人生初期的重要时段，在这里他表现出了不凡的才华，淄川著名诗人张历友有称赞他的诗句："佳儿弱冠弄柔翰，笔阵横扫千人军。"加上高曰恭"声教禽然，所与游，能尽得其贤豪，名辈一见，辄为倾倒"，因此高凤翰得以结交许多文人名士，"所与游者，皆其苍老名宿"②，其中比较有代表性的是李尧臣、靳秋水和蒲松龄。李尧臣，字希梅，号实庵，擅诗文书画，尤好金石，家中藏书丰厚，著有《百四斋文集》《诗集》《笔势》等。靳秋水，高凤翰在《感旧长歌赠靳秋水》诗小注中说："秋水，章邱人，善丹青。先君子官淄川时相从最久。余时方童稚，靳始壮尔。"③ 蒲松龄比高凤翰大43岁，高凤翰有诗句"忆昔见君正寥落，丰颐虽好多愁颜"，蒲松龄一生抑郁不得志，穷困潦倒，在他去世后八年，高凤翰在为《聊斋志异》一书所作跋中说："余读《聊斋志异》终，不觉推案起立，浩然而叹曰：嗟呼！文人之多穷有如是夫。聊斋少负艳才，牢落名声无所遇，胸填气结，不得已为是书。今读其书，寓意之言十固八九，何其悲以深也。"蒲松龄一生汲汲于科举功名，然屡试不中，对身心造成了巨大的折磨，他在《聊斋志异》中也有多篇揭露科举考试不合理之处的文章。而高凤翰与蒲松龄有相似之处，很快他也踏上了求官不易的漫漫征途。

康熙四十年（1701），19岁的高凤翰考中秀才，因得到李世锡的赏识，得以随其学习。李世锡，字霞裳，胶州人，顺治十八年（1661）进士，为人"尚气使酒，好任侠击剑"，辞官游历，晚年归乡，种菊卖菊，人称"卖菊翁"。李世锡在胶州曾与李若皋等人结诗社，高凤翰参与其中。高凤翰《送酒李霞裳先生，兼乞插画磁斗二绝句》之一云："十年学唱杜陵诗，拜得禅翁是本师。欲向堂中乞法钵，浣花白碗当军持。"④ 可见高凤翰对李世锡十分推崇。康熙五十三年（1714），李世锡去世，高凤

---

① （清）高凤翰等撰：《南阜山人斅文存稿·使滇日记·使滇杂记》，上海古籍出版社1983年版，第12页。

② 同上书，第81页。

③ 马述祯等主编：《高凤翰诗集》，青岛出版社1989年版，第19页。

④ 同上书，第18页。

翰为其作《卖菊翁传》，其中有言"生也吾亲，死也吾邻"①，可见师生感情极深。另外，高凤翰有一方砚的题字也是关于老师李世锡的："忆余向在里门，曾过余学诗受业师李霞裳先生家。时先生罢官已二十许年，囊橐萧然，不复能具厅事，所居斗室中安磨磴，盖寻常潲瀸，即问一藁壁为中储矣。壁悬一榜书'蚁磨斋'三大字，当时请解，为疏其义，大抵多禅趣耳。对此追思，可胜惘然耶！"令人痛惋的是，后来的高凤翰，其晚年生活与老师相比，拮据程度有过之而无不及。李若皋在康熙四十四年（1705）来到高家春草堂读书，曾教高凤翰李贺、徐渭的诗，高凤翰在《春草堂诗自叙》中说："乙酉、丙戌间，余友人高密李思伯若皋来读书于余家春草堂，长夏无事，因教余读长吉、青藤两集，漫大好之，如曩者得放翁诗也。"② 高凤翰对徐渭的诗十分喜爱，而他对徐渭的认识大概始于此。

从康熙四十一年（1702）高凤翰赴济南参加乡试未中开始，高凤翰开始了自己漫长而痛苦的科考之路，此后往返于胶州、济南之间，多次应试皆不中，这给高凤翰带来了巨大的打击，"我佚意穷愁，郁郁欲死，正如秃衿野雀，垂翅伏地，啄啄与鸡鹜等……"值得欣慰的是，在这期间，高凤翰结识了大批优异的文人朋友，为后来的艺术成就积累了基础。其中，对高凤翰影响较大的有张在辛兄弟和朱岷兄弟。

张在辛，字卯君，号柏庭，山东安丘人。其父张贞，字起园，号杞园，"攻书，精篆刻"（《安丘县志》）。张在辛从13岁开始跟随父亲学习篆刻，"小印尤工"。张在辛曾被蒲松龄写入《聊斋志异》，名曰《张贡士》："安邱张贡士，寝疾，仰卧床头。忽见心头有小人出，长仅半尺，儒冠儒服，作徘优状，唱昆山曲，音调清澈，说白自道名贯，一与己同，所唱节末，皆其生平所遭。四折既毕，吟诗而没。张犹记其梗概，为人述之。"③ 张在辛为高凤翰刻制了许多印章，康熙五十二年（1713）二月，高凤翰赴济南，东还时至安丘访张卯君兄弟，留住24日，张卯君为高凤翰制印三十方，高凤翰赋诗答谢。高凤翰比张在辛小32岁，从他那里受益良多。济南市博物馆藏有《高凤翰甘谷图通景屏》共十二幅，自第一

---

① （清）高凤翰等撰：《南阜山人敩文存稿·使滇日记·使滇杂记》，上海古籍出版社1983年版，第50页。
② 宋和修：《高凤翰研究》（下），中国文联出版社2008年版，第451页。
③ （清）蒲松龄：《聊斋志异》，上海古籍出版社1979年版，第559页。

幅至第六幅依次有张在戊、张在乙、张扶舆、张重舆、张在辛、张敬舆的题咏、题记。此图是高凤翰在雍正二年（1724）腊月为了给亲家王青霞祝寿所作，雍正三年（1725）正月派人送到安丘请张氏一门为之题咏。据张在戊题记，"此图高西园兄画时年四十三，家稚松（谦宜）兄作诗，年七十六，家兄卯君书记年七十五，家弟亶安写诗，年五十一，余跋其后，年五十八，两侄亦有题咏，扶舆年三十八，重舆年三十五，共计三百七十有六年，即以此为青霞先生祝，乙巳正月九日安丘张在戊题。书完曹露繁适至，读画叫绝"。王青霞，即王廷格，善绘山水花卉。

朱岷，字仑仲，号客亭，江苏武进人，祖籍山东历城，画山水得米法，兼善指画，行楷法苏、王，精隶书。雍正元年（1723），高凤翰在济南认识了朱岷，作《五岳横秋图》相赠，并与朱岷等人泛舟大明湖。高凤翰在《月泛大明湖》小引中说："将别济南，诸同人邀饯于湖上亭，载酒溯月，薄暮放舟，相约话别，酒次不得苦吟废我谈事，有作摅怀者，明日削稿。其同集者为张榆村、朱仑仲、朱筱园、朱叙园、祜存季也。"[①]其中，朱筱园和朱叙园是朱岷的兄弟，高凤翰和他们都有交往。高凤翰对朱岷的画评价非常高："我有画友朱家老仲真怪绝，所见常与鬼神通。当其落笔叫得意，何有古法横胸中。"而且由于朱岷善指画，高凤翰的指头画创作很可能受到了他的影响。

此外，高凤翰与王士禛家族亦有交往。王士禛（1634—1711），字贻上，号阮亭，又号渔洋山人，世称王渔洋，山东新城（今山东省淄博市桓台县）人，清初杰出诗人。高凤翰少时曾向王士禛进呈过自己的诗作，但是两人未曾谋面，"少时尝以诗受知渔洋山人，许为弟子，未及上谒而殁，犹留遗言，令拜墓下，称私淑云"。高凤翰虽没有机会得到王士禛的教导，不过与他的后人颇有往来，其中王士禛的族侄王启磊对高凤翰的影响尤大。王启磊，字石丈，号湘源，工画。清代王培荀《乡园忆旧录》载："长山王德昌……尤善揭裱……同时，张卯君善镌图章，新城王石丈善画，称为三绝。"高凤翰在绘于康熙六十一年（1722）的《芭蕉竹石》图上题曰："余于画法，得吾石丈者十六七。"[②]另外，高凤翰在作于雍正十二年（1734）的《三绝山水册》之《天池僧话》记："向在新城王司

[①] 马述祯等主编：《高凤翰诗集》，青岛出版社1989年版，第55页。
[②] 李既匋：《高凤翰》，上海人民美术出版社1963年版，第13页。

寇家，曾读黄一峰《天池石壁图》至今追想犹在胸臆。"① "新城王司寇家"即王渔洋家，高凤翰在那里看到黄公望等古代名家的画作，从中汲取创作养分。

雍正五年（1727），胶州知州黄之瑞荐"贤良方正"，45岁的高凤翰位列其中，次年北上，考列一等，在圆明园接受雍正帝召见，授八品修职郎。在北京期间，高凤翰拜访了指画名家高其佩。雍正七年（1729），高凤翰赴安徽试任歙县县丞，高凤翰在《南阜山人生圹志铭》中说："雍正丁未以秀才举孝友之端方科授修职郎江南徽之歙县县丞。"没想到的是，好不容易谋得一官半职的高凤翰，其为官之路更加坎坷。到安徽后，高凤翰虽然得到了卢见曾（1690—1768）的赏识，惜时运不济，先是因卢见曾举荐，得以代理歙县县令，但因为有人诬陷他在人命官司中收受贿赂五千金而未能上任，冤情昭雪后改署绩溪县令，又因为地方官员的调动而未果。卢见曾在《南阜山人诗集类稿序》中说："余牧六安州时，西园举贤良，以一等记名，发安徽省试用。余荐其才于抚军程公元章，委署歙县令。有告其于命案得贿五千金者。抚军咎余，余曰：'此定诬耳，其人不如是。'后审果诬。抚军谓余曰：'君言信不谬，今改署绩溪，令行直矣。'不数日，抚军升浙江制府以去。历事抚军徐公本、王公𬘡，制府尹公继善、高公其卓，皆当代名贤，并蒙赏识，而甫受知，即各升调去。其蹇于遇如此。"② 高凤翰如此曲折的仕途令卢见曾发出"其蹇于遇如此"的无奈慨叹。

雍正十一年（1733），高凤翰以歙县县丞"委管泰坝监掣"，掌管盐务。高凤翰在泰州创建了泰坝监掣官署，改变了泰坝官员在船舱办公的旧制。《泰州志·名宦卷》记载："高凤翰，字南阜，山东人，雍正年间，官泰坝监掣。时缺，系新设，凤翰莅任后，多有创建。"③

雍正十二年（1734），高凤翰在泰州任时遭遇了一次蝗灾，庄稼被毁，百姓遭殃，而地方官吏却怠惰渎职。为此，高凤翰作《捕蝗谣》表达对贫苦百姓的同情，揭露贪官污吏的丑陋，被称为"一纸声泪俱下控

---

① 胡文虎选编：《中国历代名画题跋集》，浙江人民美术出版社1999年版，第249页。
② 马述祯等主编：《高凤翰诗集》，青岛出版社1989年版，第4页。
③ （清）陈世镕等纂：《道光泰州志》，《中国地方志集成·江苏府县志》，江苏古籍出版社1991年版，第220页。

诉黑暗社会的讨伐书"①。《捕蝗谣》内容如下："蝗起，蝗起，四乡报不已。问蝗多少？报蝗人摇手，遮莫论顷不论亩。官来捕蝗，作么赏格？一板杖打两条腿，刀笔吏滑来吊轨。刀笔杀人，不能杀蝗，官去诈食官来藏。蝗食苗，吏食瓜。蝗口有剩苗，吏口无遗渣。女儿哭，抱媪归，仰空号天天不知，吏食瓜饱看蝗飞。"②

与对贪官的憎恶形成鲜明对比的是，高凤翰对良吏的"慕爱"。高凤翰在泰州任期间，结识了任扬州江都县芒稻河船闸闸官的祝荔亭。《扬州画舫录》载："祝应瑞，字荔亭，镇江丹徒人。为茫道河闸官。工诗，著有《见山诗集》。"③ 祝荔亭治理芒稻河水利灾害颇有政声，造福一方百姓，令高凤翰敬佩不已，而且祝荔亭能诗善画，二人意气相投。高凤翰有《为祝荔亭同学戏题画蟹》诗云："我友老诗豪，平生嗜糟粕。雅喜持尔蟹，久恐付汤镬。"④ 雍正十三年（1735），应祝荔亭之邀，高凤翰为其收藏的一方端砚刻铭《月从星砚》。高凤翰《月之从星砚》题识："荔兄谦谦吉士，治闸芒稻，向有能声，居民依赖，宜其用砚得此象也。"⑤ 次年，即乾隆丙辰（1736）冬十二月，高凤翰又为祝荔亭刻"雪鸿亭长"官印，其中一面边款云："荔亭兄以贤闸宰，署四巡篆，冬寒衔命，所至哀鸿，补救有方，皆获安堵。"⑥乾隆九年（1744）祝荔亭去世，高凤翰作挽诗《吊祝荔亭》："百首新诗碎唾壶，见山楼下老渔孤。不知鹤化辽阳后，舌本莲花得在无？"⑦

泰州任满后的高凤翰本有一次升迁机会，然而噩运再次降临。乾隆元年（1736），卢见曾任两淮盐运使，因清理盐政积弊而得罪了贪官和盐商，乾隆二年（1737），他们勾结起来诬告卢见曾贪污受贿、植党营私，高凤翰也受到牵连，被捕入狱。卢见曾《南阜山人诗集类稿序》言："乾隆丙辰，余转运两淮，西园方以县丞委管泰坝称掣，历俸满，应叙升矣。

---

① 黄琳：《扬州八怪》，岳麓书院1998年版，第13页。
② （清）高凤翰著，宋和修编：《高凤翰全集》（上），中国文联出版社2005年版，第705页。
③ （清）李斗：《扬州画舫录》，中华书局2004年版，第222—223页。
④ 马述祯等主编：《高凤翰诗集》，青岛出版社1989年版，第92页。
⑤ 宋和修：《高凤翰研究》（上），中国文献出版社2008年版，第291页。
⑥ 宋和修：《高凤翰"雪鸿亭长"印文解读》，《中国书法》2012年第1期。
⑦ 马述祯等主编：《高凤翰诗集》，青岛出版社1989年版，第144页。

会仪征县缺出，具禀荐于两台，制府复书，尚称闻其才名。会有构余于制府者，乃转以结党为余罪，列凤翰款。"① 最终，"西园抗辩不屈，本款得白。而已，病废不可复用"②。从此，高凤翰因右臂病残而提早结束了自己从未显赫的仕途生涯。

去官后的高凤翰寄居扬州僧舍，与金农、郑板桥、高翔等一班文人来往密切。因右手病废，高凤翰凭借顽强的毅力和不屈的精神改用左手书画篆刻，慢慢在扬州有了名气，郑板桥有诗云："西园左笔寿门书，海内朋友索向余。短札长笺都去尽，老夫赝作亦无余。"③ 当时的扬州经济发达，书画市场繁荣，依靠朋友帮忙和自己卖画，高凤翰在扬州得以维持了几年流浪生涯。

乾隆六年（1741），高凤翰回归胶州故里，因他"性豪迈不蓄一钱"，晚年的生活十分艰难。高凤翰返乡后，其好友郑板桥恰好被派到范县和潍县做官，这期间两人颇有往来，为北归后的高凤翰带来了很大的精神与情感慰藉。乾隆十一年至十三年（1746—1748），山东饥荒，这令高凤翰本就不易的生活雪上加霜。高凤翰有《荒年一首》诗："荒年老屋剩三间，竹下柴门尽日关。病不诣人敢作懒，老犹谋食未能闲。半生结客痴肠梦，终古看人冷眼山。相对无言成卧起，妄言一笑欲全删。"④ 乾隆十三年（1748），郑板桥借视察灾情之机，从潍县赶到胶州看望高凤翰，当时的高凤翰贫病交加，郑板桥从自己的俸银中分出银两给高凤翰，高凤翰将珍藏的他与王蓍合作的书画长卷题跋后送给郑板桥。高凤翰在跋中写道："邻县远来二百里，清俸分颁十二金。更识临风脱手处，前时不尽故人心。"⑤ 此后，高凤翰的身体江河日下，在《题画牡丹寄怀罗朴园》诗中高凤翰已经感到自己时日无多："岁在龙蛇劫数奇，辰宫才过巳宫悲。欲知老骨填沟日，多在三春未尽时。"⑥ 乾隆十四年（1749），高凤翰病逝于老家胶州，时年67岁。高凤翰一生多数时候在物质方面比较艰难，然而这并没有影响他高雅卓绝的艺术和精神追求，郭沫若有诗赞曰："顽石嶙

---

① 马述祯等主编：《高凤翰诗集》，青岛出版社1989年版，第2页。
② 同上书，第4页。
③ 华耀祥：《郑板桥诗词笺注》，广陵书社2008年版，第155页。
④ 马述祯等主编：《高凤翰诗集》，青岛出版社1989年版，第169页。
⑤ 刘才栋主编：《高凤翰研究》（第1集），青岛出版社2002年版，第24页。
⑥ 马述祯等主编：《高凤翰诗集》，青岛出版社1989年版，第170页。

峋余硬骨，新蕉孤洁扇轻烟。淋漓豪气氤氲里，落拓胸襟啸傲前。"①

2. 艺苑一怪

高凤翰的书法很有特色，特别是隶书，深受清初书法名家郑簠的影响。郑簠（1622—1693），字汝器，号谷口，江苏上元（今南京）人，原籍福建莆田，为名医郑之彦次子，深得家传医学，以行医为业，终学不仕，工书，雅好文艺，善收藏碑刻，尤喜汉碑。郑簠年少时便立志习隶，用心学习汉碑达三十余年，将《史晨碑》《曹全碑》加以变化，融入行草的笔意，所书姿态丰富，飘逸奇宕，人谓之"草隶"。高凤翰之所以取法郑簠，是因为张在辛的关系。史载郑簠的及门弟子只有四位，即张在辛、万经、吴瞻澳与金礐北。今藏青岛市博物馆的一幅五言隶书对联"下榻故人至，开门春草生"，即是郑簠写给张在辛的父亲张贞的，张贞的《或语集》签条，也为郑簠所题。张贞在任翰林院待诏时，南下江浙一带，在南京拜访郑簠，对他的隶书格外推崇，称"六书之学，其不讲于天下也久矣。余游白下，见能作隶者，惟郑君谷口，深得汉人家法"②。或许是出于对郑簠书法的敬佩，张贞命其子拜他为师，临习书法。张在辛第一次见到郑簠时，后者已经是七十多岁的老人了，两人曾经长期相处过一段时间，好学的张在辛向郑簠求教，观摩他运笔作字，听他讲述学习书法的经历和感受，深受影响。张氏所撰《隶学琐言》，正是今天人们了解郑簠艺术观点及其风格形成的重要资料。山东省博物馆藏有张在辛的一幅七律诗轴，书风颇具"郑样"，稍显沉着，不似郑簠那样面目张扬。薛龙春教授认为，郑簠书法在山东地区产生很大的影响，这和张氏父子的推动传承不无关系。③ 在曲阜孔子故宅井的东侧，有一面高高竖起的墙壁，形同照壁，前面一块石碑填红隶书"鲁壁"二字，虽无落款，但一看即知是"郑隶"——孔子后裔孔尚任亦与郑簠交厚，曾作长篇《郑谷口隶书歌》称颂之，他本人的斋号也是郑簠所书。

在张氏父子之后，书法最能得郑簠真味的就是高凤翰了，后者将郑氏隶书的书写感、节奏感和飞动感传摹得淋漓尽致，虽然他本人书写隶体综

---

① 王锦厚、伍加伦编著：《郭沫若旧体诗词赏析》，巴蜀书社1988年版，第165页。

② （清）张贞：《杞园集》卷14，《四库未收书辑刊》第28册，北京出版社1998年版，第746页。

③ 薛龙春：《郑簠研究》，荣宝斋出版社2007年版，第152页。

合了很多风格，也将这一系列的风格在不同的作品中展现出来，但他对于"郑隶"传人这一身份是毫不避讳也乐于承认的，特别是在一些重要作品的题端和题跋之上，高凤翰所用的都是典型的"郑隶"。青岛市博物馆藏有高凤翰隶书《读书铭》一轴，凡七行，101字，作于雍正甲寅（1734）年，为其右手尚未病废时完成的经典之作，方圆动静互相参合，古朴之中带有灵动，极为精彩，也深具郑簠隶意。

倾心前辈硕学，心摹手追，并非就是说高凤翰没有自我，他将郑簠隶书的动感和变态发挥到了极致，又尝试着将这种颇具书写感的字体转化成刻画文字。众所周知，高凤翰癖好收藏砚台，所聚古今砚石达千余方，而他又并非一般的收藏者只是单一地收购保存，在赏玩之外，高凤翰更亲身参与到砚石的刻制特别是刻铭实践中，推动了文房用具的进一步文人艺术化。

砚台可以说是文房四宝中最具有艺术品气质的用具，其艺术表现力也最强。自宋代以来，历代文人已经开始记录砚台，比如苏易简有《文房四谱》，其中《砚谱》对砚石的色泽、硬度、韧性、渗透性、制作方法等等有着详细的介绍。专门记录谈论砚台的名著还有米芾的《砚史》，《四库全书》收录其书，书内所记砚二十六方，主要介绍端砚和歙砚，均为米氏亲自过眼和鉴赏之品，但可惜书中无图。此外，还有《砚笺》和《端溪砚谱》等专书。明清之时，有关砚台最著名的著作，当属高凤翰这部图文并茂的《砚史》（亦名《西园砚史》）。

《砚史》四卷收录有砚台165方，拓本112幅，据说最初由彩墨拓制，于漫漶处再施笔墨填补，原书诸色并呈，又兼有朱红印蜕，十分可爱。高凤翰一生坎坷不遇，晚年贫病交迫，老境凄凉，去世后遗稿无所保存，这部《砚史》一度不知去向。宿迁人王相多方搜求，最后在高氏族孙家中访得，以高价购回，延请太仓人王应绶摹刻拓印，《砚史》始得流传——此时距高凤翰去世已有九十年了。

王相（1789—1852），原籍浙江嘉兴，布衣终身，而以古籍金石自遣，曾在宿迁筑园名"倦圃"，与当时名士文人多有往来。王应绶（1788—1841），字子若，一字子卿，清代著名画家王原祁玄孙，吴门画派的重要人物，工篆刻，精医道，但家境贫寒，靠鬻书印及行医维持生活。王相访得《砚史》后，即存心摹刻，但一时未能找到合适人选，当他见到王应绶为万廉山太守缩摹百二十汉碑于砚背的佳作时，认定摹刻

《砚史》舍此人莫属。因缘际会，二王终于订交，王相郑重地将摹刻《砚史》的重任委托给王应绶，王应绶接受任务后，谢绝了其他无关事务，专心刻砚，王相不仅预付给应绶酬金，还包揽了他日常的全部开支。摹刻工作始于道光十八年（1838），一开始相当顺利，但不久后王应绶家中发生了一连串的不幸变故，两子早逝，老母故去，应绶自身也患上肺痨，时时呕血，虽仍"夜燃两三白蜡修刻，而四围置火，助暖驱寒，夜夜习以为常"①，终于未及《砚史》竣工即先病故，身后萧条，无以为殓，惨状几乎与高凤翰相仿佛。

王应绶在离世前，即将已经完成一半的部分砚石、拓本及《砚史》原册托人带交王相，并附书信："惟日前所接百金，到手先支付逋负，实已用去，尚存廿余金，亦不能完大缺之璧，盖未及计此时之不能始终也。兹谨具借券一纸，乞照入。弟病苟能延愈，必当措缴。如弟病不起，又无后，妻孥亦将转沟壑，则借券又一失约矣。汗颜力疾，具此复谢，徒呼负负而已。"② 呕心沥血，诚以待人，令人慨叹。及其殁后，篆刻家吴熙载（1799—1870）接手了未竟的工作，但他仅将王氏未刻完工的部分续刻完，其余则转聘扬州刻工换用木板镌刻，一年之后，《砚史》告竣。可惜的是，刻工不解文辞，字画讹舛之处颇多，且木板的表现力有限，故后半部分有续貂之憾。年逾花甲的王相虽不满意，有复刻之想，但精力不济，已无暇返工。

《砚史》一书传世极稀，它集中呈现了高凤翰对砚台和镌刻艺术理解的高度，原册高七寸九分，宽一尺三寸四分，对合成册，卷首以"郑隶"自题"墨乡开国"，气势开张，也可见高凤翰对此书的重视。继后有高凤翰小像两幅，次为高凤翰自序、李果序、包世臣序等，高凤翰自作《史例》。每幅多有高氏手书题记，与砚铭相映成趣，诗文书画、金石篆刻融为一体，极为雅致。

《砚史》中最称佳妙者，即第三十八品"大瀛海"随形澄泥砚，砚池边侧以篆书刻铭曰："黄玉径尺万里，碧环一线洪流。莫问唐家学士，老夫自有瀛洲。""莫问唐家学士，老夫自有瀛洲"，化用唐太宗十八学士的典故。唐太宗为秦王时曾开文学馆，以杜如晦、房玄龄、于志宁、苏世

---

① （清）王曰申撰，毕斐校点：《摹刻砚史手牍》，中国美术学院出版社 2000 年版，第 115—116 页。

② 同上书，第 120—121 页。

长、薛收、褚亮、姚思廉、陆德明、孔颖达、李玄道、李守素、虞世南、蔡允恭、颜相时、许敬宗、薛元敬、盖文达、苏勖十八人,并以本官兼文学馆学士,号为"十八学士",后薛收死,召刘孝孙补之,复命阎立本为十八学士画像,即为《十八学士写真图》,褚亮作像赞,题十八人名字、籍贯、官爵,藏之书府,时人钦慕,谓之"登瀛洲"。高凤翰科考不顺,屡试不第,成为一生中的无奈和遗憾,而这里通过砚铭则表现出一种对于制度认可的不屑,可以说高凤翰仕途不顺的愤懑之情正是通过他极富才华与格调的艺术生活得以纾解。砚左幅面上,高凤翰自题云:"此澄泥底面一层蒸气作斑驳甚古,遂因其天然制为此砚。遍体陆离,皆成青紫丹碧之色,虽古鼎彝,不足多也,南村宝爱第一。"砚背隶书大字两行:"墨乡磅礴,天空海阔",复题七绝云:"芙蓉腻掌小磨砻,柳七郎歌晓月风。何似澄泥炼老骨,铜琶铁拍唱江东。"其侧惜庵题跋:"此砚巨材适用,先生所喜,两面题刻,发挥豪畅。篆隶精谨,行兼真草,不啻各体俱备,字迹印文,铁笔苍老,亦出先生手镌,而寓圜池古制于天然活法之中。正如铭语诗情,互呈雄秀,奇花老干,四溢纷挈,不特砚为先生宝爱第一,即拓本留传,在砚史中足以见先生妙笔之全者,亦此为第一也。"① 天地与山水,高凤翰亦有意求全,因此又在"大瀛海"外,刻"岱砚"与之匹配,题记曰:"既制瀛海巨砚,无以俪之则孤。念余生海岱间,渔猎群书,当不徒取之刺船竟去人也。"② 砚中刻道教五岳真形图之泰山符图,以示不忘宗郡。

《砚史》前高凤翰小像两幅,可谓为数不多的高氏画像,据此可知他的相貌形容。值得一提的是,其中第二幅《云海孤鹤图》,实摹自高凤翰的一件自画像,画像今存北京故宫博物院,绢本设色,构图上繁下简,陡峭的山峰耸立于惊涛之中,水波之下深不见底,尤显山峰险峻,峰顶数株松柏,伟岸挺立,与岭上的乔松呼应,高凤翰头戴斗笠,黑髯白衣,意态悠闲,前倾身体,下视海浪,手抚岩石,坐在绝壁之上平地,有孤鹤从画面左方飞来,凌波展翅,与高凤翰目光相接。画幅右下方,高氏自题:"寥天孤鹤,托迹冥鸿,迥临绝峤,坐领长风。倘有成连刺船,出没其中

---

① (清)高凤翰撰制,王相重摹:《砚史笺释》,生活·读书·新知三联书店2011年版,第113—116页。

② 同上书,第117—119页。

乎？丁未三月初一日，南村居士自题。"① 钤连珠印"凤""翰"白文。

丁未为清雍正五年（1727），正值中年的高凤翰刚刚以"诸生举贤良"，画此肖像，描绘了如此特别的场景，似乎有对自己人生的寄意。画家或文人自画肖像实有久远的艺术传统，汉晋间文献已有关于"自写真"的记述，而流传至今的图画实物，最早者当为现藏斯德哥尔摩瑞典民族学博物馆的一件唐代女子自画像，该画左侧有画者墨书题字："九娘语四姊：儿初学画，四姊忆念儿，即看。"现存名家自写其像之最早且无争议者，即今北京故宫所藏赵孟頫《自写小像》，画面为青绿工笔小景，竹林中有一白衣儒士策杖回首，临流而立，右上题有"大德己亥子昂自写小像"，可见正是赵孟頫的自我写照。与其另一幅《谢幼舆丘壑图》（现藏普林斯顿大学艺术博物馆）的创作思路和笔墨风格近似，所谓"此子宜置丘壑中"②，赵孟頫花费了大量精力设置作为人物背景的自然环境来表达有关"胸中丘壑"的想象，远离俗世和尘嚣的松竹山水是其用以衬托这个主题同时显现用意的绝佳景物。可以说，若无题识说明，赵孟頫的自画像几乎可被认作是点景人物山水，其用意并非像上文所述"九娘"自画像一样仅为描摹自己的形貌特征，而是为了表现自我情志，体现一种象征意味，这代表了自画像的另一类传统。当然，这种构图模式和传统的形成不仅决定于画家（赵孟頫的身份更应归类为文人）的艺术趣味，也与宋元时代山水画发达和人物画沉寂的现实有关。受这种自画像方式和表达理念的影响，明清画家自画像大多也都重在抒情显志，人物和画中的其他元素互为依存，以更好地建构人物的文化形象和画面的视觉隐喻，高凤翰的这幅自画像，就是一个很好的例证。

明清之际是人物画发展的重要时期，社会对个人和特质性的普遍关注使人物画再度受到重视并得以重振。美国学者高居翰（James Cahill）指出，直到晚明，人物画才真正从陪衬的地位走向台前③，但由于长期的隔断，画家们缺乏一脉相承的优秀传统用以借鉴，因此只能以年代久远的古

---

① 单国强编：《中国美术图典·肖像画》，岭南美术出版社2000年版，第94页。
② 徐震堮：《世说新语校笺》，中华书局1984年版，第388页。
③ [美] 高居翰：《山外山：晚明绘画》，生活·读书·新知三联书店2009年版，第270页。

画作为参考依据，人物画也因此平添了古拙之风①。现藏台北故宫博物院的陈洪绶自画像《乔松仙寿》，人物高古，殊非实貌，衬景成为烘托其"古"的重要素材，加之画端题识，画像也增添了许多象征意味；至于他在另一些自画像中让自己扮演成古代名士的尝试，更体现出对"古"及其背后隐含的理想生活与环境的憧憬。

可以说，《云海孤鹤图》绍接赵孟頫自写小像和《乔松仙寿》等所代表的自画像的第二类传统，肖像观念和流传意识非常明显，从中也可看出高凤翰的自我意识相当强烈，它意在通过描绘环境与背景体现趣味、突出身份，"将自己描绘于引人注目的边界点上"，"形象似乎被包含于环境之中，并对环境作出回应"②，高凤翰用自己选择的文化符号展现其希望呈现在世人眼前的特殊形象——而这特殊形象又足以和高凤翰流传至今的各类文艺作品印合共振。

3. 崂山歌咏

高凤翰一生作诗三千余首，生前曾两次编订自己的诗作，在甲子本《南阜山人诗集类稿》跋中说："盲子顽孙，箧笥谁付？不知后来所作尚复几许？亦不知得成卷与册否，尚有人拾取蛛丝蠹腹之余，以可得流传于人世否？"③大浪淘沙，而那些耀眼的文化瑰宝却为后人所珍视，得以流传。作为胶州人，高凤翰对自己家门口的崂山并不陌生，康熙五十七年（1718）秋，36岁的高凤翰遍游崂山巨峰、白云洞、华严寺、北九水、鱼鳞口、鹰阿涧等处，写下了多首歌咏崂山胜景的诗作：

>一水连人境，尘凡却自分。径回石断续，春静水氤氲。鸟破花光雨，鱼吹雪浪纹。飘然扶杖去，麋鹿浑忘群。（《初至一水》）④
>二水真奇绝，飞岩得石梁。乍疑前路断，又入水云乡。暗日自雷

---

① ［美］高居翰：《气势撼人：十七世纪中国绘画中的自然与风格》，生活·读书·新知三联书店2009年版，第140页。

② ［美］文以诚：《自我的界限：1600—1900年的中国肖像画》，北京大学出版社2017年版，第140页。

③ 马述祯等主编：《高凤翰诗集》，青岛出版社1989年版，第11页。

④ （清）高凤翰著，宋和修编：《高凤翰全集》（下），中国文联出版社2005年版，第618页。

雨，阴崖生雪霜。扫苔成暝坐，尘虑一时①忘。(《游劳山至二水小憩》)②

三水峰尤怪，天然古定僧。禅机云冥冥，骨相石棱棱。破衲合荒藓，庞眉引瘦藤。何年占此胜，趺坐悟三乘。(《三水题定僧峰》)③

削壁千寻立，鹰阿识旧名。石花披锦烂，雪窦射云明。古鹤盘松下，仙葩匝地生。何当荷长铲，岩下劚黄精。(《鹰阿洞》)④

洞水从天下，奔流万派喧。跳珠凌木杪，飞雪溅云根。寒欲生毛发，清真洗梦魂。时逢采药者，或恐是桃源。(《鱼鳞口看瀑布》)⑤

巨峰峰下白云洞，冷冷石窦生阴寒。我来拦奇当四月，洞门小立已呼冠。白云大海望不极，群峰下视生巑岏。何当披发扫人迹，手招鹤犬白云端？(《题巨峰白云洞戏用拗体》)⑥

为访华严海上行，仙山楼阁眼初明。盘空磴折松为槛，挂月峰寒玉削屏。仙塔遥连潮色动，危石倒落涧云生。不知下界通何处，一路烟霞接上清。(《华严庵》)⑦

中原地尽处，大麓接洪流。日月浮终古，乾坤没一沤。浑疑通八极，何处指沧洲？虚说鱼龙夜，潮声卷石楼。(《白云洞望海》)⑧

野人有何老，世外旧山家。九折当门水，千重覆屋花。问年失甲子，话客但桑麻。何日成邻叟，峰头共紫霞？(《赠山中何老》)⑨

层峦下尽出云间，路入沧溟拥碧环。行到水穷忽住脚，支藤间看

---

① (清)高凤翰著，宋和修编：《高凤翰全集》(上)，中国文联出版社2005年版，第310页。
② 马述祯等主编：《高凤翰诗集》，青岛出版社1989年版，第45页。
③ 同上书，第46页。
④ 同上。
⑤ 同上。
⑥ (清)高凤翰著，宋和修编：《高凤翰全集》(下)，中国文联出版社2005年版，第619页。
⑦ 青岛市史志办公室编：《青岛市志·崂山志》，新华出版社1999年版，第558页。
⑧ 马述祯等主编：《高凤翰诗集》，青岛出版社1989年版，第47页。
⑨ 同上书，第46页。

海门山。(《海门口号》)①

其中,《鹰阿涧》和《鱼鳞口观瀑布》两首在崂山有诗刻,为1980年著名书法家钱君匋所书,在这山海之间直到今天依然为人们所吟咏传诵。

崂山作为"海上第一仙山",其独特的风景令高凤翰产生了归隐的想法。只是,此时的高凤翰壮志未酬,尚希望能抓住一切机会进入仕途。雍正五年(1727)高凤翰踏上仕途,此后一直远离家乡活动在南方,但是与家乡的联系并未中断,特别是在经历宦海波折以及身体病变后更生发出对故乡和亲友的怀恋。乾隆二年(1737)春,高凤翰的门人陆音为其作肖像画一幅,是年冬,寓居苏州的高凤翰用左手(此时右臂已病残)在画像空白处补绘松雪寒景,同时在画像上方以隶书题名"松籁阁雪中对镜图"。次年正月,有亲友欲从江淮还胶州,高凤翰将此画像题记后令人捎回以慰故里亲朋。高凤翰在画像右侧以隶书题写:"高南阜五十五岁像,乾隆二年春正月泰州留照,冬十二月吴门寓舍写成,越岁戊午人日题识还胶西。"正月初九补款"老阜左手自识",并于画像下方以草书自题赞曰"碌碌江干,十年牛马,头上星霜老至也。嚼尽黄檗与甘蔗,酸甜苦辣归聋哑,镜里雪消春梦婆,虚空一笑谁真假。同日左手题"。在右下空白处高凤翰再次以隶书题记"此像逼肖,凡与余有一面之雅者,无不识也。异时我侪有抱文章气谊之感思,欲一见老伧而不可得者,对此当如一晤。老阜又记"。高凤翰的右手书画成就很高,而病废后如何用左手带给家乡观众新的感受是他努力的关键,这幅作品是高凤翰艺术转型时期复杂心境的见证。在高凤翰另外一幅肖像画《玉屏清照》上有一则急迫的草书题字十分醒目,"舍冰雪界,入大火聚,冷热唯尔自寻,更何处用着回避?南阜道人左手"。"冰雪界"和"大火聚"有着强烈的佛家意味,分别为无忧界和烦恼界的象征,而在这里正指涉了高凤翰的北方出身和南方行迹,或许在看似心甘淡然之下,高凤翰曾有过后悔南下的心念,然而理想化的家乡世界在高凤翰归里后并没有善待他,病痛与饥荒时时折磨着他,最终高凤翰在贫病交加中离世。

---

① (清)高凤翰著,宋和修编:《高凤翰全集》(下),中国文联出版社2005年版,第619页。

晚年的高凤翰栖心禅悦，佛教成为高凤翰的重要精神寄托，归乡后高凤翰自号"归云和尚"。乾隆九年（1744），高凤翰的好友卢见曾从塞外归，将自己于塞外所作诗合为《出塞集》送给高凤翰，高凤翰作《题玉川公〈出塞〉诗》，其中有句："此生已勘机关破，学佛学仙总不违。"卢见曾在塞外始学《易》，即"学仙"所指，而"学佛"则是高凤翰自况，这是深受儒学浸染的中国传统文人与释、道两教暧昧关系的典型缩影。

最后，再讲一个高凤翰影响家乡的小故事。山东大学刘敦愿教授大约在1960年的时候发现过一张落款"南阜老人"（高凤翰）的古画，这张画右下角画了一种器物，很像今天我们说的陶鬶，左上角有高凤翰题诗："介子城边老瓦窑，田夫掘出说前朝。老翁拾来插瓶供，结得莲房碗大饶。"并有跋语："余家介子城下，土中偶得瓦器如罂罐，插莲结莲房，饱绽坚实，竟可为食，以其气足生物生成也。时乾隆乙丑夏六月南阜翁左手志。"乾隆乙丑即乾隆十年（1745），此时的高凤翰早已经"废右"并回到了家乡，因此署名"左手"。这幅画不是原作，不过刘教授认为它背后一定有一副真迹存在，根据这幅画提供的线索，刘教授跑到高凤翰的老家胶州三里河村，结果在那里发现了新石器时代的文化。1974年和1975年，中国社会科学院考古研究所对这个遗址进行了大规模的发掘，发现了大汶口文化和龙山文化的遗存，光陶鬶就出土了50多件。高凤翰和他的同乡当时已经在自己的家乡发现了新石器时代的陶鬶，当然他们并不知道，因为高凤翰的诗情雅致以及对于故乡的热爱留下了书画记录，后来遇到另一位有心人而为我们打开了历史世界的一扇大门。

第三章

传道授业

一 山陬海澨的播火者郑玄

黄宗昌在《崂山志·栖隐》中说:"人杰地灵,地以人存者也。其所存者,在人则人为重耳,可不务与? 不其山下,昔有康成书院,有草生,大如薤,叶长尺余,坚劲异常草,人谓是康成书带草也。康成食贫,方客耕,岂有书院之可成? 为此室者,亦后之君子识不朽耳。草生出类而以书带名之,亦其义也。嗟乎! 二者于今,迹灭苗绝矣! 过而问之者,犹物色于荒烟白露中。天下之足系人思者,岂以地以物哉!"[1] 东汉通儒郑玄(127—200)客耕东莱,隐居崂山,为山陬海澨之地播下了文化的种子,蛮荒之野获得了文明的洗礼。"郑君康成以博闻强记之才,兼高节卓行之美,著家满学,从学盈万,当时莫不所望,称伊洛以东,淮汉以北,康成一人而已。"[2] 其渊博的知识和高尚的节操被时人敬慕不已,其遗迹手泽也成为后人凭吊怀念的对象。书带草、篆叶楸因郑玄而传名,尽管其迹灭苗绝,而人们游历至此仍不免产生一睹其芳容的愿望。非一草一木奇异瑰伟,而是其寄托的大儒风采,千百年后依然让人心向神往。

1. 睹物思人

周至元《崂山志》记载:"康成书院,在不其山东麓,据传为后汉郑玄设教处。按《三齐记》载:不其山为郑玄教授之所,有草丛生,叶如薤,长尺许,坚劲异常,隆冬亦青,名书带草,又名篆叶楸。皆他处所

---

[1] 苑秀丽、刘怀荣:《崂山志校注》,人民出版社2015年版,第70页。
[2] (清)皮锡瑞:《经学历史》,中华书局2004年版,第95页。

无,即指此。院舍久圮。明正隆间,即墨令高允中为康成立祠于其地,并建石坊,未几,均遭毁。书带草、篆叶楸,因亦绝迹。但康成书院之名称却保留至今。其处,今土人犹呼为书院。"① 黄宗昌认为郑玄客耕东莱,在一贫如洗的情况下,不可能建立书院传道授业。在不其山南麓,郑玄的教学场所是有的,只是年代久远,遗址湮灭。明朝曹臣《崂山周游记》记载:"(他)从故道出谷,访康成书院,院当不其山东麓,废久,几不可识。"②

在至今呼为书院村的山坡、沟壑、山崖处,还能够发现一种叶如韭、长过尺、坚韧异常、四季常青的草。据说郑玄在此讲学传道时,经常采摘草叶编竹简,当地人便把这种草叫作"康成书带",也叫书带草。唐朝末期诗人陆龟蒙游历崂山,看到书带草,睹物思人,他有感而发,特写了一首《书带草赋》:"彼碧者草,云书带名。先儒既没,后代还生。有味非甘,莫共三山芝柈;无香可媚,难将九畹兰争。叨词林畔种,在经苑中荣。翠影临波,恐被芙蓉见鄙;贞姿傍砌,愁为芍药相轻。发叶抽英,因天受性。纷稚圭池上之宅,拂仲蔚门前之径。不省教施异术,安得返魂;未尝辄入明廷,何当指佞。几临寒日,幸到青春。莎蕊未传于渔父,蒲茸窃咏于诗人。霜亦曾沾,潘令偏知白蘋;风尝遍起,宋生惟道青蘋。栽培只倚于贤邻,搴撷长忧乎稚戏。出惭无用,舒还有异。当琴操发伯牙山水之情,值儒编动凿齿阳秋之思。敢曰求友,宁忘慕义。吴娃楄上,空羡苔滋;魏主帷中,惟通蕙气。或乃兰荣越徼,薰茂周塬。幽搜莫及,兴咏徒存。此则对仲举萧疏之室,处子山摇落之园。不识深宫,岂是曾为帝女;非侵远道,谁言能忆王孙。徒爱其敛疏烟,披晓露,弱可揽结,匀能布濩。萧萧而不计荣枯,漠漠而何于好恶。金灯照灼,尚惊秦帝之焚;粉蝶留连,真谓羽陵之蠹。尔乃高超篱菊,瑞许阶萤;我则惟亲志士,每聚流萤。岂便离蒿莱于隙地,希杜若于遥汀;倘遇翰林主人之一顾,庶长保于青青。"③ 书带草没有灵芝的甘味,没有畹兰的妩媚;它被芙蓉鄙视,被芍药相轻;它不生于深宫,没有帝女罗裙的绿色而被人怜爱;它不蔓延于远道,无法将茵茵绿色伸向远方得到公子王孙的青睐。它只是凌秋霜,披晓露,不计荣枯,心无好恶,默默独处蒿莱之地。陆龟蒙以书带草质朴中

---

① 周至元:《崂山志》,齐鲁书社1993年版,第124页。
② 同上书,第247页。
③ 同上书,第321页。

显示的高贵品格比拟郑玄,赞美了郑玄不图名利、洁身自好的高尚品质。明人黄洎《书带草歌》曰:"不其城东山环聚,奇峰万叠海东注。山隙旧院遗址存,康成先生读书处。先生卜居近烟岛,读书万卷气浩浩。至今相去千余年,父老犹传书带草。草名书带不概见,灵根独产康成院。君子考德兼考物,一草一花焉可没。忆昔先生注茆经,鸟兽草木皆知名。山川陵谷发其英,特生经草保先生。草之叶,青如带,堪与先生纫兰佩。草之花,皎如雪,堪与先生比清节。草之香,淡以永,堪与先生解酩酊。草之露,清且寒,堪与先生滋砚田。区区一草何足荣,从来物皆以人称。睹物思人怀令德,如见先生旧典型。远拟召公棠,近比莱公柏。遥遥百世系人思,常留古道照颜色。我今吊古崂山麓,寂寞寒烟锁空谷。山高水长人已去,山中书带年年绿。俯仰千秋一凭吊,不尽悲风吹古木。"① 黄洎诗中说"区区一草何足荣,从来物皆以人称",就如召公棠、莱公柏,书带草被人熟识和赞美是因为人们将它比喻郑玄的清节,思人怜及此物。明人黄体中诗曰:"崂山嵯峨碧云端,三月涧深墨水寒。万壑纡回丹凤舞,千岩起伏紫龙蟠。烟雾层叠锁三标,巨峰华楼郁岩峣。一蛇蜿蜒成曲势,万壑奔腾逐怒涛。路转峰回地忽变,群山到此开生面。牛羊践没余荒榛,旧是康成读书院。忆昔开讲不其阳,相从负笈皆贤良。毛诗周礼尽在是,至今翰墨余馨香。落日空山鸟鸣幽,物换星移几度秋。行人争觅书带草,过客尚怀篆叶楸。从来世事有新故,秦汉遗迹何足数。阴山谁识神人鞭,姑岛空传天子墓。何如先生一亩宫,山高水长永无穷。道接洙泗源流外,名存范谢史典中。我欲为起通德里,肖像康成祀古址。左列逢萌右王扶,直与崂山相终始。"面对牛羊践踏、荒草丛生的书院古址,黄体中感慨惋惜之余,又心生一丝安慰,"从来世事有新故,秦汉遗迹何足数。阴山谁识神人鞭,姑岛空传天子墓。何如先生一亩宫,山高水长永无穷"②。世事变迁,秦皇汉武遗迹无数,有谁记得他们的丰功伟绩?康成书院方寸之地却在黎民百姓中代代相传。"道接洙泗源流外",郑玄名闻天下,流芳百世,在于他的学问和德行,他是士人的楷模,也是平民百姓崇拜的对象。

2. 转益多师

郑玄的八世祖郑崇在西汉哀帝时官至尚书仆射,性格耿直,遭受迫

---

① 周至元:《崂山志》,齐鲁书社1993年版,第216页。

② 同上书,第195页。

害，惨死在狱中，名门望族从此衰微。《后汉书》卷35《张曹郑列传第二十五》引《郑玄别传》曰："玄年十一二，随母还家，正腊会同列十数人。皆美服盛饰，语言闲通，玄独漠然如不及，母私督数之。乃曰'此非我志，不在所愿'也。"① 郑玄十一二岁跟随母亲到外祖父家，正值腊会，腊会是古代腊祭时的集会。从周代开始，不论官宦之家还是平民百姓家，年底都要举行一次岁终之祭，规模的盛大和隆重是一年之中最大的，这次祭祀活动称作腊，也叫腊祭。郑玄外祖父家亲朋好友济济一堂，郑玄的同龄者十多人，衣饰华丽，谈吐优雅，只有郑玄显得衣着寒酸，寡言少语，无法与他人相谈甚欢，默默独处。郑玄母亲对儿子的表现不满意，暗地里批评郑玄离群独处。郑玄则慷慨激昂地回答，身着华丽服饰，高谈阔论不休，这不是我的愿望。郑玄"少好学书、数，十三诵五经，好天文、占候、风角隐术"②，十六岁时作《嘉禾颂》，被乡里视为神童，由此看来，郑玄少小时即有志于探讨学问。"玄少为啬夫，得休归，常诣学官，不乐为吏，父数怒之，不能禁。"③ 据记载，郑玄在十岁之前"能下算乘除"，十一二岁显露出"此非我志，不在所愿"的不凡之志，十三岁可以"诵五经"，且"好天文占候风角隐术"，十六岁时被称为"神童"。郑玄在当乡啬夫之前，学习的内容有书、数、《五经》、"天文占候风角隐术"。

郑玄年轻时为乡啬夫，是地方负责诉讼和赋税的官吏。一有空闲时间，他就到学官也就是当地的学校观摩学习。他不愿意为吏，对仕途不感兴趣。因此惹怒父亲，受到指责，郑玄在自叙中也说："吾家旧贫，不能为父母昆弟所容，去厮役之吏。"④ 郑玄家族虽曾是名门望族，但是到郑玄父辈时已家道中落，郑玄之上四代没有为学的记载，他父亲也不是读书人，没有家学传统，家境困窘。郑玄有官职俸禄，却"不乐为吏"，所以他父亲生气，兄弟们也不能理解。可父母昆弟的不理解无法阻挡他追求学问的志向，从郑玄成为一代通儒的成就来看，他父亲也没有真正禁止他学习。北海相杜密巡视到高密，发现了郑玄的才华，"（杜密）行春到高密县，见郑玄为乡佐，知其异器，即召署郡职，遂遣就学"⑤。在杜密的帮

---

① 《后汉书·郑玄传》，中华书局2011年版，第1208页。
② 《后汉书·党锢传》，中华书局2011年版，第735页。
③ 《后汉书·郑玄传》，中华书局2011年版，第1209页。
④ 同上书，第1209页。
⑤ 《后汉书·杜密传》，中华书局2011年版，第1325页。

助下，郑玄得以到京师求学。"遂造太学受业，师事京兆第五元先，始通《公羊春秋》《九章算术》。又从东郡张恭祖受《礼记》《左氏春秋》《古文尚书》。"① 郑玄开始受业于京兆第五元先和东郡张恭祖，他跟从第五元先攻读《京氏易》《公羊春秋》《三统历》《九章算术》，基本上奠定了齐学今文经的基础。他又跟从张恭祖攻读《周官》《礼记》《左氏春秋》《韩诗》《古文尚书》，由此他开始涉猎古文经学，为他在学术上的全面发展打下了基础。郑玄对学问的不厌追求，使他将眼光又转向他方，"以山东无足问者，乃入西关。因涿郡卢植，事扶风马融"②。马融出身世家，是著名的古文经学家。《汉书·郑玄传》："融门徒四百余人，升堂进者五十余生。融素骄贵，玄在门下，三年不得见，乃使高业弟子传授于玄。玄日夜寻诵，未尝怠倦。会融集诸生考论图纬，闻玄善算，乃召见于楼上，玄因从质诸疑义，问毕辞归。融喟然谓门人曰：'郑生今去，吾道东矣。'"③ 马融曾任南郡太守，因贪腐被罢官，他"嫚于待士"，恃才自傲，盛气凌人。"达生任性，不拘儒者之节。居宇器服，多存侈饰。常坐高堂，施绛纱帐，前授生徒，后列女乐。"④ 马融的学生有400多人，而只有50人有资格升堂听讲，当面聆听教诲。郑玄在马融处学习了三年，却始终没有升堂的机会，而只是随从马融的学生学习。郑玄并未因此退缩，而是夜以继日地刻苦自学。马融召集学生研究讨论图纬，弟子们都不能计算准确。听说郑玄善于计算，马融才不得已召见郑玄到楼上。郑玄很快解决了问题，马融与弟子既惊讶又佩服。因为郑玄的优异表现，他得以直接与马融见面，并当面请教问题，解决疑难。郑玄的疑难得以释解后，返回了故乡。马融了解到了郑玄的才识，感慨地对弟子们说："郑生今去，吾道东矣。"⑤ 他还对得意弟子卢植说，"吾与汝皆弗如也"⑥。关于郑玄老师马融的品行为人，马融的亲戚、曾作过《孟子》注的赵岐曾说，"（马融）虽有名当世，而不持士节。"⑦ 赵岐以与马融见面为耻。据刘义

---

① 《后汉书·郑玄传》，中华书局2011年版，第1210页。

② 同上书，第1207页。

③ 同上。

④ 《后汉书·马融传》，中华书局2011年版，第2135页。

⑤ 《后汉书·郑玄传》，中华书局2011年版，第1208页。

⑥ 徐震堮：《世说新语校笺》，中华书局1984年版，第213页。

⑦ 《后汉书·赵岐传》，中华书局2011年版，第983页。

庆《世说新语·文学》记载，郑玄跟随马融学习后归乡，马融内心非常嫉妒郑玄的才华，担心将来郑玄的名声远超自己，便暗中派人尾随郑玄，想寻找机会除掉郑玄。郑玄了解马融的品行和为人，在经过大桥时，他把自己的鞋子放在水面上，自己藏在桥下，佯装落水而死。追杀郑玄的人，不见郑玄本人，只见飘荡在水面的鞋子，认为郑玄落水淹死，便返回报功去了。此事颇具传奇性，但并非刘义庆一人杜撰，西晋裴启的《语林》、刘宋时刘敬叔的《异苑》都记载有相似的内容。由此可见，马融追杀弟子一事在当时流传比较广泛。而从郑玄对马融的态度上，也可以一窥师徒关系。郑玄著作丰富，但在其著作中却见不到他引用老师的内容。在《礼记·月令》中有一条注云："俗人云：周公作《月令》，未通于古。"郑玄解释说"俗人，马融之徒"，马融教育出来的弟子是俗人，从郑玄对马融弟子的鄙视态度，可见他与马融的师徒关系。

3. 吾道东矣

郑玄游学十多年，学问涉猎深入，人脉交游广泛。他自己曾说："游学周、秦之都，往来幽、并、兖、豫之域，获觐乎在位通人，处逸大儒，得意者咸从捧手，有所受焉。遂博稽六艺，粗览传记，时睹秘书纬书之奥。"① 郑玄在中华文明最为灿烂的区域往来结交手握重权的官宦，拜访隐居不仕的大儒，对他成为东汉末年蜚声一时的大儒起到了非常重要的作用。

"玄自游学，十余年乃归乡里。家贫，客耕东莱，学徒相随已数百千人。乃党事起，乃与同郡孙嵩等四十余人俱被禁锢。遂隐修经业，杜门不出。"② 郑玄离家求学十几年，返回故乡时，已过不惑之年。为了躲避战乱，他远离故乡，客耕东莱。西晋东武人写的《三齐记》记载，"不其城南20里有大劳山、小劳山，在海侧，昔郑康成领徒于此，随从他学习的人有成百上千"。郑玄晚年忆及这段经历，说："年过四十，乃归供养，假田播植，以娱朝夕。"③ 不其山下的这段耕读生活，并没有朝夕快乐的日子，而是非常困窘。据《三国志·崔琰传》记载，郑玄著名的弟子崔琰29岁时，与公孙方等人结交，一起到郑玄门下求学，拜郑玄为师。学

---

① 《后汉书·郑玄传》，中华书局2011年版，第1209页。

② 同上。

③ 同上。

了不到一年时间，徐州的黄巾军攻破了北海，郑玄带领弟子到不其山躲避兵难，半耕半读。东汉末年战乱不已，对社会生产造成了极大的破坏。《三国志·武帝纪》引《魏书》载："自遭荒乱，率乏粮谷。诸军并起，无终岁之计，饥则寇略，饱则弃余，瓦解流离，无敌自破者不可胜数。袁绍之在河北，军人仰食桑椹。袁术在江、淮，取给蒲赢。民人相食，州里萧条。"① 当时粮谷十分缺乏，甚至出现"民人相食"的惨状。郑玄无法买到足够的粮食让弟子填饱肚子，只好停止授学，辞谢众学生。郑玄的教育方法采取的是启发式、问答式教学，齐鲁及其周围有心向学者纷纷投郑玄门下为弟子。郑玄去世时，自郡守以下为他戴孝送丧的问学弟子有千余人。20多年的传道授业，郑玄培养出来的弟子近万人。

汉灵帝建宁二年（169年），发生了第二次党锢事件，"制诏州郡大举钩党，于是天下豪杰及儒学行义者，一切结为党人"②。杜密在汉桓帝时为尚书令、太仆，他与朝中比较正直的官员如李膺、王畅、赵典、刘祐等被称为"八俊杰"，杜密与李膺在当时被称为"李杜"。第二次党锢之祸，李膺、杜密等100多人下狱处死，被禁锢者六七百人，太学生被捕者一千多人。郑玄因为与杜密有关系，他和同郡的孙嵩等四十多人被禁锢。"党事起，乃与同郡孙嵩等四十余人俱被禁锢。遂隐修经业，杜门不出。"③ 杜密，字周甫，曾在郑玄的故乡任北海相，他严厉打击宦官子弟中的奸恶者，颇有政绩，被太学生赞为"天下良辅杜周甫"。杜密曾到郑玄的家乡巡视，见到了任乡啬夫的郑玄。他对郑玄非常欣赏，提拔郑玄到北海郡中做官，但是郑玄并不热衷仕途，他又推荐郑玄到京师太学读书。城门失火，殃及池鱼，这就是郑玄虽远离仕途却被禁锢的直接原因。与郑玄同时被禁锢的孙嵩是安丘人（今山东安丘），与郑玄同属于北海郡，年龄比郑玄略小。孙嵩对郑玄推崇备至，称郑玄为东方的孔子的说法就出自孙嵩。《三国志·邴原传》载："（邴原）欲远游学，诣安丘孙嵩。嵩辞曰：'君乡里郑君，君知之乎？'原答曰：'然。'嵩曰：'郑君学览古今，博闻强识，钩深致远，诚学者之师模也。君乃舍之，蹑屣千里，所谓以郑为东家丘者也，君似不知，而曰然者何？'原曰：'先生之说，诚可谓苦药良针矣。然犹未达仆之微趣也。人各有志，所规不同，故乃有登山而采玉者，

---

① 《三国志》，中华书局2006年版，第9页。
② 《后汉书·灵帝纪》，中华书局2011年版，第563页。
③ 《后汉书·郑玄传》，中华书局2011年版，第1211页。

有入海而采珠者。岂可谓登山者不知海之深，入海者不知山之高哉？'嵩辞谢焉，又曰：'兖豫之士，吾多所识，未有若君者，当以书相分。'"①孙嵩推崇郑学，尊郑玄为"东家丘"，也就是最邻近的孔子。郑玄在被禁锢的十四年里，专心读书，直到汉灵帝中平元年（184年），由于黄巾起义，朝廷需要上下戮力同心对付黄巾军，才赦免天下党人。郑玄获得自由时，已年近花甲。

"灵帝末，党禁解，大将军何进闻而辟之。州郡以进权威，不敢违意，遂迫胁玄，不得已而诣之。进为设几杖，礼待甚优。玄不受朝服，而以幅巾见。一宿逃去。后将军袁隗表为侍中，以父丧不行。国相孔融深敬于玄，屣履造门。"② 党禁解除，汉末权倾一时的大将军何进听闻郑玄的名气，要征召郑玄，授以官职。地方官吏惧怕何进的权威，不敢不听从指令，不论郑玄的意愿如何，硬是胁迫郑玄进京。郑玄被迫前往拜见何进，何进没有摆出一副盛气凌人的样子，而是作出礼贤下士的姿态，他为郑玄设了几案和手杖，将郑玄当老人一样尊敬。郑玄并没有领受何进这一番盛情，他不穿朝服，着幅巾见何进。幅巾的装束是用一块帛巾束首，一种儒雅的装束，也是儒士的象征。郑玄的装束实际上是以迂回的方式向何进表明了自己的态度。郑玄住了一晚便不辞而别，逃回故乡。此后，将军袁隗上书朝廷，推荐郑玄为侍中。袁隗与郑玄之间的关系也有渊源，袁隗出身于四世三公的名门贵族，是汉末枭雄袁绍、袁术的叔叔。袁隗娶汉末大儒马融女为妻，比其兄袁逢更早登三公位，曾任东汉太尉、太傅。袁隗是马融的女婿，郑玄是马融的学生，袁隗推荐郑玄名正言顺，但是郑玄以父丧为由，没有应征。董卓迁都长安后，公卿举荐郑玄为赵相，郑玄以道路阻断难行为理由，拒绝前往。汉献帝建安元年（196年），大将军袁绍在冀州时，邀请郑玄。"时大将军袁绍总共冀州，遣使要玄，走会宾客，玄最后至，乃延升上坐。绍客多豪俊，并有才说，见玄儒者，未以通人许之，竞设异端，百家互起。玄依方辩对。咸出问表，莫不嗟服，时汝南应劭亦归于绍，因自赞曰：'故泰山太守应中远，北面称弟子何如？'玄笑曰：'仲尼之门考以四科，回、赐之徒不称官阀。'劭有惭色。绍乃举玄茂才，表为左中郎将，皆不就。公车征为大司农，给安车一乘，所过长吏送迎。

---

① 《三国志·邴原传》，中华书局2011年版，第291页。
② 《后汉书·郑玄传》，中华书局2011年版，第1208页。

玄乃以病自乞还家。"① 袁绍宴请嘉宾，此时郑玄年近七十，姗姗来迟的他后来居上，被请为上宾。袁绍的宾客多为豪俊多才之士，郑玄虽身材魁梧，八尺有余，眉清目秀，仪容不凡，但是他一身儒士装束，因此被袁绍宾客轻视不已。他们竞相以异端邪说与郑玄辩难，郑玄一一往还辩驳，发难者皆闻所未闻，从内心佩服郑玄。汝南学者应劭当时也在座，应劭是东汉著名学者，少时即专心好学，博览多闻。灵帝时（168—188年）被推举为孝廉，遂任车骑校尉何苗的属吏，后授官泰山太守。公元189年，拜为袁绍军谋校尉，凡朝廷制度，百官典制，多为其所订立。后朝廷律令、制度多据此而定。又著《中汉辑序》，撰《风俗通义》《汉书集解音义》若干卷，内容以考释议论名物、风俗为主。应劭自以为学富五车、才高八斗，对郑玄颇有点内心不服。他夸耀地说我作为泰山太守，拜你为师怎么样？言外之意就是你当老师够不够格？郑玄笑答，仲尼的弟子学业如何，是从德行、言语、政事、文学四科来考查的。颜回、子贡等人都不称官阶门第，是看他的学问如何的。应劭听后，面有愧色。袁绍举荐郑玄为茂才，上书任郑玄为左中郎将，郑玄都没有接受。后来，朝廷公车征为大司农，赐安车一乘。安车是用一匹马拉的、可以在车厢里坐乘的车子，上古乘车一般都是站立在车厢里，而安车则可以安坐，故名。官员告老，或征召德高望重的人，往往赐乘安车，这是一种优礼方式。朝廷命令郑玄经过的地方沿途官员迎送接待，郑玄以病老为理由自乞还家。郑玄孜孜于学问并不像孔子所说的"学而优则仕"，他在诫子书中曾说："吾自忖度，无任于此，但念述先圣之元意，思整百家之不齐。""显誉成于僚友，德行立于己志，虽无绂冕之绪，颇有让爵之高，自乐以论赞之功，庶还遗后人之羞。"② 郑玄数十次被任命官职而不就，"颇有让爵之高"，就是为了研究经学。

郑玄的学问功底是在齐学的基础上奠定的，他生长在齐地，生于斯、长于斯，耳濡目染，他受齐学的影响是很大的。齐学以邹衍的阴阳五行理论为特色，郑玄的理论是以儒家为基础，吸收阴阳五行理论形成的。在郑玄看来世间万物是上天创造的，"天生五材，民并用之"。五材指的是金木水火土，这些关乎民生，缺一不可。《尚书》说"水火者百姓之所以饮

---

① 《后汉书·郑玄传》，中华书局2011年版，第1207页。

② 同上书，第1209页。

食也，金木者百姓之所以兴作也，土者万物之所资生也，是为人用"①。郑玄诠释说君王用五材必须把政治搞好，社会治理不好，"神怒则才失性，不为民用"。"神怒人怨，将为祸乱。故五行先见变异以谴告人。"②变异是上天的警告，如水旱、火灾、地震、日食、月食、彗星出现等。一旦出现这些不正常的自然现象，统治者就要先"三省吾身"，并采取措施，对百姓实施一些小恩小惠的措施，或大赦天下，或减赋降税，以此换取上天的宽恕。天有意志，上天主宰着人事，郑玄对此是确信不疑的。因此他认为人间的帝王们其所作所为必须顺乎人情，符合天意，达到"天人合一"，才能出现太平盛世。而人间的帝王都是天命所定，即所谓的"圣人有命""天将重命"，天命不可逆，那么平民百姓对封建帝王也就必须顺从恭敬，不可犯上作乱。齐学对今文经学影响很大，郑玄的思想也与今文经学家董仲舒有一致之处，但是他的学术领域却不尽在齐学。今文经学家何休是任城人（今山东济宁），他著有《公羊墨守》《左氏膏肓》《穀梁废疾》等，贬低《左传》和《穀梁传》。郑玄针对何休的言论，写下了《墨守》《膏肓》《废疾》进行批驳。郑玄与何休的经学辩论，主要是围绕《春秋》大义展开的，何休发挥公羊大义，以凌厉的语势诘难郑玄，郑玄通过引经据典、列举史实从容答辩，进行反驳，使何休在事实、经典面前无法辩护。郑玄还利用公羊大义，抨击何休的"非常异义可怪之论"，何休见郑文后，惊叹地说："康成入吾室，操吾矛，以伐我乎！"③从此处看来，郑学的经学思想不仅仅局限于以齐学为代表的今文经学，他打破了古、今文经学的隔阂，兼采各家之长，不局限于门户之说。汉代经学重视师法、家法，每一经师，门徒众多，代代相传，党同伐异。郑玄没有专尊一家师法，他开始跟随第五元先习《京氏易》《公羊春秋》，是属于今文经学。后又跟从张恭祖习《周官》《左氏春秋》《古文尚书》，又属于古文经学。郑玄没有盲从师法，他开始跟随张恭祖习《韩诗》，后来他感到《毛诗》优于《韩诗》，就以《毛诗》为底本，对《诗经》进行笺注。郑玄不守师法、家法，以古文经学为主，兼取今文经学的长处，融汇各家，作出自己的见解和判断，自成体系。

---

① 《尚书》，中华书局1981年版，第53页。
② 《后汉书·五行志》，中华书局2011年版，第3266页。
③ 《后汉书·郑玄传》，中华书局2011年版，第1208页。

4. 考德兼考物

"君子考德兼考物，一草一花焉可没。忆昔先生注葩经，鸟兽草木皆知名。山川陵谷发其英，特生经草保先生。"① 郑玄一生广注群经，其中对《诗经》的笺注最受后人重视，他继承并发展了《毛诗序》的传统理论，形成了自己的诗歌理论体系，反映了"诗经汉学"的思想水平。在《诗谱序》中说："诗之兴也，谅不于上皇之世。大庭、轩辕，逮于高辛，其时有亡，载籍亦蔑云焉。《虞书》曰：'诗言志，歌永言，声依永，律和声。'然则诗之道，放于此乎？有夏承之，篇章泯弃，靡有孑遗。迄及商王，不风不雅。何者？论功颂德，所以将顺其美；刺过讥失，所以匡救其恶。各于其党，则为法者彰显，为戒者著明。周自后稷播种百谷，黎民阻饥，兹时乃利，自传于此名也。陶唐之末中叶，公刘亦世修其业，以明民共财。至于大王、王季，克堪顾天。文、武之德，光熙前绪，以集大命于厥身，遂为天下父母，使民有政有居。其时《诗》，风有《周南》《召南》，雅有《鹿鸣》《文王》之属。及成王，周公致太平，制礼作乐，而有颂声兴焉，盛之至也。本之由此风雅而来，故皆录之，谓之《诗》之正经。后王稍更陵迟，懿王始受亨齐哀公。夷身失礼之后，邪不尊贤。自是而下，厉也，幽也，政教尤衰，周室大坏。《十月之交》《民劳》《板》《荡》勃而俱作。众民纷然，刺怨相寻。五霸之末，上无天子，下无方伯，善者谁赏？恶者谁罚？纪纲绝矣。故孔子录懿王、夷王时诗，讫于陈灵公淫乱之事，谓之变风变雅。以为勤民恤功，昭事上帝，则受颂声，弘福如彼；若违而弗用，则被劫杀，大祸如此。吉凶之所由，忧娱之萌渐，昭昭在斯，足作后王之鉴，于是止矣。夷、厉以上，岁数不明，太史《年表》，自共和始。历宣、幽、平王，而得《春秋》次第，以立斯谱。欲知源流清浊之处，则循其上下而省之；欲知风化芳臭气泽之所及，则旁行而观之。此诗之大纲也。举一纲而万目张，解一卷而众篇明，于力则鲜，于思则寡。其诸君子，亦有乐于是与？"② 郑玄论述了诗歌是社会生活的反映的古老理论，认为前代历史的各个时期都在《诗经》中有所反映。他提出了"风雅正变"的理论，认为上起陶唐、下至文武成周时期，

---

① 周至元：《崂山志》，齐鲁书社1993年版，第216页。
② （宋）马端临：《文献通考》，中华书局1986年版，第179卷。

是颂声兴起的太平盛世。反映这些时代的诗歌都是正风、正雅,对社会起到"美教化"的作用,如《国风》中的《周南》《召南》和《小雅》中的《鹿鸣》《大雅》中的《文王》等都属于正风、正雅。而懿、厉之后,政治衰败,怨声载道,反映这一时期的诗歌则成为变风、变雅,只能起到对统治阶级的怨刺作用,如《国风》的《邶》《鄘》《卫》以下各部分以及《小雅》的《六月》以下各篇、《大雅》的《民劳》以下各篇都属于变风、变雅。郑玄强调诗歌的美刺作用,将诗歌"美刺"的社会作用阐述得淋漓尽致,"论功颂德,所以将顺其美;刺过讥失,所以匡救其恶。各于其党,则为法者彰显,为戒者著明"。郑玄在《毛诗序》强调"刺"的基础上,认为《风》《雅》中一部分诗篇以及《颂》诗是赞美统治者的以外,《风》和《小雅》中的大多数诗篇都理解为讽刺诗歌。

  郑玄在《诗谱序》中提出了"诗之大纲",即诗歌的研究方法,"欲知源流清浊之处,则循其上下而省之;欲知风化芳臭气泽之所及,则旁行而观之"。其中"欲知源流清浊之处,则循其上下而省之"就是提倡研究诗歌要探本溯源,了解诗歌反映的时代,用历史事实诠释诗歌的内容。而"欲知风化芳臭气泽之所及,则旁行而观之",则要求研究诗歌要了解诗歌产生的地域及其风土人情,郑玄看到了地域文化和风土人情对诗歌风格的影响。"举一纲而万目张,解一卷而众篇明,于力则鲜,于思则寡。"结合历史与人文对诗歌进行研究是郑玄对《诗经》诠释的独创。在论述及《周南》《召南》时,《诗谱序》说:"周、召者,《禹贡》雍州岐山之阳地名,今属右扶风美阳县,地形险阻而原田肥美。周之先公曰大王者,避狄难,自豳始迁焉,而修德建王业。商王帝乙之初,命其子王季为西伯,至纣王又命文王典治南国江汉汝旁之诸侯。于是三分天下有其二,以服事殷,故雍梁荆豫杨之人咸被其德而从之。文王受命作邑于丰,乃分岐邦,周召之地为周公旦、召公奭之采地,施先王之教于己所职之国。武王伐纣定天下,巡狩述职,陈诵诸国之诗以观民风俗。六州者得二公之德教尤纯,故独录之,属之大师,分而国之。其得圣人之化者谓之《周南》,得贤人之化者谓之《召南》,言二公之德教自岐而行于南国也。乃弃其余,谓此为风之正经。"[①] 历史与地域文化的结合使读者对诗歌有一个全面的理解,更为准确地掌握诗人创作的本意。"《毛诗》的郑笺,可以说

---

  ① (宋)马端临:《文献通考》,中华书局1986年版,第179卷。

是读《诗经》的指路明灯,离开了他的注笺是很难读懂的,他的注笺的另一个重要价值是对汉代以前的历史、政治、经济、军事、文化诸方面的研究造诣,博学深厚的知识,可谓一代集大成者。"① 如郑玄对周原的注释,"广平曰原,周之原地在岐山之南,膴膴然肥美,其所生菜虽有性苦者,甘如饴也,此地将可居"。考古者在周原实地考古后认为,"郑氏对周原似乎作了调查似的,其对原地的解释与陕西地区现存的各种原地地貌完全一致,对周原的土地和生长物也了如指掌。周原的地理位置,也与事实相符,就在岐山之南"②。现代考察的成果,证实了郑玄学力的深厚和知识的渊博,也证实了《毛诗》注笺的学术水平。

清初思想家顾炎武游历崂山康成书院后,写诗抒怀,表达对郑玄的敬佩:"荒山书院有人耕,不知山名和县名。为问黄巾满天下,可能容得郑康成?"建安元年(196年),徐州牧陶谦将郑玄邀请到幕中,以师友的礼节接待郑玄。郑玄在徐州逗留一段时间后,返回故乡。在返乡的路途中,偶遇数万黄巾军,他非常恐惧,担忧性命不保。谁知黄巾军知悉遇到的是北海郑玄,竟然数万人一齐跪拜,尊崇如拜父之礼。郑玄答拜黄巾军,并与他们相约,黄巾军的人马路经高密时,不扰乱侵害当地百姓。"为问黄巾满天下,可能容得郑康成",被统治阶级视为恶魔的叛乱者,对平民儒士崇拜如父尊,是郑玄的人格魅力征服了这群现实政权的乱世贼子。郑玄由处境窘迫的平民成为名闻四方的通儒,一代经学大师,他经历了问学的艰难,所以他能平易近人,能够诲人不倦,并主动施教。"张逸年十三,为县小吏。玄谓之曰:'尔有赞道之质,玉虽美,须雕琢而成器,能为书生,以成尔志否?'对曰:'愿之。'遂拔于其辈。"③ 郑玄不为名利所诱惑,安贫乐道,潜心治学。"造次颠沛,非礼勿动"④,不仅才学渊博,且品德高尚,"诚学者之师模也"。《后汉书·张曹郑列传》载:"国相孔融深敬于玄,屣履造门。告高密县为玄特立一乡,曰:'昔齐置士乡,越有君子军,皆异贤之意也。郑君好学,实怀明德。昔太史公、廷尉吴公、谒者仆谢邓公,皆汉之名臣。又南山四皓有园公、夏黄公,潜光隐耀,世嘉其高,皆悉称公。然而公者仁德之正号,不必三事大夫也。今郑君乡宜曰

---

① 《郑玄研究文集》,齐鲁书社1999年版,第161页。
② 同上书,第162页。
③ 《太平御览》卷748引《郑玄别传》,中华书局1959年版。
④ 《后汉书·献帝纪》,中华书局2011年版,第721页。

郑公乡。昔东海于公仅有一节,犹或戒乡人侈其门闾,矧乃郑公之德,而无驷牡之路。可广开门衢,令容高车,号为通德门。"① 孔融为改善地方风化,推行文教,将郑玄树立为仁德之楷模。孔融此举代表了整个社会对郑玄的评价,是尊重纯儒,推崇纯儒,对纯儒的褒扬。

二 俗世仙人胡峄阳

"我今无用成散材,多是彼苍分付来。闲中寻出千古奥,破个谜儿有谁猜?"② 当读到胡峄阳(1639—1718)这首诗时,让人有一种似曾相识的感觉,那就是《红楼梦》第一回卷首的题诗:"无才可去补苍天,枉入红尘若许年。此系身前身后事,倩谁记去作奇传。"③ 《红楼梦》家喻户晓,此诗也广为人知,而胡峄阳的诗则乏人问津,知之者少。两诗题意相近,却不是胡峄阳袭用,胡峄阳生于明崇祯十二年(1639),殁于清康熙五十七年(1718),此时一代文豪曹雪芹刚刚"枉入红尘"。无用成散材,无才补苍天,同是怀才不遇,结局却大为不同。曹雪芹怀着一把辛酸泪撰写满纸荒唐言,胡峄阳却从一介布衣成为其生活地域底层百姓的保护神。峄阳先生、胡三太爷、胡仙人、胡神仙、活神仙,胡峄阳成为仙灵、神祇,其影响以山东即墨(古即墨,包含今即墨、城阳、崂山)为中心波及胶东半岛以及东北地区。胡峄阳由"人"到"神"形象的塑造,是与其儒者的身份和大量的民间传说分不开的。

1. 乡儒峄阳先生

胡峄阳是一个儒者,他不阿权贵,保持正直的品行节操。清代乾隆五年刻本《莱州府志》卷十一《人物上·隐逸》最早记载胡峄阳事迹,胡翔瀛"操履端洁,邃于理学,邑人所称驿阳先生"。清乾隆二十八年版《即墨县志》:"胡翔瀛,字驿阳。生有异禀,研精《周易》,于濂洛之学别有微契。家贫甚,一介不苟取。蓬室瓮牖,悠然自适。雅工制艺,视进取之途泊如也。年七十余预示死期,无疾而逝。所著有《柳斋碎语》《易

---

① 《后汉书·张曹郑列传》,中华书局2011年版,第1207页。
② 《胡峄阳诗选》,上海古籍出版社2011年版,第60页。
③ 《红楼梦》,人民文学出版社1983年版,第9页。

大象说》，存于家。"① "操履端洁""一介不苟取。蓬室瓮牖，悠然自适"，是史书对他盖棺论定的评价。他最为人称道的是顺治十年（1653）应童子试的愤然弃考。明清时期的科举制度，应童子试是入官学进而应乡、会试科考的入门。胡峄阳在通过了县学初试后，赴莱州府复试。官府为防止考生舞弊，进入考场时，场监对考生例行搜衣检查。胡峄阳不肯受此羞辱，愤然说道："执事为国家求贤，奈何盗窃相视？"遂拂袖而去，发誓终生不再踏入科举一途。周至元《崂山志·志余》记载："流亭胡峄阳先生，幼即超迈。其十六岁时，应童子试，入场时，门者搜检，先生拂袖而出，曰：'执事为国家求贤，奈何以窃盗相视。'遂以布衣终身。家居，精演《周易》，事能前知，故人争以神仙目之。"② 有研究者认为，在决定人生命运的科举制度面前，胡峄阳果决地将功名利禄弃之身后，坚守了人性的尊严，他的选择彻底抛弃了依附王权以谋求腾达的奴性思想，完成了自身独立人格和独立精神价值的涅槃。这种说法未免将胡峄阳的形象拔得太高，抛弃功名利禄可以说是在满清高压统治之下对汉民族尊严的一点维护。满清入关，为了从文化上彻底征服汉族，颁布《剃发令》，此令一出，遭到了信奉"身体发肤受之父母"的汉人强烈反对，为此各地抗清活动风起云涌。胡峄阳的《读苏武传》诗曰："志士有刚肠，能耐百千折。富贵不能诱，白刃不能胁。饥寒不能困，仪秦不能说。一点难状物，长明如日月。古来几英雄，心心皆同诀。"③ 苏武"长明如日月"的精神在于他留居匈奴19年，对汉朝的忠贞不渝。胡峄阳在此诗小序说："忆太白牧羊落日渴饮饥餐之句，不觉泪下。因思古今节义，莫难于此公。"④ 此诗充分表达了胡峄阳的节操观，"富贵不能诱，白刃不能胁。饥寒不能困，仪秦不能说"是其心声的表现。他在《易经征实》解释《屯》卦时，说"苏武使单于大窖不得归，屯如邅如也，乘马班如也。单于欲使之降，匪寇婚媾也。苏武杖节自守十九年得归，是女子贞不字，十年乃字也"⑤。他赞赏钦佩苏武杖节自守，不屈不挠的操守。"胡峄阳生于明末，长于清初。其时，清廷入主中原，对汉人高压施政，汉人则对异族统治痛恨切

---

① 《即墨县志》卷8，清乾隆28年版。
② 周至元：《崂山志》，齐鲁书社1993年版，第336页。
③ 《胡峄阳诗选》，上海古籍出版社2011年版，第6页。
④ 同上。
⑤ （清）胡峄阳：《易经征实》，上海古籍出版社2011年版，第5页。

齿。尤其是清廷推行剃发、易服政策，汉人必须效仿满人剃去前额毛发，穿戴满人服饰，违者必斩。一系列强制措施，极大地伤害了汉族人民的感情，胡峄阳少小就受到了这种反抗情绪的浸染。"① 胡峄阳生活的时期，故土抗清复明的活动轰轰烈烈，于七起义就发生在崂山周围的区域。胡峄阳与清初名士黄坦、黄培、黄贞麟、范炼金、范九皋、黄宗崇、黄子厚、周毓正、王泽洽、周旭、孙忾、解楷、杨还吉、解瑶等以及客寓即墨隐居崂山的张允抡、董樵、孙笃先、赵其昌、高出、蒋云石等被称为"崂山七十二君子"。顺治五年（1648），胶东半岛爆发了"于七起义"，董樵参加了这次起义。谢国桢在《清初农民起义资料辑录》中说"与于七主谋的人有董樵"。周至元在《清初即墨黄培文字狱资料》中说："顺治十八年，以于七为首的农民抗清战争在栖霞爆发，莱阳宋继澄父子及董樵等人纷纷来到即墨。……相传董樵曾亲自参加于七军，充作参赞，黄培还通过董樵以物资接济过于七军。"② 黄培死于非命，主因也是这次抗清起义。胡峄阳结交的志同道合者中，强烈反清的大有人在。受其影响，胡峄阳怀有对新朝的反抗情绪，他告别科举，是拒绝与清统治者合作，不为新朝效力的表示。他在《易象授蒙》中说："朱子曰：君子道穷之时，但当委致其命，以遂吾志而已。致命，犹送命与他，不复为我之有。虽委致其命，而志则自遂，无所回屈。"③ 委致其命以遂吾志，就是孟子所说的舍生取义。面对民族之大义，可以抛却头颅，舍弃利禄又算得上什么呢？

　　胡峄阳抛弃了功名利禄，甘于清贫而淡泊的生活。他慕名到崂山的慧炬院，过起了半隐半读的生活。明万历二十三年（1595），万历四大高僧之一的德清（憨山）被发配雷州半岛，其苦心营建的海印寺被毁弃，寺中原有的大量藏书转藏到慧炬院。弃绝功名、一心向学的胡峄阳在此博览群书，并结识了昌阳名士孙笃先。"孙笃先，昌阳人，别号琴隐先生。性恬静，不求进取。室中除琴书外，别无长物。耽山水，游崂爱其奇秀，遂留不去。与胡翔瀛、蒋云石结方外友。尝自署联云：'外世曾无奢愿，看山自有深情。'年六十六卒。胡峄阳赞其像曰：'道德翛然，破我浑沌。舞珠弄丸，穿凿纷纷。远矣先生，独任天真。狎鸥海上，抱瓮汉阴。五帝之世，三皇之春。性耽山水，踪混嚣尘。卒岁优游，赋诗鸣琴。不愿浊

---

① （清）胡峄阳：《竹庐家聒》，上海古籍出版社2011年版，第46页。
② 《山东省志资料》1962年第2期，山东人民出版社。
③ （清）胡峄阳：《易象授蒙》，上海古籍出版社2011年版，第66页。

富，是以清贫。仪容秀古，耳目精神。'"① 孙笃先，字淮浦，生于明崇祯三年（1630），他比胡峄阳年长九岁。孙笃先出生时其父亲孙谦在淮南为官，因取字"淮浦"。孙笃先是廪生，曾在京城南、北门先后教书于四家官署，因厌恶官家作派，任教时间不长即拂袖而去。明清鼎革，绝意仕途，游崂山，因仰慕崂山风光，在不其山麓结庐而居，自号"琴隐先生"，与百福庵道长蒋清山、即墨人黄培、黄坦等人交往密切。胡峄阳与孙笃先有相同的志向和节操，他对孙笃先推崇备至，赞赏孙笃先的节操和琴艺，二人诗书往来，志趣相投。胡峄阳《琴隐先生传》曰："先生之来崂也，吾不知其何时，就山之麓，结茅而居。园中孤松，壁有断纹琴，无长物妻子，翛然少僮仆，资生砚田。山中人，事相往来，有铁骑山道人蒋云石，为方外交，意契甚。嗜好颇不烦，惟钟意山水。一岁之中，苟不为衣食所困，虽再四巡游，不倦。尝语人曰：'但使瓶有粟，吾即到深山去也。'喜披古编，醉心更在南华，性情与古之隐者近。诗书皆绝，而尤长于琴。每当桐梢月上，竹叶风来，清商一阕，直缥缈于三山之巅矣。闻者或不解。先生曰：'吾自适其情耳。旁人解不解，吾无论也。'先生家昌阳之南偏，孙姓，笃先其名，始生于淮之浦，故号为淮浦云。"② 孤松断琴，身无长物，"惟钟意山水"，胡峄阳笔下的孙笃先就是世外高人的形象。胡峄阳在《琴隐先生赞》中的"不愿浊富，是以清贫"，既是赞琴隐先生（孙笃先），也是胡峄阳的夫子自道和自我明志。琴隐先生清商一阕，不论他人解与不解，只为自适其情。幸运的是，他在深山僻居，高山流水遇知音，"世无妙指，何羡箜篌。匣中指上，端的谁求。亦有王母，姑射来游。清羽初抚，精理冥孚。八姬迭咏，玉屑浮浮。知音象外，我歌彼酬。感至弗隔，非关神谋。花月艳夕，风雨悲秋。孤鸾别鹤，世事悠悠。遗器犹在，哲人云休。高山流水，使我心忧"③。妙指弹奏，胡峄阳领悟了其中精理。胡峄阳另一至交是"烟霞散人"蒋清山，"蒋清山，字云石，河南祥符县人。明进士。后感沧桑之变，云游至崂，栖百福庵中。黄冠道衣。自号烟霞散人。工诗能文，行谊孤洁。胡峄阳先生引为契友。年八十无疾而逝"④。蒋清山与孙笃先有着同样的情怀，明亡后他来到百

---

① 周至元：《崂山志》，齐鲁书社1993年版，第148页。
② 同上书，第299页。
③ 《胡峄阳诗选》，上海古籍出版社2011年版，第6页。
④ 周至元：《崂山志》，齐鲁书社1993年版，第299页。

福庵，一心向道，研读、收藏大量经典书籍，使百福庵成为当时闻名遐迩的藏书院。胡峄阳与孙笃先、蒋清山或讲经论道、探究学术，或诗赋唱酬、挥毫泼墨，或同游崂山诸峰，寄情山水。其《病中即事》云："岁月休怜水上萍，真机会处掩羲经。红英落径清香满，紫燕过墙细雨零。树色溪边还自绿，天光云际镇常青。瓮牖出入无他事，为爱林泉养性灵。"① 告别科举，无缘仕途，也就决绝了荣华富贵，"瓮牖出入无他事，为爱林泉养性灵"，胡峄阳甘于蓬牖茅椽、绳床瓦灶的清贫生活，因为只有在自然的天地中，才能保住自由的性灵。他在《邹文宗游二崂记赞》诗曰："江鳞耀锦，岩花笑红。水流岳峙，皆我性情。达人知解，千里寻盟。笔底欧苏，个中周程。天开文运，不愧司衡。"② 水流潺潺，群山绵绵，任世间人事变幻，依然故我。

2. 修己治人之学

胡峄阳《易象授蒙·自序》说："修己治人之学，工夫在洗心穷理。不洗心，理虽多而无用，如灯在虚室，空明而已。不穷理，心虽净而难行，如人在暗室，冥守而已。洗心之资，经可也，史可也，水可也，月可也。至穷理则莫要于六经，顾文字浩瀚，义理散出，幼学未能遽博。《周易》六十四象，皆切于日用之实，修己治人之道备，以此洗心，以此穷理，殆约而可操矣。"③ 胡峄阳作为清初的文人，"于濂洛之学别有微契"，他倾心于理学，强调"修己治人之学，工夫在洗心穷理"，"洗心之资，经可也，史可也，水可也，月可也"，水、月即自然山水也成为"洗心"的途径。而"穷理则莫要于六经"，通过研读六经探究天理的存在。在学术思想上，胡峄阳倾向于程朱理学，前人将胡峄阳与同时代的范士骥、韩邻佐并称为即墨"理学三老"。胡峄阳的学术思想并不拘泥于某一部分，他是"非晋非唐非宋，也儒也佛也仙"④。他在《柳溪碎语》说："佛教坐禅，道教练气，各成一昭昭灵灵不灭之体，究竟只是弄精神，在神气上用事。与儒者于天理中生顺死安，相去悬殊。盖地头不同，见解功夫亦

---

① 《胡峄阳诗选》，上海古籍出版社2011年版，第53页。
② 同上书，第1页。
③ （清）胡峄阳：《易象授蒙》，上海古籍出版社2011年版，第5页。
④ 《峄阳先生诗选》，上海古籍出版社2011年版，第21页。

别。而其间却微有近似处。所以明季诸公,入理深者,多为所惑,不可不辨也。"① 胡峄阳辨析了儒道佛三家之不同,佛道追求精神或肉体的不灭,用力在神气,而儒家注重的是生顺死安,在于人生的实践,就是孔子所说的"未知生,焉知死"。他说的"明季诸公,入理深者,多为所惑",指的是以致良知为目标的心学,心学将知识先验化、实体化,他们认为这种先验化、实体化的知识,就包裹在理中,天生就存在于人心之中。既然知识是先天地存在于人的内心之中,那么人无需学习,就自动拥有这些知识储备,这就与理学家的格物致知相乖离了。胡峄阳研究探讨六经是因为其"切于日用之实"。"峄阳先生循天地性命之学,发明于心,践行于身,立人以品行为先,为学以经义为重,于日常事物之中,存养省察。"② 胡峄阳著有《易象授蒙》《易经征实》《解指蒙图说》《柳溪碎语》《寒夜集》《竹庐家聒》《女闲》等,这些著作生前多未锓布,所以知之者甚少。《柳溪碎语》是胡峄阳人生感悟和心得的汇集,文章写作时间最早为康熙二十四年(1685),最晚为康熙四十四年(1705),历时二十载。《柳溪碎语》从日常生活出发,言天道兴衰之理,述为人处事之规,具有真知灼见,如"窃意至善之理,虚言犹易,实按之甚难。尝于日用,虽细微小事,几经打点,只觉多似是之非。此中正须商量,故知为难,而格致为要。特恨离群各居,不得事事相商,终日在暗黑中也"③。虚言性理容易,付诸行动则难,知行合一是不易臻至的境界,确为人生真切感受。"昔尝与良辅兄登城望日暮,由明渐昏。良辅兄曰:'此际若有不容己之故,谁使之然?'又尝看花木,嫩芽生生不已之景,良辅兄欣然曰:'此便是仁机。'又曰:'物生水流,父慈子孝,在在有不容己之故,其所以然者。'若不能透此一层,终属隔碍。"④ 由日暮感于时不我待,由花木感于生生之大德,进而扩展到人的"仁"的胸怀。胡峄阳对六经下功夫最深者是对易学的研究,他以《易经》理论、阴阳变化、五行学说为依据,探讨封建王朝成败之因,推测天道人事,预测吉凶休咎,是清初即墨乃至胶东地区研究《易经》的大家,民间传说的胡峄阳半人半仙的形象也多半由此产生。胡峄阳的《易经征实》是最见功力的易学著作之一,他以象为

---

① (清)胡峄阳:《柳溪碎语》,上海古籍出版社 2011 年版,第 51 页。

② 同上书,第 1 页。

③ 同上书,第 12 页。

④ 同上书,第 17 页。

体，以理为用，对《易经》三百八十四爻依辞而设其事、索其隐、明其征、发其义。涉及治国、经兵、祭祀、稼穑、征聘、礼制之事，人有帝王、将相、宫嫔、阉宦、耆老、贤士、野老。在胡峄阳看来，易象与义理是互为表现的，现象亦即卦象是本体亦即义理的自身显现，本体又同现象密切结合。张璧田在《易经征实》序曰："《易》之为书，无所不赅，推天道则消息盈虚，明人事则察来彰往，故圣人赞其至精、至变、至神。汉宋以来，言《易》诸家各明一义，至李庄简、杨文节，参证史事以申经说，较之谈性理泥象数者为切于用矣。明季来氏即正隅错，综卦情爻变以穷义蕴，而间引史传以证之，顾其书专于明象，虽略征引，未能即三百八十四爻而一一玩其辞以比其事也。有清胡峄阳先生，生当康熙全盛之世，隐居不仕，覃精易学，尝取全《易》卦辞之为吉、为凶、为悔、为吝者征以事实，溯其成败，部列而条比之，为《易经征实》一书，以发李氏、杨氏、来氏未尽之旨，至详尽矣。"①《易经征实》广征博引，皆以历史事实予以佐证，"参证史事以申经说，较之谈性理泥象数者为切于用"，它是对杨万里、李光、来集之易学研究的深入和发展。虽偶有穿凿附会之感，其缘象比附、取象比类的才智则令人佩服。胡峄阳以经世致用为目的的易学研究成就，还可从他的易学著作《易象授蒙》窥其一斑。其《易象授蒙》自序说："《周易》六十四象，皆切于日用之实，修己治人之道备，以此洗心，以此穷理，殆约而可操矣。"《易象授蒙》旨在洗心穷理，在日用人生。"作事谋始，是凡作一事，起初便不要模糊，绝讼端也。程子曰：'绝讼端于事之始，则讼无由生矣。谋始之义广矣。若慎交结、明契券之类，是也。'性不同者，未有不相讼者也。暂合且不能，况共事乎？慎之于始，不授以端，庶乎可免矣。交结契券，事之小者也。君子之出处，其大者也。"② 凡作一事，慎之于始，不授以端，谨慎小心，不留有生事的余地，如此可避免有失君子风度的祸事。胡峄阳的谆谆教导，出于人生的大智慧。"愚谓，大过，行权也。如传国以长，经也。太王则舍泰伯而立王季，文王舍伯邑考而立武王，为道足以济时，权也。厥后孔子作《春秋》，公榖以为与长不与贤，胡五峰以为孔子监视前代，贤可与则以天下为公，嫡可与则以天下为家，是万世无弊之法。由是推之，《春

---

① （清）胡峄阳：《易经征实》，上海古籍出版社2011年版。
② （清）胡峄阳：《易象授蒙》，上海古籍出版社2011年版，第7页。

秋》非不与贤也，以为贤不可得，不与嫡则乱矣。《春秋》，圣人立百世之法也，经也。使孔子在天子之位，而自行之，长与贤，意必权事之轻重，别有变通，如太王、文王也。"①嫡长子继承制是宗法制度最基本的一项原则，即王位和财产必须由嫡妻（正妻）所生的长子继承，它所体现的嫡长尊卑等级观念减少了皇位继承的冲突，避免诸子争立、骨肉相残的局面，以保证政局的稳定。从西周始，天子的王位由其嫡长子继承，而其他的庶子为别子，被分封到其他重要区域。由嫡长子继承的王位可以确保周王朝世世代代大宗的地位，解决权位和财产的继承与分配，稳定社会的统治秩序。胡峄阳不是"白发死章句"的腐儒，他对封建社会的王位继承有着公正而清晰的认识，他对传国以长或贤的利弊分析，在封建社会的语境中振聋发聩。

"教而曰思，非具文也，根于心也。容而曰保，非虚纳也，置于怀也。教思之实如何，曰德曰礼，曰政曰刑。德以率之，礼以定之，政以禁之，刑以防之，四者备矣。圣人犹曰，一民有罪，我陷之矣，圣人之思也如是。若夫不教而杀，是所谓纵羊决藩，而加之毒矢也，不仁甚矣。父母之于子亦然。"②教育不在形式，在于深入人心，也就是从思想上改变人。教育的实效表现在讲德讲礼，遵纪守法。儒家在强调正心修身之时，也注重以德、礼齐家。胡峄阳从修身齐家的角度出发，以《竹庐家聀》家训形式，对子弟后人提出劝诫。他认为人小的时候如果沾染了不良习气，到老也难以克服。"窃以为人自少染习气，如油入面中，白首不能除。"③他本着"教先急务"的理念，把防止子弟沾染不良习气作为家训的主要目标，他说："不先防易染之习，辄授以圣贤穷理尽性之书，吾不知于学古何如？"④学习圣贤之理在于洗心，在于消除不良习气。在他看来，酒、色、财、气、博、弈、游、戏是必须消除的人生恶习，尤其是博、弈。"诸事中，惟赌风迩来甚烈，不知其为害也甚于水火，吾见有蹈而死者。"⑤胡峄阳见邻家子拾樗蒱物来与儿子拈弄，便有"木蠹蚁穴，习性端倪之惧"，对七岁儿子"痛叱之"。胡峄阳的《竹庐家聀》不乏明哲保

---

① （清）胡峄阳：《易象授蒙》，上海古籍出版社2011年版，第38页。
② 同上书，第25页。
③ （清）胡峄阳：《竹庐家聀》，上海古籍出版社2011年版，第1页。
④ 同上书，第1页。
⑤ 同上书，第12页。

身的油滑成分，作为普通百姓，妥协与退让是最平安的处世方法。他告诫子弟要区分善恶，远离邪恶，向善近正。"闻恶言，闻邪言，耳要聋，口要封。见恶事，见邪事，目要瞽，心要定。见善事，见正事。"[①] 不与人争，妥协避让。"人骂休回口，人打且须走。凡事看着天，强梁不能久。要与善人亲，莫与恶人斗。"[②] 与善人亲近，不与恶人争高低，这正是儒家"让"的处世原则。"为人休犯法，犯法没人替。为人要守法，守法得便宜。王法最无情，犯了饶不的。……才不安理行，便坠有罪地。"[③] 做良善之民，只要不犯法，就不会被惩罚，受些委屈，也可以保全自身。这种委曲求全、忍让苟活的态度，确实缺乏斗争性，但这也是最底层百姓为求一生平安的无奈之举。胡峄阳自言"余未有知，何敢云训"，甚至想象后人可能视之若"秋虫之自吟草间，山鸟之藏号林端"，"我言之谆谆"，"其后听之藐藐"，故自称所撰《竹庐家聐》不过是"聊且言聐，故名家聐"。虽然胡峄阳所列持家、睦族、孝道、礼仪等内容体现了世俗化的特色，却是微言大义，蕴含在里面的是儒家思想的精髓。明清时期，对妇女贞节观的重视提高到了宗教化、绝对化的程度，"治天下者，正家为先。正家之道，始于谨夫妇"[④]。夫妇为人伦之始，妇女的贞节直接关系封建社会的基础。胡峄阳在《竹庐家聐》对家族中男性进行劝诫，也撰写了《女闲》，对家族中的女性予以劝诫。"《易》曰：'闲有家。'解闲之义者有云：'教子婴孩，教妇初来。'可谓善矣。不知女之当闲，不第在于归后之其家也。"[⑤] 胡峄阳认为家庭主妇贤惠，才能维持一个和谐的家庭。而妇女的美德要像教育婴儿一样从小培养，不能在其出嫁后再进行教育。胡峄阳认为《女儿经》"言俚而意远，以为教女童甚善，取其旨之有关大体者，敷衍七条"[⑥]。《女闲》虽只有七条，却对女子如何成为封建社会贞妇提出事无巨细的训诫。《辨非》针对的是未嫁女子，告诫女子与女伴交往，谨慎小心，休要与奸猾狡诈者为伍。平时要少言寡语，庄重严肃，回避男子，绝不私下与男子交流。一心一意修好女工，门外事切莫关心。其

---

① （清）胡峄阳：《竹庐家聐》，上海古籍出版社 2011 年版，第 21 页。
② 同上书，第 25 页。
③ 同上书，第 23 页。
④ 《明史》136 卷，中华书局 1974 年版。
⑤ （清）胡峄阳：《竹庐家聐》，上海古籍出版社 2011 年版，第 33 页。
⑥ 同上。

他六条则是针对已婚女子的训诫,《守是》是宗旨,提出了一个贤惠的女人的标准即"正路",那就是孝顺公婆,体贴丈夫,团结妯娌,慈爱幼孤,尊敬长辈,同情奴仆,做好女工,守好门户。《尽道》《持身》《远嫌》《知恒》《正位》则具体阐述实现贤惠女人的途径,对公婆要心存恭敬,和颜悦色地孝敬;对丈夫真心实意地体贴,从一而终。女子守节,"持守时,要义烈。气严正,清秋节。面如冰,心似雪。身如木,肠似铁"[1]。胡峄阳的《女闲》是对程朱理学女子贞节在平民阶层的普及,作为封建社会的文人,他不可能摆脱占统治地位的思想,他还是主动迎合了父权制社会的主流思想。从《竹庐家聒》和《女闲》,我们可以看到胡峄阳"循天地性命之学,发明于心,践行于身,立人以品行为先,为学以经义为重,于日常事物之中,存养省察,憎然内修"的功夫,从此我们也可以看出以封建统治者为代表的大文化对民间小文化的渗透和影响。

3. 仙人的传说

淡泊明志、不慕荣利,精心研读经学,并做经世致用的功夫,这些都树立了胡峄阳儒者的形象。而胡峄阳的仙人形象则出自对其儒者形象的虚幻创造,民间传说的广泛流传塑造了胡三太爷、胡仙人、胡神仙、活神仙的形象,这类民间传说的主要特色是寓崇拜于传说之中的神圣叙事。胡峄阳的异于常人,首先是对他出生的神化。《胡峄阳降生》的传说:"明崇祯年间,即墨县流亭村胡际泰家生了一个儿子。不同寻常的是,胡家儿子降生时,一道霞光直射白沙河,映红了整条河水,一朵五色云彩自东南方飘然而至,飘荡在流亭上空,云朵越来越大,突然一声惊雷,一道霞光冲向胡家,冲散了一团黑雾。电闪雷鸣中,胡家的孩子出生了。此时,一副仙风道骨模样的道士直奔胡家,见到胡际泰,念念有词:恭喜恭喜!喜得贵子!胡际泰非常高兴,问道士是化米还是化钱,道士说:'一不化米,二不化钱,只是来给你道喜。你家所生之子不是凡胎,他是天上星宿下凡。孩子长大后不仅是人间师表,还会救黎民于水火,造洪福于百姓。'说完,道士化作一阵清风而去。"作为儒者,胡峄阳也有与一般文人不同的傲气。如《胡峄阳与县官》的传说:"胡峄阳在即墨名门望族黄家当塾师,新任县令听说黄家请来德高望重、学识渊博的塾师,便登门拜访。胡

---

[1] (清)胡峄阳:《竹庐家聒》,上海古籍出版社2011年版,第33页。

峄阳见县太爷来了，并没有起身迎接，只说：'有请，看座。'就仍然看他的书，县令被晾在一边，心里不高兴又不便发作。就在此时，学生进来告诉胡峄阳，门外来了个要饭的老头儿，胡峄阳连忙出去迎接，端水倒茶，亲切交谈了半天。要饭老头儿走后，县令强压心中怒火，问胡峄阳来人是谁，胡峄阳说：'汉人子房。'县令不知汉人子房是谁，回家后闷闷不乐，其妻子问起后说：'你虽然做官，却少了些学问。你忘记了汉高祖的幕士张良了吗？'县令恍然大悟。从此，他经常去请教胡峄阳。胡峄阳见他诚心诚意，有问必答，教给他很多勤政爱民的道理。县令也成为为官清廉、爱民如子的好官。"

在这些传说中，胡峄阳主要是作为底层百姓保护神的形象出现。明末清初的战乱和灾荒，山东各地遭受重重灾难，胡峄阳家乡甚至出现了"枕骸遍野，巷无居人"的惨状。顺治四年（1647）的暴雨，即墨城"水与城齐，民舍倾颓，漂流浮尸积道口"。康熙七年（1668）的地震，"城郭屋宇崩颓无算"。康熙十一年（1672）的地震，致使"大蝗蔽天"。康熙四十三年（1704）的饥荒，"饿莩相望，草根木皮立尽"，甚至出现了"人相食"的情景。马克思在论述宗教的产生时说："宗教里的苦难既是现实的苦难的表现，又是对这种现实的苦难的抗议。宗教是被压迫生灵的叹息，是无情世界里的感情，正像它是没有精神的制度的精神一样。宗教是人民的鸦片。"[①] 胡峄阳作为保护神的种种传说，就像宗教一样是底层百姓的呻吟、叹惋，它是底层百姓无奈的自我安慰。如《胡峄阳避蝗灾》的传说："清朝康熙时，即墨发生蝗灾，蝗虫一过，草木啃尽。在人们找胡峄阳求教应对办法时，见一男一女拜见胡峄阳，请允许借路并供给粮草。胡峄阳一看，来人正是蚂蚱精，他推算一下，蝗虫必须经过这里，这是天意。他答应蝗虫经过，但不允许糟蹋庄稼。第二天，蝗虫遮天蔽日地飞过，树叶、青草被吃光，蔬菜、庄稼却没少一片叶子。胡峄阳避开了蝗灾，救了一方百姓。"《胡峄阳行雨》的传说："康熙年间，即墨遭遇大旱，自春节过后几个月不下雨，大河干了，草木枯了，庄稼蔫了，人畜吃水都困难。即墨城东一个小山村里，住着一对贫穷的老夫妻，一天，家门口来了一个讨饭的老人，想讨碗水喝。大旱之时，滴水贵如油，老夫妻家里也缺水，但看到讨饭的老头，衣衫褴褛，枯瘦如柴，奄奄一息的样子。

---

① 《马克思恩格斯全集》第 1 卷，人民出版社 1956 年版，第 124 页。

老夫妻动了恻隐之心，将自己家里仅有的半碗浑浊泥水给了讨饭老头。谁知老头开口讲：他是胡峄阳，今特奉玉皇之意，来此试探人心。此方百姓心地善良，行善积德，不该遭受此难，自己要为他们降下甘霖。胡峄阳刚一消失，大雨倾盆而至，旱情解除，胡峄阳又救了一方百姓。"《胡峄阳救即墨城》的传说："胡峄阳在即墨城关教私塾。这一年，从开春起，一连好几个月没下雨，人们只好下井淘挖。一镢头下去，没想到挖出一只三条腿的蛤蟆。人们提着蛤蟆，到私塾求教胡峄阳。胡峄阳说不要伤害它，放生让他走吧。午饭后，胡峄阳对东家说要回一趟家，东家爽快应允了，让自己兄弟用马车把胡峄阳送回去，并说胡峄阳突然要回家，可能与三条腿蛤蟆有关。你一路上要仔细观察看他的表情，用心听好他说的每一句话。一路上，胡峄阳脸色平静，到流亭时，对面走来一辆拉草料的马车，胡峄阳随口说道：'往东躲躲。'此后一直到家，他也没再说一句话。东家兄弟回家，东家询问路上胡峄阳说啥了，兄弟如实相告。东家听后，对兄弟说：'你快去告诉全城父老，出城往东躲躲，一刻也别耽误。'全城人拖儿带女，扶老携幼全搬到城外高处。当晚，下起了大雨，淹没了即墨城。原来，人们挖出的三条腿蛤蟆，胡峄阳认出它是水龟，水龟出世，必定要发大水，而天机不可泄露，胡峄阳一语双关，用往东躲躲暗示人们，救了全即墨城人的性命。"人们匍匐在大自然面前，对大自然降下的种种灾难是诚惶诚恐的，他们没有反抗自然的能力，渴望有超自然的力量能拯救绝望中的百姓，胡峄阳不同常人的身世给了人们想象的空间，他被虚幻成呼风唤雨的仙人。再如《胡峄阳救渔民》："女姑村杨姓兄弟五人，在崂山东面的海上捕鱼，遇到大风，小船在海上漂流了几个日夜。在杨姓兄弟陷于绝望时，发现不远处有一岛屿。他们登上岛时，见到一中年人，他拿了半把米做饭招待饥肠辘辘的渔人，渔人吃饱后，半把米的米饭竟然还没吃完。此人介绍自己是胡峄阳，并在杨姓兄弟的船头插上一根锦鸡翎，不到一个时辰，小船返回了女姑村。"相同题材的传说在即墨一带流传很多，大都是胡峄阳在千里岛成仙，帮助遭遇暴风雨的渔民乡亲。《即墨县志》也记载道："乾隆戊寅冬，海上渔者数人至流亭访胡映藜。渔者曰：'日下海遇风，筏随浪去一昼夜，不知几千里。忽抵一岛，岛中花盛开暖如春。有洞穴，无室庐。一石平如砥，方丈余，晒丹枣满之，枣大如鸡卵。有老人坐其旁，貌甚清古，与之语，不答；告以饥，人与一枣食之，腹果。'既而曰：'东南风起矣，可速去。'叩其姓氏，老人曰：'识得流亭否？'曰：'知之。'老人曰：'吾故里也，归语胡映藜，好为人，若翁在仙岛甚乐。'众乘风返棹，翌午抵家，不觉饥也。三日后至流亭，时先生殁四十年矣。众骇然拜木主而去。"① 在邪恶势力面前，平民百姓如刀俎上的鱼肉，只能任其宰割，无助又无奈，他们渴望惩恶扬善，报应不爽。在胡峄阳的传说中，人们就把他塑造成了惩恶助弱的守护神形象。胡峄阳生活的时代，天灾不已，人祸相连。顺治十年，胶州总兵海时行作乱；顺治十八年，栖霞于七起义；还有因天灾引发的无数盗贼劫掠事件。胡峄阳作为百姓的保护神，救助了陷入灭顶之灾的乡亲们。如《胡峄阳杖打土匪头儿》的传说："崂山北龙口居住着胡姓宗族的一支，山里的土匪来到此地，住进胡氏祠堂正殿，吃住在祠堂，喝酒赌钱，酒后闹事，在祠堂院内随地大小便，把胡氏祠堂搞得乌烟瘴气。一天晚上，土匪头儿酒足饭饱，刚一合眼想睡觉，朦胧中看见一个白胡子老头，举着拐杖向他打来，边打边喊：豺狼鼠辈，快滚！还我清净之地。第二天，土匪头儿慌忙召集人马，逃窜到别的地方。"再如《胡峄阳救北龙口》的传说："东北红胡子头儿孙百万率领两千多土匪窜到崂山，抢粮要钱，杀人放火。十月中旬，孙百万到沟崖村抢掠，并派人通知北龙口准备午饭。听说土匪要来，北龙口全村人心惶惶，女人纷纷逃走。村里不得不派人买酒买菜，烙饼蒸馍。一些长辈老人硬着头皮，到村里的胡姓祠堂祈求胡峄阳保佑村民免遭灾难。临近中午，晴朗的天空，突然狂风大作，飞沙走石，天黑得伸手不见五指，就在村民认为这是大祸来临的预兆时，天空突然放晴。到中午时，也不见土匪来吃午饭。村民一了解，才知土匪在向北龙口走时，看见前方官兵林立，旌旗招展，吓得慌忙逃窜。此时人们如梦方醒，这是胡峄阳显灵救了北龙口。"《媳妇炕的传说》也讲述了贫弱百姓在官府与黑恶势力勾结欺压下走投无路时，胡峄阳对他们的救助，"清朝嘉庆时期，午山村有一个叫王元的富户，依仗财势，为非作歹。他年过五十，妻妾成群，却未有一男半女。邻村有一叫杨诚的老人，与女儿翠花相依为命，靠打鱼为生。翠花与本村孤儿大宝青梅竹马，相互爱慕，杨诚也非常喜欢大宝，将其视为自己的儿子，准备为他们成婚。不料，翠花的美貌被王元知道了，多次找人上门提亲，想娶翠花为十二房姨太太。翠花了解王元的为人，她坚决拒绝。王元见提亲不成，便心生诡计。他串通在县衙当师爷的

---

① 《即墨县志》卷12，清同治十二年刻本。

弟弟写了假借契，说杨诚三年前借了他银子，本息共50两至今不还。县官派人将杨诚捉去，杨诚被打昏后，他们在将翠花卖身抵债的契约上按下了杨诚的手印。杨诚回到家，告诉孩子俩赶快远走高飞，三天后，王元要来抢人了。翠花和大宝想逃走，可丢下父亲于心不忍，便搀扶着被打伤的父亲连夜离开村子。夜黑山路难行，他们走了半夜，才走了十几里。见半山腰有一块平整光滑的大石头如石炕，他们便坐在上面稍作休息，想天亮再走。突然，一位老人伴着清风而至，自称是胡峄阳，特地来搭救他们。并说孩子们真心相爱，如不嫌弃，他当主婚人，今晚就给他们把婚事办了。只见他袍袖一挥，新人的衣裳和婚礼的用品全部备齐。婚礼完毕，在天亮之前，胡峄阳让三人整理好行囊，闭上眼睛，他口念咒语，说一声'疾'，三人双脚离地，人在半空，等再次踏到地上，睁开双眼，到了一个叫高密豆腐台的村子，原来这是胡峄阳先祖居住的地方。村民欢迎杨诚一家，他们便在这里安心地居住下来。"

神奇的民间传说往往成为民间信仰崇拜的基础，有关胡峄阳传说的神奇性使胡峄阳由平民儒者逐渐演化为神仙，成为一方百姓的保护神。胡峄阳的传说也在2014年被国务院确定为第四批国家级非物质文化遗产。

三 最为老师的顾命大臣匡源

在崂山文化名人当中，匡源（1815—1881）是地地道道的乡贤，是研究青岛乡帮文化、地域文明的重要对象，对今天青岛文化的建设也具有现实的激励和启发意义。《清史稿》列传一百七十四中对匡源的记载如下："匡源，字鹤泉，山东胶州人。道光二十年进士，选庶吉士，授编修，累官吏部侍郎。咸丰八年，入直军机，谦退无所建白。罢官后，清贫，主讲济南泺源书院以终。"[①] 寥寥数语，简短概括了他从事政治和教育事业的一生。然而，作为亲历清代政治格局调整的重大事件——辛酉政变的核心人物之一，对其宦海浮沉的考察可以窥视近代中国历史进程之一斑，而在仕途无望、经济困顿的情境下，匡源没有忧郁牢骚、自甘沉落，反而通过书院教育成就出另一番名留青史的业绩，如此达观、坚韧，彰显

---

① 《二十五史·清史稿》（下），中国文史出版社2003年版，第1949页。

了中国传统士人的精神品格与风貌。

1. 宦海升沉

匡源，字本如（一说字本玉），号鹤泉，清嘉庆二十年（1815）生于胶州郭家庄，自幼聪颖好学，少有大志，以"世人多白眼，吾独上青云"诗句自勉。匡源十三岁考中秀才，相传因考官怀疑一个孩子竟有如此卓异的文采，命他以《乌鸦》为题作诗一首，匡源吟出："月满疏林霜满天，城头咋咋一声寒。只因反哺先知孝，叫得人人仰面看。"[①] 一时被传为神童。举人出身的伯父匡锡嘏对自己这位侄子十分赏识，当时匡锡嘏任泰安府府学教谕，遂领匡源至泰安学署就学。道光十九年（1839），匡源参加乡试，中举人第三名，次年，巧遇恩科，参加会试，又中进士，年仅二十六岁的匡源为同榜进士中最年轻者。同年，匡源被选为戌吉士入翰林院学习，后来又被任命为翰林院编修。

道光二十九年（1849），匡源因杜受田（1788—1852）举荐入值上书房，为皇子奕詝讲经，不久，丁忧故里。道光三十年（1850），道光皇帝驾崩，奕詝登基，改年号为咸丰，次年，咸丰帝诏丁忧期满的匡源入宫，仍入值上书房并升任皇帝的日讲起居注官。咸丰三年（1853），匡源出任会试同考官，咸丰四年（1854），升任兵部右侍郎，次年，改任吏部左侍郎。咸丰八年（1858），匡源升调军机处任军机大臣上学习行走，次年，任军机大臣上行走，赐紫禁城骑马。匡源在短时间内不断升任，成为朝廷重臣。

咸丰十年（1860），英法联军进犯北京，许多大臣主张皇帝前往承德（热河）躲避，匡源上疏极言利害，力争坚守北京。最终，咸丰帝托名北狩，逃往热河，匡源"不及归第便驰骑以从"。时朝中政务军机皆失常度，行在安危系于一身，匡源独立支撑危局，"军国擘划，章奏批答，皆出其手"，并"亲录档案，彻夜不眠"[②]。咸丰十一年（1861）8月22日，病重的咸丰帝神志较为清醒，宗人府宗令、御前大臣、军机大臣等请以朱笔遗诏，咸丰帝"谕以不能执笔，著写来述旨"[③]，咸丰临终遗命非其朱笔亲写，而为肃顺等人承写，这也导致后来人们对遗诏真实性的严重怀

---

① 《胶州文史资料》第11辑，1998年，第71页。
② 《胶州文史资料》第17辑，2004年，第308页。
③ 《热河密札》，《近代史资料》1978年第1期。

疑。随后，咸丰帝崩逝，留有遗诏：立年仅六岁的载淳为皇太子；命御前大臣载垣、端华、景寿，大学士肃顺和军机大臣穆荫、匡源、杜翰、焦祐瀛八人为赞襄政务大臣，尽心辅弼载淳。这一年匡源四十七岁，成为顾命八大臣之一，在清王朝的汉族官员中位列第一。匡源从政以来，清廉自律，不置家产，勇于同当时官场上的奢靡之风作斗争，从故宫博物院和国家档案馆中保留的匡源的奏折可以了解他的政治担当和作为。

然而，福祸相倚，进入了中央权力中心的匡源很快卷入了复杂残酷的宫廷权力争斗当中。为了防范权臣专擅弄权，咸丰帝的遗诏规定，顾命大臣拟旨后必须上盖"御赏"印章、下盖"同道堂"印章方能生效，"两印均大行所赐，母后（即慈安太后）用'御赏'印，印起。上（嗣皇帝）用'同道堂'印，印讫。凡应用朱笔者，用此代之，述旨亦均用之，以杜弊端"①。懿贵妃（即后来的慈禧太后）以小皇帝生母的身份取得了代子钤印"同道堂"章的权力。上谕"钤印"的规定给了慈禧太后操控清廷最高权力的机会。

咸丰十一年（1861）11月2日，在经过多方较量之后，慈禧太后联合恭亲王奕訢发动政变，革去顾命八大臣之职并一一论罪，改年号"祺祥"为"同治"，这次政变史称"辛酉政变"或"祺祥之变"，此时距离咸丰皇帝驾崩仅三个月。肃顺等三王伏诛，肃顺判为斩决，载垣、端华赐令自尽；景寿、穆荫、匡源、杜翰、焦祐瀛革职，原本"发往新疆效力赎罪"，因考虑到载垣等"凶焰方张"，彼亦"难与争衡"，遂改为"御前大臣景寿著即革职，加恩仍留公爵并额驸品级，免其发遣；兵部尚书穆荫著即革职，加恩改为发往军台效力赎罪；吏部左侍郎匡源、署礼部右侍郎杜翰、太仆寺卿焦祐瀛均著即行革职，加恩免其发遣"（《清实录》）。11月7日，以载淳名义发布的上谕称，咸丰帝死后，肃顺等人"假传谕旨，造作赞襄政务名目"，拥有咸丰帝佐政遗诏的八大臣迅速成为天下人眼中的奸党。对于此次宫廷政变，曾国藩在日记中写道："服皇太后之英断，为自古帝王所仅见，相与钦悚久之。"② 此后，清政府开启了慈禧掌权长达四十七年之久的"垂帘听政"时代。

传说匡源因不赞同"两宫垂帘"也让慈禧太后动了杀机，以"力主

---

① 《热河密札》，《近代史资料》1978年第1期。

② （清）曾国藩：《曾国藩全集》，河北人民出版社2016年版，第199页。

北狩，致先帝归天"为治罪的借口，匡源力辩："臣原不赞北狩之议，力谏固守，帝身已起，臣犹伏御榻力争！"① 并在太监刘忠（时任太监总管，一说为李莲英）的佐证下，洗脱了"主狩"之罪。还有一种说法是，因为景寿与恭亲王奕䜣有姻亲关系而被从轻发落，匡源等人与景寿"罪责"差不多，从而也幸获加恩免戍。

2. 泉城讲学

革职后的匡源迁居济南，生活贫困，山东巡抚阎敬铭（1817—1892）同情他的遭遇、佩服他的人品和学识，冒险聘他为泺源书院山长，由此开启了匡源长达17年的教育事业。关于匡源入主泺源书院的时间现有不同说法，根据《山东通志》的记载："穆宗御极，两宫皇太后垂帘听政，治枢臣专擅不法者，源以讳误免归，主讲泺源书院兼主尚志书院，同治三年入都祝皇太后万寿，赏给三品衔，在济十余年，及门成就者甚众，光绪七年卒于书院。"可见，匡源被免官后不久就来到济南讲学，此后于同治三年（1864）进京为皇太后祝寿，被赏"三品虚衔"。不过也有学者根据《泺源书院课艺》匡源序中"余自乙丑春来主讲席"之语，认为匡源是在同治四年（1865）春才应阎敬铭之邀主持泺源书院的。既然匡源还曾于同治三年（1864）进京为皇太后祝寿，那么即便在这之前他已经入住泺源书院，相信也只是作为权宜之计，而此次寻求政治上的东山再起未果，使他彻底放弃了仕途追求，潜心学问。匡源在泺源书院的斋号为"敬乐堂"。

泺源书院原名"白雪书院"，在趵突泉东面的白雪楼。雍正十一年（1733年），雍正皇帝亲自下谕，令封疆大臣于各省设立书院，并肯定书院教育是一个兴育人才的好办法。谕旨颁布后，各省相继建立本省书院。山东将白雪书院改为省会书院，因原址地方狭小，不能容纳较多士子读书，将其迁移至城内明代都指挥司旧址（今济南市泉城路原省统计局院内），更名为泺源书院。建院之初，雍正帝还特赐白银千两，后来历任巡抚动员各府人员为书院捐俸达一万五千多两，此款的利息成为书院的主要经费来源。乾隆十三年（1748），山东巡抚准太经理泺源书院，制定了《训课规条》，提出六个"为学"："为学莫先于立志""为学莫要于寡欲"

---

① 《胶州文史资料》第17辑，2004年，第309页。

"为学当敦实行""为学当秉虚衷""为学当勤讲读""为学当慎交"。到匡源主讲泺源书院时，依然沿用这一条规。

同治六年（1867），丁宝桢任山东巡抚。丁宝桢被誉为"清代山东最有作为的地方官"，在主政山东期间，他非常重视文教事业。丁宝桢认为"文教之兴以学宫始"，同治八年（1869），他在趵突泉东、明代历山书院故址创办尚志书院，请匡源兼任山长。丁宝桢所作《新建尚志书院记》提到办院宗旨为，"尚志之设，是亦窃比私淑之意，欲与诸生共相勉效，而姑以救末学之弊"，"且夫末学之弊，其始以学市利，而其后即因利废学"，"故欲救今日之学，则必自去利始。欲求其进学之方，则必自尚志始。尚志矣，然后可与言学；可与言学，然后可与言仁义"。① 尚志书院正堂名为"尚志堂"，尚志书院刊刻书籍即用该堂号，称尚志堂版，因校订精审在国内享有盛誉。济南趵突泉公园现存尚志堂遗址，内有匡源遗像，其中"尚志堂"匾额为丁宝桢所书。

同治十年（1871），丁宝桢决定重修泺源书院，购地为书院新建了一座仓颉祠，竣工后丁宝桢嘱匡源作《泺源书院新建仓颉祠记》，匡源写道："然则斯祠之建，宫保（丁宝桢）盖将以阐绝学，牖将来，与祀汉宋诸先儒意同。而凡齐鲁之士来游于此者，尤不可不惕然心省也。"② 清代济南府书院对祭祀活动十分重视且祭祀对象多元，"尝崇祀汉儒伏郑、宋儒朱子于金泉精舍"，金泉精舍即尚志书院，这里供祀汉代的伏生、郑玄、宋代的朱熹等儒家先贤，而匡源说仓颉祠的修建与供祀汉宋诸先儒意同，且凡是齐鲁之士游于此者，皆可惕然心省，由此可见书院祭祀的影响范围已经不再局限于书院本身而对地方社会可以起到很好的教化功效。

匡源在济南讲学长达十七年之久，从其受学者多达三千人，科举中第者四百余人，"士人之肄业其中者，类能勤课读，工词章，一时文风彬彬称盛"③。在匡源培养出的学生当中，有不少同他一样亦为胶州人，优秀者如杨际清、法伟堂和柯劭忞等。

杨际清（生卒年不详）受业于泺源书院，深得匡源赏识，光绪二年（1876）中进士，廷试榜首，因为权贵所忌，名次排后，引发争议，慈禧

---

① 张华松、赵钟云、刘晓焕点校：《历城县志正续合编》，济南出版社2007年版，第3册，第311页。

② 同上书，第305页。

③ 《中国地方志集成·山东府县志》，凤凰出版社2004年版，第5辑，第219页。

特揭杨际清为独榜，点翰林院庶吉士，授刑部主事，遂有"独榜翰林"之说。在京供职数月，因不满官场腐败，杨际清奏请归乡，由匡源安排到济宁任城书院担任主讲，惜英年早逝。

法伟堂（1843—1907）为光绪十五年（1889）进士，光绪十七年（1891），应益都知县张承燮的邀请赴青州编纂《益都县图志》，并出任海岱旌贤书院主讲，历时十余年。匡源在任泺源书院山长时刻有《泺源书院课艺》一书，当时许多书院为了自身发展需要而刊刻书籍，该书收录了大量书院士子的文章，其中就包括法伟堂的多篇，可见法伟堂为泺源书院的"优等生"，很得老师匡源的赏识。光绪二十九年（1903），法伟堂被聘为济南师范教习所所长。光绪三十三年（1907），山东巡抚杨士骧（1860—1909）聘他参与《山东通志》的编修，同年冬逝于济南金泉精舍（尚志书院）。法伟堂精于音韵、金石之学，撰有《所训馆韵书》《山左访碑录》等。

柯劭忞（1848—1933），字凤荪、凤笙，原籍胶州，少年时期随父母迁居潍县，后入尚志书院从学于匡源。同治九年（1870）中举人，其后十余年数次参加会试未果，这期间先后受聘于晋、粤、辽东等地的书院任主讲。光绪十二年（1886）中进士，授翰林院编修，此后一直得到朝廷的重用。清亡后，柯劭忞以前清遗老自居，隐居不仕，由高官转变为学者。他以半生精力撰《新元史》，民国大总统徐世昌命令列入正史，中国的"二十四史"变成了"二十五史"。此外，他还参加了《清史稿》编纂，因清史馆馆长赵尔巽病逝，他代理馆长，编成了《清史稿》。柯劭忞除了治史外，亦有诗作传世，王国维对柯劭忞的诗评价极高，认为"今世之诗，当推柯凤老为第一，以其为正宗，且所造诣甚高也"①。柯劭忞的诗集《蓼园诗钞》卷五中收录一首《种胶州大白菜》："翠叶中苞白玉肪，严冬冰雪亦甘香。园官不用夸安肃，风味依稀似故乡。"表达了作者定居北京后对故乡的无限怀念和桑梓情怀。与柯劭忞有交往的徐世昌有多首诗提到他种的胶州大白菜，其中一首长诗《胶州之菘著闻海内。曩余岛居时已饱尝之矣。柯学士凤荪胶产也，馈余自种晚菘，风味绝佳，为畿辅诸菘之冠，当是胶州种子。学士自朝政变更后，杜门著书，辟荒园种菜自给。顷馈菘索诗，已答一律，复成长篇以贻之》，从题目可以看出，柯

---

① 王森然：《近代二十家评传》，书目文献出版社1987年版，第53页。

劭忞种菜自怡外,尚用来馈赠好友并要求以诗作酬,将稀松平常的生活注入了无限趣味。

在济南任教期间,匡源还参与了《玉函山房辑佚书》的整理工作。玉函山房为马国翰(1794—1857)的书斋名,马国翰字词溪,号竹吾,原籍章丘,曾祖时迁居济南历城,嗜书,道光年间开始他的辑录佚书事业,辑录唐以前已散亡的古籍,规模巨大,内容丰富。咸丰三年(1853),马国翰引疾归里,辑佚工作基本停止,他死后,所刻之书及其遗稿又为人偷盗贱卖,损失很多。马国翰的妻子丁氏后来将书版和残存之稿送给章丘的女婿李氏,藏于李宅复壁之中。同治九年(1870),丁宝桢从匡源那里得知李氏藏有马国翰所刻书版,命取《辑佚》《目耕帖》两书版印行广布。书版从李宅复壁中取出时已有损坏,丁宝桢等人补刊残缺若干篇。同治十三年(1874),马国翰外孙李元璩的伯父李稚玉和舅舅马超凡请匡源帮助整理此书。匡源参校汉唐史志,为其补编《总目》并作序:"昔孔子没而大道微,汉兴六艺,仅得于焚灭之余,学者各以闻见相授受,专立门户,各抱一经,历东汉、魏、晋,诸儒迭出其所为书,若传、注、笺、解、训、故之类,愈辨而愈不胜其繁焉。六经支流,衍为诸子,纷然肴乱,各自为书,虽究其所蔽,好恶乖方,然博识多闻,苟或一言可采,则君子犹存之而弗废也。自汉时刘歆、班固录书,序六艺为九种,历代因之,史官列有《经籍》《艺文》,大率叙其篇次存亡以备稽考。当隋、唐之世,古籍犹未尽湮,然唐人为诸经定义疏,仅存汉注,所兼采者南北数十家外,诸儒略存梗概而已。《隋志》修于唐初,所著录汉儒旧籍,视班书篇目十已亡其六七,其幸而存者魏晋诸子,卷数虽繁,然有其名而无其书者尤多也。盖自书遭秦火至隋,而已更五厄,及其后凋零磨灭,不可胜数,非夫笃信好学、深耆先圣之道者,岂能独为是旁搜远绍哉!我朝文教昌明,远迈前代,乾隆时启秘书之馆,诏在事诸臣,即《永乐大典》中编辑世所未见书多至二百七十部,好古之士欣然向风,于是海内佚书稍稍复聚。百余年来,学者务为搜赅,如《皇清经解》中诸家所辑古义,彬彬乎称极盛焉!竹吾先生家贫好学,自为秀才时,每见异书,手自抄录;及成进士,为县令,廉俸所入,悉以购书,所积至五万七千余卷。簿书之暇,殚心搜讨,不遗余力;晚归林下,犹复矻矻孜孜,纂辑无虚日,其津逮后学之心,可谓勤矣!先生没后,板归章丘李氏,已有散失,稚玉驾部印行数十部,其书始显于世。既而求者日多,丁中丞稚璜、文中丞质夫先后为补刊其残缺若干篇，而有目无书者尚少四十余种；其散见各序中所谓已有著录者，如陆希声《周易传》、刘向《洪范五行传记》、刘歆《洪范五行传》、卫宏《尚文训旨》、李轨《尚书音》、孙毓《春秋左氏传贾服异同略》、蒋济《郊邱议》、干宝《司徒仪注》、杨泉《物理论》凡九种，亦皆不存，为仍其目，以待后之博学君子蒐补焉。先生自著书有《目耕帖》三十一卷，皆编辑经训时所札记，起《周易》至《周礼》，以附是书之后。同治十有三年秋九月后学匡源谨序于泺源讲院。"①

今天，济南趵突泉畔的白雪楼前有"重修白雪楼记"石碑，上可辨认出"恩赏三品衔前经筵讲官吏部左侍郎军机大臣上书房行走胶州匡源书丹"的字迹，是考察匡源书法的重要石刻资料。《重修白雪楼记》由明代大文豪李攀龙九世孙李献方所作，其中提到匡源曾题写"李沧溟先生祠"，全文如下："先九世祖沧溟公白雪楼，初建于城东王舍庄，再建于湖上碧霞宫侧，后俱倾圮。明万历间，臬使叶公梦熊补建于趵突泉上，年久亦废。至国朝顺治十一年，藩使张公缙彦重建于历山书院，即今楼也。楼上供沧溟公木主，地方官春秋致祭。康熙三十九年，提学徐公炯重新之，颁有四照，令市民后人世守其地、勿许豪强侵占，恩至渥也。嘉庆八年，臬使金公光悌因保护名迹，为文勒石，逮道光十七年献方奉祀，结庐其下，开设花圃。为供奉香火之计，咸丰四年，请于观察陈公宽、邑绅吴公铭捐资重修，献方变产继之，轮奂一新，迄今完固。同治八年，请于观察丁公彦臣捐资助建厅舍三楹，为致祭官退息之所，并改建大门。少宰匡公源题曰：李沧溟先生祠。同治十年，更筑围墙，以资防卫，请于臬使长公赓、运使郑公兰、观察萧公培元、太守豫公山、邑令刘公嘉干及本城绅士捐资共襄竣事。此历年重修之大概也。初，道光丁未年，献方重雕公诗文集，贮于楼上，下设义学，男懋德令授徒其中。伏念奉祀以来，获食旧德而殷勤护持，俾世泽未湮，实赖诸大君子之力。因记颠末，以告后嗣世守勿替云。奉祀生李献方谨记。光绪二年岁次丙子秋九月。"②

光绪七年（1881），匡源卒于泺源书院，享年 67 岁，学生曹鸿勋等人立"教思碑"于泺源书院，颂扬其传道授业、为国育才的功绩。据说曹鸿勋还曾在济南千佛山立碑纪念匡源，该碑在"文化大革命"时期被

---

① （清）马国翰辑：《玉函山房辑佚书》，上海古籍出版社 1990 年版，第 1—2 页。
② 朱传东主编：《趵突流长·碑刻楹联》，山东省地图出版社 2006 年版，第 260—261 页。

毁。曹鸿勋也是匡源的得意门生，山东潍县人，光绪二年（1876）中丙子科状元，为官清廉有政绩。匡源一生著述颇丰，有《珠云仙馆诗人钞》《名山卧游录》《奏议存稿》等。山东省博物馆藏有匡源行书对联一副"获古一言可醉千日，藏书万卷若有百城"，可以作为匡源济南生活的写照，远离了政治中心的复杂变幻，匡源以书为伴，汲古遣怀，度过了安宁平和的晚年。

3. 崂山抱云

匡源对家乡的崂山有很深厚的感情，留下了许多赞美崂山的诗文。

咸丰元年（1851），匡源游崂山，住太清宫，作《崂山赋》（又名《答人问崂山》）与《游八仙墩赋》。《崂山赋》将崂山与泰山相比较，同时又以历史上的文、诗、书、画大家为比喻，十分生动有趣，全文如下："泰山虽云高，不及东海崂。我疑斯言久未决，每欲两两较分毫。辛亥之春游即墨，芒鞋踏遍云松巢。烟霞窟中住匝月，出没苍翠凌波涛。秋来省伯泰安郡，衙斋正对峰岩峣。天门直上数千丈，俯视九点烟痕消。轩彼轾此两不可，有若嵩华与金焦。请试为君言其概，卧游且当图嶕峣。泰山以陆胜，千岩万壑儿孙朝。崂山以水胜，蓬莱方丈随灵潮。泰山大且峻，呼吸帝座通绛霄。崂山奇复诡，神斤鬼斧穷锼雕。泰山严岩如宰辅，垂绅正笏冠百僚。崂山落落如高士，乱头粗服游逍遥。一如大将建旗鼓，壁垒森立拥旌旄。一如散仙楼洞壑，羽衣鹤氅飞翔翱。于文则韩苏，或正或肆雄且豪。于诗则李杜，或极或厚或萧骚。于书颜柳与颠素，整齐变化随所遭。于画摩诘与思训，南宗北派神同超。两山卓立并千古，东西一气联沕潆。倘思舍鱼取熊掌，随我海上策神鳌。"[1] 匡源说如果在"如宰辅"的泰山和"如高士"的崂山之间作取舍的话，自己会选择"海上策神鳌"。此时的匡源正年轻有抱负，满腹才华尚未得以施展，绝不会想到隐居山野。多年以后，进入国家最高权力中心的匡源不得不离开京城，在傍依泰山的济南作一名"高士"，如此"巧合"令人唏嘘感慨。

《游八仙墩赋》的内容为："惊涛拍山山欲崩，悬空细路如盘绳。危崖俯视不见底，惟闻足下轰雷霆。崎岖蜿蜒十余里，一步一息心怦怦。奇峰忽涌数千丈，攀援直上同猱升。白云南来茫无际，万重积雪浮晶莹。依

---

[1] （清）黄肇颚：《崂山续志》，山东省地图出版社2008年版，第99页。

石藉草且少憩，坐见云外螺尖青。道人东指山尽处，突若圆盂覆沧溟。其下仙窟藏幽窍，奔湍汩没蛟龙腥。此来幸直潮已落，定可历历窥真形。我闻斯言气复壮，扶筇宛转穿嶒崚。罡风吹射人欲倒，低头力与风相争。逡巡欲下不敢下，譬如赤脚行春冰。盘桓数折得平砥，画然洞府开重扃。何年巨灵擘山腹，半臂直立犹支撑。谺谽中开深且广，仙墩罗列纷纵横。大者如台小者几，绿纹层叠森瑶琼。娲皇补天留余块，至今五色云霞蒸。诡怪神奇不可测，或者风雨来群灵。扪草踏薛陟其上，悬崖压顶如将倾。乳泉滴沥寒彻骨，但觉毛发殊难胜。四顾苍茫更无地，鲸波渺临环蓬瀛。风狂浪急水劈立，上接白日连青冥。翻花跳沫溅衣袂，一泻万斛珠玑明。恍惚山摇石开裂，若将波浪骑长鲸。成连老仙去不返，此境真足移人情。安得伯牙操绿绮，浩浩写风涛声。墩外石茵堪列坐，呼童拂试甋甀平。拾柴吹火瀹香茗，小啜略定神魂惊。海外奇观此第一，缒幽凿险何人能。古来游客知多少，山川无恙朱颜更。回思尘世太局促，名场利薮徒营营。游仙片刻已空阔，何况骖鸾朝玉京。仰观绝壁极峭茜，仙人危坐安期生。举首欲语不得语，翩然飞去凌虚清。"①

　　此次游崂山，匡源还同张锡福、邓和度、高兰成寻访大方禅士墓，并为其立碑，匡源撰《大方禅士碑文》内容如下："师名广住，号大方，胶西王氏女也。父讳纪新，母法氏。生于乾隆丁亥二月初七日子时，幼多疾，施灵应庵为尼。性喜静，与侪辈成，泊如也。嘉庆乙未游京师，受戒西山，遂如南礼大士，归，誓志清修。戊寅四月，振锡入崂山，初居摩日岭前镇武殿，后徙一气石。石，□绝人迹，师独居洞中，了无恐怖。冬夏一衲，日惟正襟危坐而已。时胶西邓太夫人深通佛理，甚敬师，岁给饩粟。山中诸寺观，亦乐为供养。阎道人空虚者，往来为之护法。居十八年，预示寂期。道光乙未三月十五日戌时，合十趺坐而化。白云洞为置龛，葬之石侧。阅十余载，鲜有知者。咸丰建元春三月，余偕张君锡福、邓君和度、高君兰成，游山访其墓。念师苦行坚卓，渐就湮没，欲为表之。其族人王君旦等，忻然为之立石，而张君与高君梓业，始终经纪其事者，皆不易得也。张锡福赞曰：海山苍苍，宇宙茫茫。一片真如，无显无藏。倏尔厌世，舍引皮囊。来也何自，去也何乡。广住不住，是名大方。

---

① 高明见：《道教海上名山·东海崂山》，宗教文化出版社2007年版，第300—301页。

大方大方，山高水长。"①

此外，匡源还有《忆崂十二首》组诗，对崂山上的华严庵、狮子岩、白云洞、太清宫、玄真洞、八仙墩、来鹤洞、钓龙嘴、神清宫、碧落宫、九水庵、玉麟口这十二处景点做了点评与赞美：

  我忆华严庵，门外尽修竹。萧森千万竿，一径入寒绿。不知羲驭炎，但觉秋气肃。凉露扑衣襟，隐隐肌生粟。
  我忆狮子岩，高卧盘石瘦。倒看众髻鬟，历历叠苍皱。波光去渺弥，上与青冥凑。似有海舶行，数点小如豆。
  我忆白云洞，云上结茅屋。时闻云下人，笑语出深谷。炼师四五辈，逍遥无拘束。朝与白云游，暮抱白云宿。
  我忆太清宫，待月大海滨。四山林箐黑，隐若窥星辰。须臾晶轮出，波上光鳞鳞。冰壶此濯魄，万里无纤尘。
  我忆玄真洞，去天不盈尺。浑沦大圆窍，结自洪荒始。日月口中吞，峰峦足下峙。坐观朝鲜云，飞渡蓬瀛水。
  我忆八仙墩，绝险非人境。下探蛟龙窟，海底辟幽琼。阴森毛发立，悚惕心骨冷。长风卷怒涛，高过游人顶。
  我忆来鹤洞，石气生夏寒。开门极空阔，正对沧溟宽。昼长无个事，扫地展蒲团。一念净不起，幽涧鸣松湍。
  我忆钓龙嘴，避雨田家夕。夜半云初开，起陟西岩碧。长笛两三声，老蝠惊拍拍。万籁寂无声，凉蟾挂山脊。
  我忆神清宫，岩峣临巨壑。银杏大数围，浓荫覆殿角。凿扉通小径，峭壁千仞削。仰见一线天，空翠濛濛落。
  我忆碧落宫，登眺南天门。巨峰何雄秀，众岫如波奔。载酌金液泉，洒然清心魂。欲访华楼仙，磴滑不可扪。
  我忆九水庵，叩关方落日。飒然风雨来，寒意生悽慄。云气渝虚白，倏忽群峰失。大呼同游人，请看南宫笔。
  我忆玉鳞口，瀑布天上来。银河忽倒泻，玉峡为双开。跳珠溅飞雪，吹面如轻埃。何时驾草阁，日日听风雷。②

---

① 青岛市史志办公室编：《崂山志》，五洲传播出版社2003年版，第448页。
② （清）黄肇颚：《崂山续志》，山东省地图出版社2008年版，第100页。

许多人喜爱这组诗中的第四首,其中描绘了在太清宫观看月亮从海上升起时如梦似幻的情境。崂山道教乐曲《太清水月》改编时所填诗即这一首,"太清水月"亦为崂山十二景之一。今天在太清宫盘石路略下北侧之高石上,面临太清宫湾,有杜颂琴所书"太清水月"行书刻石。

　　除了"皓月"这一意象外,诗中更多提到"白云",云的特征是潇洒飘逸、变化无穷、圆转自如,是一种高远的精神境界的象征,匡源在第三首诗中描绘的与白云"朝游暮抱"的光景着实令人神驰心往。崂山作为"海上第一仙山",在中国传统文人心目中具有非凡的文化意义。而对于崂山故里的匡源来说,这种精神的感召力会更强。佛、道二教是深受儒家文化浸染的中国传统文人思想情感中极为重要的两部分,宗教的超脱和逍遥与官场政治的复杂残酷和现实生活的艰难粗砺形成了鲜明对比。作为典型的中国传统士人,匡源忧国爱民,以跻身庙堂为本业,一旦面临政治上的失意,就会在自然山川和宗教信仰中寻找慰藉,向往隐士的生活,恐怕只有此时作为个体的自我才得以部分彰显,不过在这种放下、自在里面同时又透出一种隐幽的不甘,"昼长无个事,扫地展蒲团",既乐在其中,又表现出一种无奈,如此微细纠葛的情感通过诗歌这种精致凝练的文字得以流传千古。

第四章

心怀天下

一 体国经野的顾炎武

从明代末年，生活在崂山的文人开始关注脚下的这片土地。

黄宗昌写出了《崂山志》，他"处晦而困心，衡虑不得一伸，乃作山志"①，因为"不见容于世，不获驰驱王事，上报天子"②，内心万分纠结，苦闷无处宣泄之时，以书当哭。在他眼中"春非我春，秋非我秋"，一望尽是灰色时，他只是感受崂山博大的胸怀，却无暇探寻这温暖的来处。而从江南北游至此的顾炎武（1613—1682）做到了。

1. 有的放矢的游历

顾炎武从45岁离开江南昆山老家，往来中国北方各地。在北游的26年里，有21年时间是在山东境内逗留。顾炎武说："必有体国经野之心，而后可以登临山水；必有济世安民之识，而后可以考论古今。"③ 这表明顾炎武的游山涉水，考古论今，是有着明确政治目的的。顾炎武在山东最早的活动是从莱州府开始，这正是崂山所在区域。在清兵进入江南时，顾炎武以南明兵部司务的身份，参与了故乡轰轰烈烈的抗清斗争，活动被镇压之后，清兵开始清算报复。顾炎武的奴仆陆恩在顾家仇人的唆使下，到清朝官府揭发顾炎武与南明的关系，诬告他与南明小朝廷勾结，进行反清复明活动。在形势万分危急时刻，顾炎武将陆恩亲自处死，他被仇家囚禁勒令以死谢罪。后来在归庄、路泽溥等人的援助下，将官司移交官府，以

---

① 苑秀丽、刘怀荣：《崂山志校注》，人民出版社2015年版，第20页。
② 同上书，第21页。
③ 赵俪生：《顾亭林与王山史》，齐鲁书社1986年版，第42页。

"杀有罪奴"判决并释放。故乡已无栖身之地，顾炎武只有远走他方，他选择了莱州府。顾炎武的这个选择与复社有关。复社是明末的全国性文社组织，复社领袖是张溥、张采，他们集合南北各地三千多文人，以文社形式进行政治和社会活动，其中包括江北的匡社、南社，吴中的羽朋社、应社，松江的几社，江西的则社，浙东的超社，浙西的庄社、闻社，武林的读书社，山左的大社，历亭的席社，中州的海金社等。山左大社统合于复社，山东的复社成员九十多人，莱阳占据三分之二，此地复社成员活动频繁，成为顾炎武踏入山左的首选之地。另一方面"山东是明末清初农民起义较频繁的地区，亦是北方反清活动较为活跃的地区，这对于怀有复明期待的顾炎武无疑有着很大的吸引力"[①]。如鲁中地区的谢迁农民起义和胶东的于七起义，尤其是后者反清活动前后长达20多年，抗清活动的此起彼伏为心怀故国的人士存留了复明的希望。在山东的20多年里，顾炎武几乎走遍了齐鲁大地，莱州、即墨、青州、济南、章丘、博山、长山、德州、泰安、曲阜、邹县、兖州等地皆留有其足迹。他结识了很多山东文人，但是对于达官显贵、王公大人却尽力避免来往。他在《亭林文集》卷六《广师》说："至于达而在位，其可称述者亦多有之，然非布衣之所得议也。"[②] 他对高官显贵采取的是敬而远之的态度。清初山东文事兴盛，国朝诗人，山左为盛，涌现出一批高官显贵，像冯溥、刘正宗、孙廷铨、赵进美、高珩、宋琬、曹贞吉、王士禛等名宦。顾炎武与山东这些集官位、文名于一身的名士有所交集，但情谊不深。如顾炎武与清初的文坛领袖王士禛有交往，有时也诗文唱和，王士禛兄弟也经常提及顾炎武，但他们彼此之间始终没有结下深厚的友谊。而顾炎武与王氏的表兄、著名隐士徐夜却成为莫逆之交。从顾炎武在山东的交往来看，他所结交的人物多是布衣隐士，他们有着共同的特点，就是与现政权即清政府皆采取不合作甚至反抗的态度。赵俪生认为从顾炎武结交的山东文士来看，他很有可能是在从事秘密反清的联络工作，只不过由于清政权的日益稳定，而没有掀起反清狂澜而已。顾炎武首先来到莱州府所结识的文士就可以证明这一点。

莱阳人张云抡，是山左大社的成员，曾任江西饶州知府。明崇祯十六年（1643）清兵攻破莱阳，张云抡的母亲及诸兄弟为清兵屠杀，全家17

---

① 周可真：《顾炎武年谱》，苏州大学出版社1998年版，第10页。
② 《顾炎武全集》第21册，上海古籍出版社2011年版，第197页。

人死难。明亡后，张云抡一直客居即墨黄氏家族在崂山的玉蕊楼，以教书为生。张允抡与即墨黄氏成员、董樵、宋继澄等交往密切。黄宗昌《崂山志·栖隐补》记载："张允抡，莱阳人，字并叔，号季栎，别号季栎先生。肃慎自持，发言不苟，行无旁顾。尤慎交，长者也，就而与言；浮夸者至，则敛容退。崇祯甲戌成进士，由二甲入户曹。税课崇文门，自矢清白，虽纤尘不染。事竣，计羡金二千，悉封输上府。在朝卓然独立，不意为比附。出守饶州，饶故抗玩，多逋赋，或为先生难之。先生曰：'是独不可相与为理耶？为天子守一郡，安在不可行吾学？'至则察旧例之不便民者，条悉具议。为民请命，屡经驳复，不少退。曰：'苟释累于民，虽朝叱而暮请，吾无悝也。'治饶四年，挂壁一胡床耳。及其归也，橐无长物。在仕籍十年，先田茅屋不使尺寸增益，仆隶三四人，甲申山居，复遣去。晨夕樵汲，独一老仆在。常自操作，曰：'是固吾贫士家风也。'素爱劳山，为其深僻，足寄啸歌，思一托足焉。遂与万柳夫子、晓园子约，三就讲席于墨，而先生且居邋遢石、玉蕊楼，几十年不去。凡游崂选胜即命诸笔，亦不多示人，曰：'吾甚畏乎名之著耳！'在官著《希范堂集》，在山著《廉吏高士传》，皆以自命。年七十疾笃，命具道服幅巾，语其子曰：'吾乃今得正而毙矣！'"[1] 顾炎武《张饶州允抡山中弹琴》诗曰："赵公化去时，一琴遗使君。五年作太守，却返东皋耘。有时意不惬，来蹑劳山云。临风发宫商，二气相氤氲。可怜成连意，空山无人闻。我欲从君栖，山崖与海滨。"[2] 张云抡"有时意不惬，来蹑劳山云"，家仇国恨郁结胸中，与清政权不共戴天，他虽然远离喧嚣尘世，寓居深山僻处，但心中的仇恨是无法消解的。"临风发宫商，二气相氤氲"，他时常以琴声抒发内心不平之气。但是知音难觅，无人理解其内心的怨怒，"可怜成连意，空山无人闻"。成连是春秋时著名琴师，传说伯牙曾从成连学琴，三年未能精通。成连于是与伯牙一起到东海中的蓬莱山，让他听海水激荡、林鸟悲鸣之声，伯牙感叹曰："先生将移我情。"从中得到启发，技艺大进，终于成为天下弹琴的高手。顾炎武是张允抡的知音，他听出了琴外之义，"我欲从君栖，山崖与海滨"，愿与张云抡一起共度时艰。

即墨文人与顾炎武有密切联系的还有杨还吉。杨还吉字启旋，后更字

---

[1] 苑秀丽、刘怀荣：《崂山志校注》，人民出版社2015年版，第77页。
[2] 宫泉久、曹贤香：《崂山诗词精选评注》，人民出版社2015年版，第103页。

六谦，号充庵。他"性澹静，无仕宦志"，施闰章为山东学政时曾为其诗作序说："生志杰而行芳，才茂而年盛，其乡皆称之而不肯就童子试。"①《即墨杨氏家乘》说杨还吉因为博综能文，曾被召试博学宏词不仕，后隐居崂山乌衣巷。著有《云门草》《燕台集》及《即墨旧城考》逾千卷。杨还吉与顾炎武有深交，他是顾炎武结交的布衣之一。杨还吉有诗《得顾宁人书》二首："北海一晤君，平生愿始惬。云间推无双，汉党明居八。逸气排星昴，高文何萃拔。平视中迭辈，竹青竟未煞。绸缪未几终，忽脂车中辖。壮游夙所甘，豪气痛难刮。往往被酒时，哀歌意不惬。慷慨失幽燕，此意君当察。懔懔岁将暮，遗我一书札。""开札何所见，素练起霜雪。敦笃为吾道，慰勉辱提挈。久要君所矢，异日我当竭。及览途中作，英词截云霓。逊国已无年，君复独何说。正朔一相承，帝位未可绝。谁言方莫逆，呜呼真苦节。征文苟不亏，疑信终当决。"② 这两首诗是对顾炎武书信的回复，"懔懔岁将暮，遗我一书札"，岁暮将至，顾炎武给杨还吉写来书札。杨还吉前一首诗赞美了顾炎武有逸气，有才华，高文萃拔，"云间推无双"。同时也表达了自己对顾行为的理解，顾北游中国，豪气充盈，但是其内心是充满悲愤的，"往往被酒时，哀歌意不惬"，只有在其酩酊大醉口吐真言时，才能明白他内心的痛苦。"慷慨失幽燕，此意君当察"，似乎是杨还吉对顾炎武的忠告，告诫他要慎对幽燕丧失表现出的悲愤。后首诗敏感的语言则比较多，如逊国、正朔、帝位，逊国是把帝位让给别人，而朝代更替必改正朔，表示新政权的确立。《史记·历书》说："王者易姓受命，必慎始初，改正朔，易服色，推本天元，顺承厥意。"③ 这里暗示出顾炎武山东之行的目的，杨还吉表示"异日我当竭"，如有一天需我效力定当竭力尽力。从这些肺腑之言也可以证明《即墨杨氏家乘》所说顾、杨深交确为事实。

顾炎武与即墨文士交往最深的当属黄氏家族的黄坦、黄培，他也因此陷于牢狱之灾。黄氏家族在明永乐年间从益都棘林迁移至即墨东关，经过几代人的努力，即墨黄氏通过科举改变了家族命运，从普通农家逐渐上升为地方望族。第六世黄作孚嘉靖三十二年中进士，著有《伊斋诗草》，成为黄氏家族第一个进入仕途并有文集传世的。黄坦、黄培为黄氏家族的第

---

① 《山东文献集成》，山东大学出版社2006年版，第1辑41册，第450页。
② 宫泉久、曹贤香：《崂山诗词精选评注》，人民出版社2015年版，第413页。
③ 《史记》，中华书局1982年版，第867页。

九世。黄坦,字朗生,号惺庵,是黄宗昌之子。崇祯十二年,为副榜拔贡,敕授文林郎,浙江浦江县知县。黄培,字孟坚,号封岳,又号卓叟,黄宗宪之子。得承祖父黄嘉善庇荫,黄培在万历三十九年荫袭锦衣卫指挥佥事,被授予怀远将军、轻车都尉。历任南镇抚司官司事佥事、锦衣卫官卫事指挥同知、锦衣卫指挥使、都指挥同知、锦衣卫管卫事都指挥使等职务。黄培性格刚正耿直,敢言直谏,在崇祯朝为官17年,曾因直谏受过廷杖,也救过熊开元、姜埰的性命。吏科给事中熊开元、礼科给事中姜埰因触怒崇祯帝被打入锦衣卫,崇祯帝夜里发旨让骆养性将他们处死,骆养性询问黄培怎么办,黄培说:"密旨杀人,非天子法,其辞之。"骆养性听从黄培的意见,没有杀熊开元和姜埰,救了熊、姜一命。清兵入关后,他曾几次欲以身殉国,报答明朝皇帝的知遇之恩,但此时其母在京都去世,他不得不先抚母灵柩回乡安葬。母亲后事安排妥当后,黄培又欲殉国,其叔父黄宗庠劝导他,如此行为对故国毫无意义,应该活下来寻找复国报仇的机会,黄培打消了自杀殉国的念头。清朝的剃发令颁布后,他蓄发留须,身着宽袍大袖,表示与新朝决绝和对抗的态度。顺治四年(1647),即墨县令周铨以此为借口进行敲诈,向其借白银五百两,黄培拒绝。周铨以对抗清令的罪名将黄培逮捕,送往省城问罪,在族人的多方奔走疏通关系后,得以释放出狱。顺治九年,莱阳宋继澄客居即墨,与黄、蓝诸姓结为诗社,黄培也加入其中。宋继澄是黄培的姐夫,周至元在《清初即墨黄培文字狱资料》中,认为顺治十八年以于七为首的农民抗清战争在栖霞爆发,莱阳宋继澄父子及董樵等人就来到即墨。董樵曾亲自参加于七军,充作参赞,而黄培则通过董樵以物资接济过于七军。顾炎武到即墨与黄氏联系,并居住在黄家,其活动的抗清意味很浓。从顺治元年到康熙元年,黄培共作诗280余首,修改266首诗歌,将其收录到《含章馆诗集》,刻印之后分赠亲友。黄培心怀对清政权的仇视,他对亲友中趋附清廷的新贵异常鄙视。黄培的前妻胞弟蓝润是清顺治三年进士,曾任山西布政司使,其前妻从弟蓝溥之子蓝启新与黄培之子黄贞明同在黄氏私塾学习。蓝启新作为新贵子弟凭借其伯父的权势看不起黄贞明,黄贞明如其父从心底蔑视为清政权效力的汉族官员。康熙四年春,黄贞明与蓝启新诟骂语及蓝溥,蓝溥迁怒于黄培,他揭发黄培有反清复明之心,并摘录《含章馆诗集》中有关攻击清政权的诗句,将黄培告到县衙。蓝溥的本意是压制一下黄培的傲气,给自己挣一下面子。岂知此事从此一发不可收拾,被早已对黄家怀恨在心的姜元衡利用。姜元衡祖父幼时因家贫流落即墨，被黄嘉善收养，成年后取名黄宽。黄嘉善为其娶亲成家，并供其子读书。据说姜元衡也由黄培供其读书成名，顺治五年中进士后，他偷偷恢复了姜姓。黄培对姜元衡依附清朝，恃其显贵，结交官府，背主复姓等行为极为不满，曾经多次羞辱他。姜元衡世受黄家恩养，但对黄家积怨很深。蓝家告发黄培，姜元衡暗自庆幸，他结合黄培诗文，搜集黄家抗清言行，虚构讼状。康熙八年，山东省提刑按察使司将审理意见具奏清廷。黄培决心以死明志，独自承担罪责，为亲友极力开脱，又有清廷要员主要是顾炎武的几个外甥徐乾学、徐元文、徐秉义从中做工作，涉案人员大部分无罪释放，唯对于黄培定拟绞罪。同年四月初一日，在济南对黄培执行绞刑。涉身此案的宋继澄的次子宋琏，在黄培的墓志铭中说，黄培临刑从容作诗，笑谈自若，自以为死得其所。顾炎武也牵涉进黄培文字狱案中，原因是章丘谢长吉的告发。顾炎武在章丘时，章丘人谢长吉向顾炎武借债无法偿还，便将一千亩庄田抵偿。谢长吉幻想利用此案告倒顾炎武，这一千亩庄田就会回到自己手中。谢长吉讦告顾炎武与黄培暗中联络，进行反清活动。揭发顾炎武委托黄培刻印《忠节录》一书，说此书里面记录的多是一些抱志不屈不愿归附清朝的人物。其中《顾推官传》一篇有"晚与宁人游"、"有宁人所为《状》"等语。谢长吉的揭发与姜元衡的告讦状配合呼应，姜元衡揭发"故明废臣与招群怀贰之辈，南北通信，书中确载有隐叛与中兴等情，或宦蘖通奸，或匹夫起义，小则诽谤，大则悖逆"，"北人之书，曰斩房首、拥胡姬、征铁岭、杀金微……又有悬高皇帝像恸哭等事"[①]。黄培文字狱案审理时，清政府要追捕顾炎武到案，此时顾炎武正在北京的外甥家，他决定到济南山东巡抚衙门主动投案。到案审理时，顾炎武拒不承认《顾推官传》中的宁人就是自己，也坚决拒绝承认自己到过即墨黄家。徐元文从北京专门到济南过问此案，他是康熙皇帝左右的顾问大臣，山东巡抚衙门的官员三思而行，不得不准许顾炎武取保释放。顾炎武在济南的监狱中被囚禁了七个月，尝受了磨难，但终于活着出来。

2. 功利的欣赏

顾炎武踏入山东，初到胶东半岛时，充满了豪情壮志，这与他幻想的

---

① 赵俪生：《顾亭林与王山史》，齐鲁书社1986年版，第51页。

反清复明的鸿业伟图是有关的。他游历崂山，一方面欣赏崂山的山海美景；另一方面也深入考察崂山，因为他的登山临水是怀有体国经野之心，济世安民之志。其《崂山歌》云："劳山拔地九千丈，崔嵬势压齐之东。下视大海出日月，上接元气包鸿濛。幽岩秘洞难具状，烟雾合沓来千峰。华楼独收众山景，一一环立生姿容。上有巨峰最嶙峋，数载榛芜无人踪。重崖复岭行未极，洞壑窈窕来相通。天高日入不闻语，悄然众籁如秋冬。奇花名药绝凡境，世人不识疑天工。云是老子曾过此，后有济北黄石公。至今号作仙人宅，凭高结构留仙宫。吾闻东岳泰山为最大，虞帝柴望秦皇封。其东直走千余里，山形不绝连虚空。自此一山奠海右，截然世界称域中。以外岛屿不可计，纷纭出没多鱼龙。八仙祠宇在其内，往往棋置生金铜。古言齐国之富临淄次即墨，何以满目皆蒿蓬。捕鱼山之旁，伐木山之中。犹见山樵与村童，春日会鼓声逢逢。此山之高过岱宗，或者其让云雨功。宣气生物理则同，磅礴万古无终穷。何时结屋依长松，啸歌山椒一老翁。"①《崂山歌》以高度夸张的浪漫主义手法，写出了崂山"拔地九千丈，崔嵬势压齐之东""幽岩秘洞难具状，烟雾合沓来千峰"的磅礴气势，以老子曾游、黄石公居此的传说，衬托出崂山作为仙人宅的神奇瑰丽。然而浪漫的激情却湮灭不掉深刻的现实思考，"其东直走千余里，山形不绝连虚空"，"以外岛屿不可计，纷纭出没多鱼龙"，从顾炎武体国经野之心的角度来分析，绵延千里的崂山山区，出入自由星罗棋布的近海岛屿，是否与江南抗清志士出没的湖泊、鱼岛有相似功用？而实际上，当时抗清斗争如火如荼的于七起义就是利用了这种有利的地形，于七在起义失败后是在崂山躲过了清兵的追捕，得以寿终正寝。抗清复明的鸿业需要人力也需要财力，"古言齐国之富临淄次即墨，何以满目皆蒿蓬"，临淄在春秋战国时期富甲天下，《史记·苏秦列传》记载："临淄甚富而实，其民无不吹竽鼓瑟，弹琴击筑，斗鸡走狗，六博蹋鞠者。临淄之途，车毂击，人肩摩，连衽成帷，举袂成幕，挥汗成雨，家殷人足，志高气扬。"②而即墨的富裕仅次于临淄，位于古即墨的板桥镇建于唐武德六年，由于其独特的地理位置，在其时它的海运和海外贸易就颇具规模。到了宋代，板桥镇占据了北方最大海港的优势，成为北宋时期我国五大通商口岸之一，

---

① 宫泉久、曹贤香：《崂山诗词精选评注》，人民出版社 2015 年版，第 260 页。
② 《史记》，中华书局 1982 年版，第 1032 页。

也是北方唯一的海关重镇。宋哲宗元祐三年（1088），板桥镇设置了市舶司，同时升县设海军使，来管理港航、征收税钞、鼓励贸易往来和保护外商外侨等，板桥镇的富裕名闻四方，真正"截然世界称域中"。如此富庶之地，自然会为兴兵起义提供财力的巨大支持，但是顾炎武亲赴此地，目睹的却是满目蓬蒿，一片破败荒凉景象，这多少让他有点失望。1638年，皇太极派多尔衮统帅12万八旗大军，从沈阳出发，从蒙古突破长城，绕过京师，沿着运河向南，一直攻掠到胶东半岛。曾围困济南城，激战十多天，济南城破，有13万人惨遭清兵屠杀，济南十室九空，成为人间地狱。甲申之后，清兵又一次镇压胶东半岛，造成了千里无鸡鸣的惨景。顾炎武应该了解在清兵镇压江南之前，山东遭受清兵两次惨烈屠杀的情况，只是现实的惨状出乎他的意料。顾炎武《不其山》诗云："荒山书院有人耕，不记山名与县名。为问黄巾满天下，可能容得郑康成。"[1] 顾炎武感慨不其山下曾经的康城书院所在地，历经沧海如今成为农夫耕作的农田，文教之地香火彻底湮灭无迹了。"为问黄巾满天下，可能容得郑康成"，建安元年（196年），徐州牧陶谦将郑玄邀请到幕中，以师友一样的礼节接待郑玄。郑玄在徐州逗留一段时间后，返回故乡。在返乡的路途中，偶遇数万黄巾军，他非常恐惧，担忧性命不保。谁知当黄巾军知悉路遇之人是北海郑玄，竟然数万人一齐跪拜，尊崇如拜父之礼。郑玄答拜黄巾军，并与他们相约，黄巾军的人马路经高密时，不扰乱侵害当地百姓。顾炎武以郑康成自比，试问被统治者称为寇匪之徒的黄巾军，能否如对待郑玄一样礼遇自己呢？当然，顾炎武现在能遇到的不是黄巾军，而是于七领导的抗清起义军。顾炎武认识的朋友董樵都能成为他们的军师，他们能否也将顾炎武待为上宾而时时请教呢？然而，于七起义终究是乌合之众闹事，难成气候，连董樵都失望而去，顾炎武也就没必要参与了。

顾炎武在崂山游山赏水之时的诗作，还是遵循了传统的诗学观念，坚守了诗歌的功利主义目的。他在《亭林文集》卷四《与人书》说："孔子之删述六经，即伊尹太公救民于水火之心，……愚不揣有见于此，故凡文之不关于六经之旨，当世之务者，一切不为。"[2] 他又说："君子之为学，以明道也，以救世也，徒以诗文而已，所谓雕虫篆刻，亦何益哉。……而

---

[1] 宫泉久、曹贤香：《崂山诗词精选评注》，人民出版社2015年版，第246页。
[2] 《顾炎武全集》，上海古籍出版社2011年版，第21册，第139页。

别著《日知录》，上篇经术，中篇治道，下篇博闻，共三十余卷。有王者起，将以见诸行事，以跻斯世于治古之隆，而未敢为今人道也。"① 在顾炎武看来，不仅仅是写诗撰文，就是穷经治学，都不能脱离社会现实和民生。他通过历史研究、地方制度研究、经学的研究，探求具体可行的制度和措施，作为将来治国建邦的借鉴，而不是像明末阳明后学那样，空谈误国。当然顾炎武实践的目的"未敢为今人道也"，他是要等待"王者起"，用来指导行动的。现在清统治者已经统治天下，还会有什么"王者起"呢？无非就是推翻清统治的复明者。顾炎武所做的这一切就是因为他坚信一个国家、一个民族，虽然一时受到一些挫折，只要保存着自己的文化，将来总有一天能够复兴自己的国家，这就是顾炎武所说的亡国亡天下之分。

3. 实用的探究

顾炎武踏入崂山，他以功利的眼光欣赏这片土地，也以实用的目的研究这片土地。他为黄宗昌《崂山志》所撰写的《崂山志序》就是他深入实际进行研究的成果，"劳山，在今即墨县东南海上，距城四五十里，或八九十里。有大劳、小劳，其峰数十，总名曰劳。志言，秦始皇登劳盛山，望蓬莱。因谓此山一名劳盛，而不得其所以立名之义。按《南史》明僧绍隐于长广郡之崂山，则字或从山。又《汉书》成山作盛山，在今文登县东北，则劳、盛自是两山，古人立言尚简。齐之东偏，三面环海，其斗入海处，南劳而北盛，则尽乎齐东境矣。其山高大深阻，磅礴二三百里，以其僻在海隅，故人迹罕至。凡人之情以罕为贵，则从而夸之，以为神仙之宅，灵异之府。其说云：吴王夫差登此山，得《灵宝度人经》。考之《春秋传》，吴王伐齐，仅至艾陵，而徐乘率舟师，自海道入吴之日，不知度人之经将焉用之。余游其地，观老君、黄石、王乔诸迹，类皆后人之所托名，而耐冬、白牡丹花在南方亦是寻常之物。惟山深多生药草，而地暖能发南花。自汉以来，修真守静之流，多依于此，此则其可信者。乃自田齐之末，有神仙之论，而秦皇汉武谓真有此人，在穷山巨海之中，于是神仙之祠遍于海上，万乘之驾常在东莱，而劳山之名至此起矣。夫劳山，皆乱石嶔岩，下临大海，逼仄难度，其险处土人犹罕至焉。秦皇登

---

① 《顾炎武全集》，上海古籍出版社 2011 年版，第 21 册，第 148 页。

之，是必万人除道，百官扈从，千人拥挽而后上也。五谷不生，环山以外，土皆疏瘠，海滨斥卤，仅有鱼蛤，亦须其时，秦皇登之，必一郡供张，数县储偫，四民废业，千里驿骚而后上也。于是齐人苦之，而名曰劳山也，其以是，夫古之圣王劳民而忘之，秦皇一出游，而劳之名传之千万年，然而致此则有由矣。《汉书》言，齐俗夸诈，自太公管仲之余，其言霸术已无遗策。而一二智慧之士，倡为遇怪之谈，以耸动天下之听，彼其意，不过欲时君拥簪，辨士诎服，以为名高而已，岂知其患之至于此也。故御史黄君居此山之下，作《崂山志》未成，其长君朗生修而成之，嘱余为序。黄君在先朝，抗疏言事有古人节概，其言盖非夸者。余独考崂山之故，而推其立名之旨，俾后之人，有所鉴焉"[1]。在为黄宗昌《崂山志》所作序言里，顾炎武探究了崂山山名的由来。"余独考崂山之故，而推其立名之旨，俾后之人，有所鉴焉"，他探究崂山山名的目的，也就是"立名之旨"，是为了让后人有所借鉴。他说崂山"五谷不生，环山以外，土皆疏瘠，海滨斥卤，仅有鱼蛤，亦须其时"，崂山不是富庶之地，物产贫乏，"观老君、黄石、王乔诸迹，类皆后人之所托名，而耐冬、白牡丹花在南方亦是寻常之物"，老君、黄石、王乔等著名人物往来此地，也是后人虚构的，只有崂山的耐冬、白牡丹在北方是稀有植物，但在南方则随处可见。崂山真的是辛劳多而所得甚少，借鉴什么呢？如果有"体国经野之心"，此处显然不是大显身手之地。顾炎武曾说身遭亡国之痛后，他对各地的实地调查，不外乎三件事，就是兵防、赋役、水利而已。赋役是财和力的支持，顾炎武的调查结论是崂山人迹罕至、土地贫瘠，对于提出以南取北、以南伐北进而复兴明朝战略的顾炎武来说，崂山没有实现其理想的条件。顾炎武满怀希冀来到胶东，却不免有些失望，"自太公管仲之余，其言霸术已无遗策。而一二智慧之士，倡为遇怪之谈，以耸动天下之听，彼其意，不过欲时君拥簪，辨士诎服，以为名高而已"，所谓的一些智慧之士仅为博得高名，"耸动天下之听"而已，对治国的"霸术"腹中空空，胸无一策。

在《日知录》中，顾炎武改变了此前对崂山山名的探究成果。《日知录·劳山》说："劳山之名，《齐乘》以为'登之者劳'，又云一作牢，丘长春又改为'鳌'，皆鄙浅可笑。按《南史》，明僧绍'隐于长广郡之

---

[1] 苑秀丽、刘怀荣：《崂山志校注》，人民出版社2015年版，第13页。

崂山'。《本草》：'天麻生太山、崂山诸山。'则字本作'崂'。若《魏书·地形志》《唐书·姜抚传》《宋史·甄栖真传》并作'牢'，乃传写之误。《魏书·高祖纪》《释老志》并仍作'劳山'。《诗》：'山川悠远，维其劳矣。'笺云：'劳劳，广阔。'则此山或取其广阔而名之。郑康成，齐人。'劳劳'，盖齐语也。《山海经·西山经》亦有劳山，与此同名。《寰宇记》：'秦始皇登劳盛山，望蓬莱。'后人因此谓此山一名'劳盛山'，误也。劳、盛，二山名。'劳'即劳山，'盛'即成山。《史记·封禅书》：'七曰日主，祠成山。成山斗入海。'《汉书》作'盛山'，古字通用。齐之东偏，环以大海，海岸之山，莫大于劳、成二山，故始皇登之。《史记·秦始皇纪》：'令入海者赍捕巨鱼具，而自以连弩，候大鱼至射之。自琅琊北至荣成山，弗见。至之罘，见巨鱼，射杀一鱼。'《正义》曰：'荣成山即成山也。'按史书及前代地理书，并无'荣成山'，向予疑之，以为其文在'琅琊'之下，'成山'之上，必'劳'字之误。后见王充《论衡》引此，正作劳成山。乃知昔人传写之误，唐时诸君亦未之详考也。遂使劳山并盛之名，成山冒荣之号。今特著之，以正史书二千年之误。"[1]《日知录》最早的版本是康熙九年的刻本，顾炎武对崂山山名考证的第一种说法应该是在康熙九年前，具体来说应该在顺治十四年前。因为这一年顾炎武曾到莱州专门拜访任子良，从任子良处借到了吴才老的《韵谱》。他在此前只是听说此书，并未阅读。吴才老是宋人，研究古音很有成就。顾炎武阅读此书后，对他研究古音很有启发，他于康熙五年写了《韵补正》一书。《亭林文集》卷六《吴才老韵补正序》说："余为《唐韵正》已成书矣，念考古之功，始于宋吴才老，而其所著《韵补》，仅散见于后人之所引，而未得其全。顷过东莱，任君唐臣有此书，因从假读之月余，其中合者半，否者半，一一取而注之。名曰《韵补正》，以附《古音表》之后。如才老可谓信而好古者矣。后之人如陈季立方子谦之书，不过袭其所引用，别为次第而已。今世甚行子谦之书，而不知其出于才老，可叹也。"[2] 在有关崂山山名探究的第二种说法里，顾炎武从古音考证，劳劳是古齐语，是广阔之意，所以劳山应该是指绵延不断的山，而不是辛苦劳累的山。顾炎武对崂山的考证，王士禛是赞同第一种说法的，

---

[1] 张京华：《日知录校释》卷31，岳麓书社2011年版，第1230页。
[2] 《顾炎武全集》，上海古籍出版社2011年版，第21册，第195页。

他在其《劳山说》中曰："劳山，在莱州府即墨县境中，昆山顾宁人炎武序《劳山图志》曰：自田齐之末，有神仙之论，而秦皇汉武谓真有此人，在穷山巨海之中，于是神仙之祠遍于海上，万乘之驾常在东莱，而劳山之名至此起矣。夫劳山，皆乱石崚岩，下临大海，逼仄难度，其险处土人犹罕至焉。秦皇登之，是必万人除道，百官扈从，千人拥挽而后上也。五谷不生，环山以外，土皆疏瘠，海滨斥卤，仅有鱼蛤，亦须其时，秦皇登之，必一郡供张，数县储偫，四民废业，千里驿骚而后上也。于是齐人苦之，而名曰劳山也。杨太史观光《致知小语》曰：山祖昆仑，起自西北，劳山居东南，为中国山尽处。行远而劳，所以名也。二说未知谁是？以理揆之，顾说为长。顾近寄所著《日知录》，内辨劳山三则，又与前说不同。"①崂山是因劳苦得名，还是因为远阔而得名，王士禛认为顾炎武的"劳苦"之意较为合理。

　　顾炎武在实地考察山东地理历史的基础上，撰写了《山东考古录》，它保留了大量的历史地理资料，纠正了古代典籍中的错误记录，具有很高的学术研究价值，但是对山东的古地理考证还是引起了辩论，李象先针对顾炎武《山东考古录》提出了十个问题进行辩论。李象先，名焕章，别号织斋。明万历四十一年（1613）生，明末诸生。明亡后，遂弃举子业，肆力于诗古文词，立志坚隐，即天荒地老不复萌仕宦意。隐居青州法庆寺内读书，时人将李焕章与寿光的安致远、诸诚的李澄中、安邱的张贞称为青州四大家。清康熙十八年（1679），面对朝廷征召，赋《志不二朝》诗以明志，气节卓著。李象先针对顾炎武提出的十个问题中，其中一个是有关崂山吴子宫的来历。顾炎武说："其说云：吴王夫差登此山，得《灵宝度人经》。考之《春秋传》，吴王伐齐，仅至艾陵，而徐乘率舟师，自海道入吴之日，不知度人之经将焉用之。"顾炎武认为当地人士说吴子宫是因吴王夫差到崂山取《灵宝度人经》而得名，是不正确的，吴王夫差仅到过艾陵。李象先《与顾亭林论劳山书》说："黄冠别说，崂山有吴子宫，是吴王夫差请《灵宝度人经》处。春秋吴伐齐至艾陵，艾陵齐南境，今郯城，去崂六七百里，甚为牵合难据。足下未读道书，道书云：'许旌阳弟子吴猛，东昌人，入崂请《灵宝度人经》。'是吴子乃吴猛，非夫差也。道家所居皆曰宫，不仅王侯也。亭林复书曰：'道家荒唐之说，不足

---

① 《王士禛全集》，齐鲁书社2007年版，第3200页。

辩。'《莱州府志》传疑一条云：春秋时，吴王夫差，登崂山，得《灵宝度人经》。今欲去其年代，而改为吴猛，庸讵可乎？且许迈晋时人，当其时，尚未有东昌之名也。"① 李象先说吴子宫一名是正确的，只不过此吴子是许迈的弟子吴猛，而不是吴王夫差，此说道书中已有记载，只不过是顾炎武未阅读此书。顾炎武对于李象先提出的辩论如此解释说："仆自三十以后，读经史辄有所笔记。岁月既久，渐成卷帙，而不敢录以示人。语曰：良工不示人以朴。虑以未成之作误天下学者。若方舆故迹，亦于经史之暇时及之。而古人之书既已不存，齐东之语多未足据，则尤所阙疑而不敢妄为之说者。忽见时刻尺牍，有乐安李象先名焕章《与顾宁人书》，辩正地理十事。窃念十年前与此君曾有一面，而未尝与之札，又未尝有李君与仆之札；又札中言仆读其所著《乘州人物志》《李氏八世谱》而深许之，仆亦未尝见此二书也。其所辩十事，仆所著书中有其五事，然李君亦未尝见，似道听而为之说者。而又或以仆之说为李君之说，则益以微李君之未见鄙书矣，不得不出其所著以质之君子，无惮贻误来学，非好辨也，谅之。"② 顾炎武说他的书未刻印出版，李象先也没见到，他是如何提出十个问题的？只能是道听途说。李象先说顾炎武阅读过他的两本著作，并充分肯定，而顾炎武对此一概否定，说自己根本就没见过这两本书。李象先曾同顾炎武一起编纂《山东通志》，相处了一个时期，应该说时间不短，据说两人交情很深，但从顾炎武的"十年前与此君曾有一面"一说来看，两人交情平平。这场辩论也不像是学术上的探讨，似乎成为意气之争。

4. 学术的交锋

真正在学术上直接交锋，并使顾炎武深深折服的是济阳的张尔岐。顾炎武与张尔岐的相见颇有戏剧性，据说顾炎武游历到济南，有一次游逛山东通志馆时，听到有人在讲《仪礼》，顾炎武颇觉新鲜，他知道《仪礼》是很难懂也很难讲的。他驻足聆听后，感到讲《仪礼》的人语言逻辑严密，见解独特，内容丰富，议论发人深省。对他来说，不啻醍醐灌顶，产生豁然开朗之感。他向人打听讲解《仪礼》的人是谁？有知情人告诉顾

---

① 周至元：《崂山志》，齐鲁书社1993年版，第297页。
② 赵俪生：《顾亭林与王山史》，齐鲁书社1986年版，第39页。

炎武，讲解《仪礼》的人叫张尔岐，是济阳一名乡间的句读师，也就是乡村小学老师。第二天，顾炎武依照古人相见之礼，让自己的一名僮仆带上名刺（名片），向张尔岐转达拜见之意。张尔岐应允后，顾炎武庄重恭敬地拜见了张尔岐。两人初次见面交谈，大有相见恨晚之意。顾炎武向张尔岐提出，想拜其为师，跟他学习《仪礼》。张尔岐为人忠厚老实，他表示拜师不必，看来张尔岐比较谦虚，不好为人师。张尔岐成为顾炎武在山东结识的唯一一位平民朋友，与顾炎武认识的其他朋友不同，张尔岐祖祖辈辈是务农的下层百姓。张尔岐，子稷若，号蒿庵，济阳人。其父张行素曾任湖广石首驿丞，上任三天即告归。崇祯十一年，清兵入侵经过济阳，张行素格杀清兵数人，清兵撤离山东时，将张行素带在路上杀害了。在对清兵怀有血海深仇上，顾炎武与张尔岐是相同的，也许正是这一点使他们彼此成为好友。张尔岐对《仪礼》和《周易》都颇有研究，《仪礼》是"三礼"之一，它讲的是先秦时期上层社会的日常生活习惯，天子、诸侯、大夫、士日常所践行的礼有：士冠礼、士婚礼、士相见礼、乡饮酒礼、乡射礼、燕礼、大射礼、聘礼、公食大夫礼、觐礼、士丧礼、丧服、既夕礼等。《仪礼》文字晦涩，内容枯燥，是"三礼"中成书较早的一部。其仪节繁缛复杂，必须有专门经过职业训练者，才能经办这些典礼。儒生掌握的可能创行于西周并在春秋以后更加通用的各种仪节很多，有"礼仪三百，威仪三千"的说法。到汉代时《仪礼》只剩了17篇，包括冠、婚、丧祭、朝聘、乡射五项典礼仪节。高堂生传本与鲁壁传本内容相近，它在"三礼"中可靠性最大。但是一般人要明白理解《仪礼》，难度很大，张尔岐做的工作就是如何使晦涩难懂的东西让人明白。顾炎武与张尔岐在学术上是笃信程朱理学，攻击王阳明心学的。张尔岐说自从王阳明的良知说被提倡，圣贤理论"几扫地尽"，造成了明王朝的迅速灭亡。顾炎武则斥责王阳明如同何晏、王弼、王安石，他们的罪恶"深于桀纣"。顾炎武强烈谴责晚明学术"言心""言性"，他说孔子很少言性与天道，孔子说的多是具体和实践的东西。孟子也多是谈"出、处，去、就，辞、受，取、予"之类的问题，也是有关社会实践的内容。顾炎武因此提出一要博学于文，二要行己有耻。对于顾炎武的两个理论主张，张尔岐是赞成行己有耻的，就是做人要有人格，张尔岐认为这一说法非常"切至"。但对于顾炎武的博学于文，张尔岐提出了自己强烈的质疑，与顾炎武展开辩论。张尔岐认为抽象思维是不能完全抛弃的，博学于文必须从感性上升到理性，从调查的感性材料中，通过抽象思维而获得自悟。他认为顾炎武的博学于文体现出经验主义的局限性，"将格尽天下之理，而反遗身以内之理"。运用抽象的思维方法对感性材料进行加工制作，即对感性材料进行去粗取精、去伪存真、由此及彼、由表及里的加工制作，从而上升到理性知识，再以理性知识指导自己的社会实践，这是正确的思维方法。张尔岐强调通过抽象思维获得自悟，与王阳明的致良知方法还是有根本区别的。王阳明说："众人只说格物要依晦翁，何曾把他的说去用？我着实曾用来。初年与钱友同论做圣贤，要格天下之物，如今安得这等大的力量？因指亭前竹子，令去格看。钱子早夜去穷格竹子的道理，竭其心思，至于三日，便致劳神成疾。遂相与叹圣贤是做不得的，无他大力量去格物了。及在夷中三年，颇见得此意思乃知天下之物本无可格者。其格物之功，只在身上做，决然以圣人为人人可到，便自有担当了。"① 王阳明认为不必格物，更不必博学于文，良知是人人自有的，只要不断内省自悟，就能去蔽明理。而张尔岐认为博学不可缺少，但要在博学基础上获得自悟，提升理论层次。对此顾炎武没有像对待李象先的辩论，王顾左右而言他，而是彻底折服，他说："独精三礼，卓然经师，吾不如张稷若。"②

顾炎武逃离江南来到山东，本想躲开是非之地，然而他终究还是没能躲过一劫。黄培文字狱案，他牵连其中，主要是由于章丘谢长吉的告发，起因就是经济的纠纷。此案平息后，张尔岐劝顾炎武放弃章丘的土地，免得再惹出是非。张尔岐从朋友的角度，苦心劝告。顾炎武却不领情，大为恼火，他说君子不党，君子是不搞宗派的，你是山东人，就应该偏向山东人，为他们代言吗？他认为北方民风淳朴，百姓敦厚，但当他身临其境后，就感觉现实与想象距离有点大，北方的山东与他的江南故乡并没有差别。他总结了"齐民之俗有三：一曰逋税，二曰劫杀，三曰讦奏"，并痛心疾首地说："世族之日以散，货贿之日以乏，科名之日以衰，而人心之日以浇且伪，盗诬其主而奴讦其长，日趋于祸败而莫知其所终。"③ 其实，在政权更替、利益重新分配的非常时期，人们的心理和行为是没有地域差别的。顾炎武客居齐鲁21年，几乎踏遍了齐鲁大地，他有足够的时间了解齐鲁、研究齐鲁。他详细考察了齐鲁的历史、地理、风俗、人情，也为

---

① 《王阳明全集》，上海古籍出版社1992年版，第120页。
② 赵俪生：《顾亭林与王山史》，齐鲁书社1986年版，第104页。
③ 同上书，第40页。

齐鲁的文化建设做出了贡献，具体表现就是顾炎武曾三次参与撰写山东的方志工作。第一次是在顺治十六年，顾亭林应邀参与订正《邹平县志》。施闰章在序文说："比部张奉之请告家居，藏书多善本，博采勤蒐，进士马宛斯讨核详实，而吴门顾宁人自上谷来，悉授以校之，书遂成，凡八卷。"① 第二次是在康熙十二年，校订《德州志》。顾炎武在德州的文友比较多，如程可贞、田雯等，他在德州居住的时间也比较长，参与校订《德州志》很可能就是这些朋友所托。第三次是参与《山东通志》的编纂。李焕章在《织斋文集》说："癸丑春，余膺施方伯公省志之役，与稷若同人紫薇署中，昆山顾宁人，益都薛仪甫咸在焉。……宁人最赅博，古今经史，历历皆成诵，主古迹山川。仪甫通象纬，兼西中法，主天文分野。稷若主济南北人物。"② 应该说《山东通志》的编纂是名家云集，成果自然不凡，但王士禛对此却评价不高。他说："《山东通志》修于癸丑，当事既视为具文，秉笔者又卤莽灭裂，不谙掌故。人物一门，竟将曹县李襄敏秉、单县秦襄毅竑、沂州王恭简景三巨公姓名事实，削去不存一字，其余可概见矣。时方伯施泰瞻天裔主其事，聘吴郡顾炎武在局，而不一正是，可惜也。"③ 对于王士禛所提到的几人未能写入《通志》，王士禛认为是撰写者"不谙掌故"，实际上很可能撰写者是通晓这几人的事迹的，不过见仁见智，他们不选入而已。顾炎武为何不对此予以纠正，这与顾炎武性格有关。顾炎武的仇敌叶方恒在给顾的朋友归庄的信中，评价顾炎武"城府深密，机械满腹"，也就是心计太多。尽管顾炎武"古今经史，历历皆成诵"，但他不愿因为自己的观点而得罪同事，可能是受到王士禛批评的原因。

二 近代历史的风云人物康有为

康有为（1858—1927）是中国近代史上一位存在感极强的人物，他既精于理论创造，又勇于付诸实践，对中国近代社会产生了深广的影响，历来对他的评价褒贬不一，富有争议。近代中国的几件重要大事，公车上

---

① 周可真：《顾炎武年谱》，苏州大学出版社1998年版，第32页。
② 张维华：《顾炎武在山东学术活动》，《山东大学学报》1962年第4期。
③ 《王士禛全集》，齐鲁书社2007年版，第1726页。

书、维新变法、丁巳复辟等他都在其中发挥了举足轻重的作用。而除了政治理论和活动，在学术思想、艺术创作等方面康有为也做出了突出贡献，留下了丰厚的文化遗产。

清咸丰八年（1858），康有为出生于广东省南海县一个书香世家。当时的中国正处在反对西方列强侵略的时代，对于有志之士来说当务之急乃救国存亡。少年时期的康有为接受了传统文化的教育，到青年时期重视经世致用之学，这一时期岭南硕学通儒朱次琦对他影响很大。光绪二年（1876）到光绪四年（1878），康有为在朱次琦讲学的南海九江镇礼山草堂学习了三年，打下了良好的旧学基础。离开朱次琦后，康有为又结识了时任翰林院编修的张鼎华（字延秋），接触到京朝风气、政治思潮。康有为在自编年谱中说："吾自师九江先生，而得闻圣贤大道之绪，自友延秋先生，而得博中原文献之传。"[①] 足见此二人对早期康有为的影响之大。光绪五年（1879）年底，康有为游香港，认识到"西人治国有法度，不得以古旧之夷狄视之"[②]，开始接受西方"新学"的影响。光绪八年（1879），康有为去北京参加顺天乡试，南归途经上海，大购江南制造总局翻译馆印的西书，康有为还从上海订了一份《万国公报》，回到南海后大讲西学。正是在这种教育和经历的背景下，"慷慨有远志"的康有为开始了自己不平凡的一生。

1. 变法维新

光绪十四年（1888）夏，康有为以荫监生赴京师应顺天乡试，住在宣武门外米市胡同南海会馆（今北京米市胡同43号），当时恰逢中法马尾之战大败，因感于"及时变法，犹可支持"[③]，康有为写了五六千字的《上清帝第一书》，由此走上了改良政治的救亡道路。这次上书因为受阻并未能送达光绪帝手中，康有为作《己丑上书不达出都》表达自己的无奈与愤懑："落魄空为《梁父吟》，英雄迟暮感黄金。长安乞食谁人识，只许朱公知季心。"在上书未达、出都之前的这段时间，康有为隐居南海会馆的汗漫舫，"日以读碑为事，尽观京师藏家之金石凡数千种"，著述了《广艺舟双楫》这部对后世产生巨大影响的重要书法理论著作。此次

[①] 康有为著，楼宇烈整理：《康南海自编年谱（外二种）》，中华书局1992年版，第9页。
[②] 同上书，第9—10页。
[③] 同上书，第15页。

政治活动受挫让康有为十分灰心,"决然舍归,专意著述"①。

光绪十六年(1890),康有为举家迁往广州。广州学海堂的陈千秋慕名前来拜访康有为,成为他的第一位弟子。不久,陈千秋又介绍梁启超拜康有为为师,成为康门第二位弟子。光绪十七年(1891),康有为租赁长兴里的邱氏书屋开设"长兴学舍",并作《长兴学记》探讨学是什么、学的主体、为什么要学、学什么等问题。光绪十九年(1893)冬,长兴学舍迁往府学宫仰高祠并更名"万木草堂"。光绪二十年(1894)和光绪二十三年(1897),康有为两度到桂林讲学。

光绪二十年(1894),甲午中日战争爆发。次年,李鸿章代表清政府签订了中日《马关条约》。梁启超率先联合广东、湖南的举人上书督察院,强烈反对割让台湾。康有为写出1.8万字的《上今上皇帝书》,反对割让台湾给日本,当时赴京参加会试的各省举人纷纷在这份上皇帝书中签名,这就是历史上有名的"公车上书"。

从光绪十四年(1888)开始到光绪二十四年(1898)变法之前,康有为共七次上书光绪帝,宣传维新变法的政治纲领,提出了"保国、保种、保教"的政治主张。此外,康有为还创办《万国公报》、筹设强学会等,领导了一系列的维新活动。光绪二十四年四月二十三日(1898年6月11日),光绪帝颁布"明定国是"诏书,宣布变法。四月二十八日(6月16日),光绪帝召见康有为,命他在总理衙门章京上行走,有专折奏事的特权。有学者认为,康有为能在变法运动中登上政治舞台纯属历史的偶然。这期间,康有为向光绪帝进呈他撰写的《孔子改制考》一书并递上《为请商定教案法律厘正科举文体听天下乡邑增设文庙谨写〈孔子改制考〉进呈御览以尊圣师而保大教绝祸萌折》,主张建立孔教会,试图将以孔子为代表的儒学改造成西式宗教以对抗基督教的挑战。康有为认为"'六经'为有用之书,孔子为经世之学,鲜有负荷宣扬,于是外夷邪教,得起而煽惑吾民。直省之间,拜堂棋布,而吾每县仅有孔子一庙,岂不可痛哉!"面对教案问题,康有为提出"开教会、定教律",今天来看,这确非最佳的解决方案,不切实际。通过这一条也可以看出维新变法本身存在的问题,以康有为为首的维新派志士大多缺乏政治经验和实际解决问题

---

① 康同璧:《南海康先生年谱续编》,《康南海自编年谱(外二种)》,中华书局1992年版,第18页。

的能力，变法并非在充分准备的基础上有序展开，其中很多激进的措施，这也是变法最终失败的根本原因。

光绪二十四年八月初六日（1898年9月21日），慈禧太后发动政变，共进行了103天的变法失败。据军机大臣廖寿恒日记所载："光绪二十四年八月初六日丁亥，晴。寅正，入直，忽奉硃谕吁恳皇太后训政，命拟旨，即日在便殿办事，初八日行礼。巳初，召见仪鸾殿东暖阁，以康有为结党营私，莠言乱政，命起立，就傍案缮旨呈览……"① 变法失败后，康有为在英国人的保护下逃往香港，梁启超在日本人的保护下逃往日本，谭嗣同、康广仁（康有为之弟）、杨深秀、刘光第、杨锐、林旭被害，史称"戊戌六君子"。

2. 海外漫游

从清光绪二十四年（1898）海外流亡开始到民国二年（1913）结束，康有为开始了将近十六年时间的海外漫游。归国后，康有为曾请著名篆刻家吴昌硕刻过一枚朱文小字印章，上面刻着："维新百日，出亡十六年，三周大地，游遍四洲，经三十一国，行六十万里"。概括了自己这段时期的经历。可以说，身处那个时代，作为一名中国人，康有为在全世界游览地域之广、行程之长，无出其右。

流亡海外期间，康有为念念不忘光绪帝的知遇之恩，将保皇作为自己的使命。光绪二十五年（1899），康有为在加拿大组建保皇会。康有为的女儿康同璧在《南海康先生年谱续编》中提到保皇会起初名为保商会，"华侨十九皆商，故保商即保侨，亦即团结华侨以爱卫祖国之会也。旋有人献议保皇乃可保国，乃易名保皇会"②。可见，康有为成立保皇会的初心是为了保国，保皇只是手段，保国才是目的，这种考量是从国家整体利益出发的。光绪二十六年（1900），保皇会利用北方义和团起义的有利形势，发动了长江流域的自立军起义，康有为提出了"勤王宜直捣京师说"，这次武装起义是戊戌维新运动的尾声，在湖广总督张之洞的镇压下失败了。

保皇会在海外组织华侨热爱祖国，团结奋斗，强化了他们共同的民族

---

① 周德明、黄显功主编：《上海图书馆藏稿钞本日记丛刊》，第43册，第209页。
② 康同璧：《南海康先生年谱续编》，《康南海自编年谱（外二种）》，中华书局1992年版，第72页。

意识和文化心理。康有为和梁启超在北美、澳洲、南洋等地 200 多个城市共建立总会 11 个，支会 103 个，会员多达百余万人，是中国在海外第一个大规模的爱国华侨团体。康有为在会见美国总统西奥多·罗斯福（Theodore Roosevelt）时曾要求美国废止限制和排斥华工的法律和条约，在当时的国际背景下尤为可贵。康有为还在美洲华侨的请求下作《保皇会歌五章》《爱国歌》《爱国短歌行》等，传播中华文化，凝聚海外华侨的同心力。《爱国短歌行》精练浅易的内容，读来朗朗上口，虽然其中仍有"天朝上国"的自大情结，不过在频受列强侵辱的背景下依然怀有如此强烈的民族自豪感与文化自信心，并对祖国的未来充满坚定的希望，这种激情与自信、坦荡正是康有为的个性："神州万里风泱泱，昆仑东南海为疆。岳岭回环江河长，中开天府万宝藏。地兼三带寒暑藏，以花为国丝为裳。百品杂陈饮馔良，地大物博冠万方。我祖黄帝传百世，一姓四五垓兄弟。族谱历史五千载，大地文明无我逮。全国语文同一致，武功一统垂文治。四裔入贡怀威惠，用我文化服我制。亚洲独尊主人位，今为万国竞争时。惟我广土众民霸国资，遍鉴万国无侣之。我人齐心发愤可突飞，速成学艺与汽机。民兵千万选健儿，大造铁舰游天池，舞破大地黄龙旗。"

在这里康有为认识到万国竞争、盛衰荣辱的关键是"物质"。康有为流亡海外期间，考察了欧美各国政治、经济、教育等各个方面的利弊得失，认为"中国之病弱非有他也，在不知讲物质之学而已"。1905 年，康有为于美国洛杉矶写出了《物质救国论》一书，认为中国要想摆脱落后挨打的困境，必须学习各国的物质、工艺之学，其中他认为"铁路、汽船、电线为力最大"。在《物质救国论》之后，康有为又写了《理财救国论》，提出要善用银行和股票交易。近代中国人向西方学习经历了一个不断深入、由外到内的发展过程，最初是学习"坚船利炮"的器物层面，后来认识到政治制度的变革，再到后来的"文化救国"。其中许多倡导者是站在中国开眼看世界，而此时的康有为走向世界，亲身体验各国社会的方方面面，在实践中找寻真理，为当时的中国开一剂"包治百病"的良方确实很难，不过勇于探索和担当的开拓者们是应该被历史铭记并受到后人尊重的。

有人认为保皇会成立不久即有"国际第一大党"之称，康有为本人也是以党魁自居，只是他觉得回国发展党组织的时机条件还不成熟，至于他与皇帝的关系，就他刊布奏稿一事而言，"康氏未必真把光绪放在眼里"①。康有为非常自负，自相矛盾之处颇多，这种观点值得注意。

3. 丁巳复辟

一直以来，参加"丁巳复辟"被认为是康有为一生中最大的政治错误，因此康有为长期被钉在历史的耻辱柱上遭人诟骂。在清王朝已经灭亡六年后，康有为还拥护帝制确实表现出了逆历史洪流而上的不明智，由此被贴上了"早年立于时代之前，而晚年则为时代之落伍者"的标签。不过倘若仔细分析康有为在"复辟"活动中的思想脉络，对于这一"罪行"或有"同情之理解"。

辛亥革命以后，随着民国的建立和君主的逊位，共和政体已经成为社会潮流和国人共识。在这种形势下，康有为的政治理念也需要做出相应的调整，然而他坚定地认为，民主共和并不适合中国的国情，他提出了杂糅共和制与君主制的"虚君共和"。在《中国今后筹安定策》中康有为说："夫共和既易酿乱，而世君又必专制，皆不可行矣。然则如何？夫立宪与共和皆以国为公有，无分毫之异也。所异者国有木偶之虚君否耳，无木偶之虚君，则人争总统而日乱，有木偶之虚君，则人争总理而不乱。"② 康有为建议张勋："今日复辟，亦当行虚君制，改中华民国为中华帝国，万不可复大清朝号，此宜注意者一。君主既为虚君，政权当归内阁，实行责任内阁制，对国会负责任。"③ 康有为的这一宗旨与张勋的复辟动机有本质区别，因此1916年6月康有为北上后，张勋"相待礼貌极优，而正事概不与商"④。张勋只不过借助康有为"文圣"的身份和影响力为自己的倒行逆施造舆论声势。

而康有为却以为这次自己可以大展抱负，甚至表示由他来主持政局"一星期内可措国家于磐石之安"⑤。复辟前夕，康有为还拟就《拟复辟登极诏》《拟开国民大会以议宪法诏》《拟召集国会诏》《定中华帝国诏》

---

① 张荣华：《康有为为何在美洲变身党魁——评〈康有为在海外〉》，澎湃新闻·上海书评，2018年7月17日。
② 吴天任：《康有为先生年谱》下册，台北艺文印书馆1994年版，第625页。
③ 同上书，第637页。
④ 冷汰：《丁巳复辟记》，《近代史资料》（北京）1958年第1期。
⑤ 王益知：《康南海史料商榷》，《文史资料选辑》第31辑，第248页。

《免跪拜诏》《免避讳诏》《亲贵不干预政事》等诏书，表达自己的政治理想。康有为对清王朝深怀感情，不过这次参加复辟却并非一味地意气用事，正如马洪林先生所言，"康有为参加'丁巳复辟'是一种政治策略，而且真实目的是追求君主立宪"，"与其说是康有为的感戴前朝，毋宁说是沉湎于他的君主立宪理想"①。

许多人将康有为的"复辟"与"尊孔"联系起来，"尊孔"不会必然导致"复辟"，二者之间的深层关联是一个非常复杂的议题。对于处在"西学东渐"背景下的近代中国人来说，如何对待孔子关系到他们的政治立场、文化观念。由康有为的"尊孔"到后来"五四"运动中的"打倒孔家店"，孔子作为传统文化的总代表往往被人们推向极端。对于康有为来说，改制是头等大事。面对近代中国面临的种种挑战，康有为借助公羊学来重构儒家经典系统，将经典与当下的变革实践紧密结合起来，坚持在儒家本位立场的前提下吸收西方的政治理念。正是在这种认识的基础上，有学者将康有为视为现代儒学的开端。②

4. 隐栖青岛

1917年冬，经历了复辟闹剧的康有为来到青岛。在这里，他见到了前清遗老第二代恭亲王溥伟并作《丁巳冬至日游青岛并谒恭邸于会泉》诗："海上忽见神仙山，金碧观阙绚其间。晓暾乍上映紫澜，楼观飞惊抗情恋。楼阁倚山临海滨，碧波浩荡通天边。吾时伏阙力争焉，大陈利害言万千。"尾句回忆了自己往昔极力反对德国侵占青岛的情况，光绪二十三年（1897）十一月，德国以"巨野教案"为由据胶州，此时正在广州讲学的康有为火速赶往北京并于次年初呈《上清帝第五书》，希望能"因胶警之变，下发愤之诏"。在京期间，康有为还代山东道监察御史杨深秀、翰林院侍读学士徐致靖草拟数份奏疏，极陈此次事件的危害。虽然最终因中德《胶澳租界条约》的签订而使青岛乃至山东划入德国的势力范围，不过此次事件成为康有为与青岛发生关联之始，康有为初次抵达青岛便在诗中回忆此事，可见对于自己当初的作为还是颇为自得。

1914年，日本趁爆发第一次世界大战、欧美各国无暇东顾之机，借

---

① 马洪林：《康有为评传》，南京大学出版社1998年版，第429页。
② 干春松：《康有为：现代儒学的开端》，《社会科学文摘》2016年第1期。

口对德国宣战出兵攻占了青岛和胶济铁路。1915年1月，日本驻华公使日置益向中华民国大总统袁世凯递交了无理的"二十一条"要求。此后日本帝国主义利用威胁利诱等手段企图迫使袁世凯政府签订这些条款。因为"戊戌政变"，康有为本就对袁世凯宿怨甚深，此次他更致电袁世凯提出了强烈谴责："外蒙、西藏，万里割弃，青岛战争，山东蹂躏及条款签订，举国震惊，忧为奴房，中国之危至矣，人心之怨甚矣。"客观来讲，袁世凯在处理此次事件上还是据理力争，做出了很大的外交努力并取得了一定成效，不过在敌强我弱的形势下最终袁世凯政府还是被迫与日本签订了丧权辱国的《民四条约》，袁世凯自己也将此次外交失败视为"奇耻大辱"。1919年，"五四"运动爆发，当时北京的爱国青年学生在天安门前游行示威，高呼"外争国权，内惩国贼""取消二十一条""还我山东""还我青岛"，遭到北洋军阀政府的镇压。康有为站在爱国的立场上于5月6日发出《请诛国贼救学生电》："则学生此举，真可谓代表四万万之民意，代伸四万万之民权，以讨国贼者。"① 8月，康有为又致电犬养毅，请他转达日本政府，要求日本从山东撤兵，交还青岛，他说："今之山东青岛，犹春秋郑虎牢、德法之来因河也。贵国之得青岛，与济顺、高徐诸路，是横截中国之腹，则中国可断而亡，中国人所必不能忍受者也。"② 虽然康有为的这一行为无异于与虎谋皮，不过依然表现出明知不可为而为之的爱国热情，令人敬佩。

1923年6月，66岁的康有为到青岛参与青岛孔教会的筹建，第一次游崂山，到太清宫，在道长的邀请下，挥笔作《崂山》长诗赞美崂山并写长跋以记此行，诗和跋均刻在太清宫后面一块巨石上，诗全文为："天上碧芙蓉，谁掷东海滨；青绿山水图，样本李将军。神仙排云出，高台照金银；芝旗与松盖，光景藐五云。群贤能冒险，渡海咸欢欣。楼船两飞轮，破浪入山根。山下太清宫，万竹夹道分。道人多道气，长须迎缤纷。殿前两百果，老树霄汉干。阶前一耐冬，千年尚郁蟠。蔽山弥万绿，涧流屈潺湲。直上崂山巅，夹道万卉繁。奇石起攫搏，或作虎豹蹲；老黑当道卧，异柏挂岩丹。苍松亿万千，漫山洪涛翻。应接目不暇，清赏心所安。欹岖过岭后，荦确石巉屼。盘蹬登上清，惊看飞瀑喧。渐度屼崿巇，峰头

---

① 《请诛国贼救学生电》，《晨报》1919年5月11日。
② 康同璧：《南海康先生年谱续编》，《康南海自编年谱（外二种）》，中华书局1992年版，第200页。

草成茵。至正余摩崖，抚起感心颜。虽赏丘壑美，稍惜草木删。俯望碧海浸，超然十洲仙。吾生诸天游，世界等微尘；方士采药来，自此求神山。云昔秦始皇，登道随山刊；方壶与园峤，水中浮碧寰。白银为宫阙，仙人缟衣冠；楼阁倚缥缈，度劫亿万春。今岂有真人，玉宇琼楼寒。深恐六鳌动，铁围漂荡艰。龙伯国大人，提掷出九关。且游播耨迦，复欠晃昱还。何处非天际，暂复留人间。"①

此次青岛之行，康有为萌生了栖隐青岛的念头，这固然与青岛绝佳的自然环境有关，同时有学者指出，当时避居青岛的前清遗老很多，这也是康有为决定定居青岛的重要原因。另外，还有学者认为，康有为流亡海外期间对德国很有好感，而青岛有着鲜明的德国文明印记，这也可能成为康有为选择青岛的起因。这两种推测恰恰展现了康有为身上中西交互、矛盾的影子。康有为在一封家书中说："青岛气候甚佳，顷得的官房产名为租，实则同买，园极大，价极少，候数日可得。今各人住客栈极贵，俟得屋，当电告，至时可来青岛。实则远胜沪矣，沪无可恋。"其中表达出对青岛的极度喜爱，认为青岛远胜上海。康有为还作《甲子六月领得德国旧提督楼》一诗云："截海为塘山作堤，茂林峻岭树为荠。庄严旧日节楼在，以落吾家可隐栖。"

康有为为自己的青岛寓所取名"天游园"。1923 年，康有为自跋 1898 年致英国传教士李提摩太函时曾说："老夫既负衣带，不能救，无补于国，埋忧无地，且作天游。"② 可见，维新变法失败后，康有为对清室怀有一种忠诚和使命感，时过境迁，他明白历史已无可挽回，遂将精神寄托由政治转向了其他。买下寓所后，康有为本打算在青岛办学，惜未能如愿。1926 年 3 月，康有为在上海愚园路设"天游学院"，自任院长及主讲。

1927 年 3 月 8 日，这一天是康有为的七十寿辰，他在上海愚园路"游存庐"摆宴祝寿。此前一天，康有为的门人徐良"由津抵沪，赍到帝御笔'岳峙渊清'四字匾额一幅，玉如意一柄"③，康有为穿上前清的官服，遥拜天恩，并写下一千多字的《谢恩折》。当时在清华大学任教的梁

---

① 王瑞竹编：《崂山诗刻今存》，中国海洋大学出版社 2013 年版，第 14—17 页。
② 汤志钧：《康有为政论集》下册，中华书局 1981 年版，第 1089 页。
③ 康同璧：《南海康先生年谱续编》，《康南海自编年谱（外二种）》，中华书局 1992 年版，第 233 页。

启超为老师康有为亲撰寿联一幅:"述先圣之玄意,整百家之不齐,入此岁来,年七十矣!奉觞豆于国叟,致欢忻于春酒,亲授业者,盖三千焉!"① 康、梁的关系兜兜转转,亲疏变易,无论如何,梁启超对自己这位老师还是保有深切的感情,此联在众多寿联当中被认为是最上乘之作。3月18日,为避北伐,康有为乘船由上海前往青岛,据康同璧回忆说:"先君去沪时,亲自检点遗稿,并将礼服携带。临行,巡视园中殆遍,且曰:'我与上海缘尽矣!'以其像片赠工友,以作纪念,若预知永别者焉。"② 回到青岛不久,3月31日,康有为逝于寓所,葬于其生前自择的青岛李村象耳山墓地。李村当地传说,康有为之所以选择这里作为自己的墓地,是因为"康"与"糠"同音,"糠"怕风吹,埋在象耳山内,再大的风也吹不动了。明显为当地人的附会之谈,这种不伤大雅的想象倒也反映出民间文化的创造力与趣味性。

"文化大革命"期间,康有为被视为"中国最大的保皇派",其墓遭到破坏,遗骨被刨出游街,这大约是康有为生前万万未料到的。1985年,青岛市政府拨款在浮山南麓重修康有为墓,由康门弟子刘海粟书写墓碑并撰写墓志铭。

5. 书法成就

除了在中国政治史和思想史上的声名外,康有为还有一重身份非常重要,那就是书法家。康有为在书坛的地位和成就丰富了他的"身后名",我们有必要在这里专做论述。

康有为在青岛留下了不少题刻和墨迹,他的书法为时人所重,倒并不完全是"因人而贵"。在《广艺舟双楫》中,康有为曾经回忆自己的学书经历:"先祖始教以临《乐毅论》及欧、赵书,课之颇严。"③ 可见,与一般读书人一样,康有为学习书法也是由王羲之、欧阳询、赵孟頫等书法名家的楷书入手,这是遵守传统的路径,也是迎合科举制度的手段,在其所书《殿试状》中,仍可见早年这种取法的影响,也能看出康有为扎实的基本功。

---

① 康同璧:《南海康先生年谱续编》,《康南海自编年谱(外二种)》,中华书局1992年版,第235页。

② 同上。

③ 崔尔平注:《广艺舟双楫注》,上海书画出版社1981年版,第218页。

晚清自邓石如以降，碑学书法兴起而蔚成大观，阮元、包世臣等书论家，也高举碑学大纛，推波助澜。康有为觉察到书法史上这一前所未有的大变革，也投身其中，力图发掘和提炼碑学书法的美学意义和价值，他的《广艺舟双楫》和他本身的书法实践，充分证明了碑学的种种可能性。

《广艺舟双楫》共计六卷二十七章，分为原书、尊碑、购碑、体变、分变、说分、本汉、传卫、宝南、备魏、取隋、卑唐、体系、导源、十家、十六宗、碑品、碑评、余论、执笔、缀法、学叙、述学、榜书、行草、干禄、论书绝句等①，通过建构理论体系，全面总结碑学，提出"尊碑"之说，大力推崇汉魏六朝碑学。康有为以一代变革者的自负和恣肆，对传统的帖学一系断然否定，甚至提出"卑唐"，将有唐数百年来书家的创作扫入垃圾堆中，在此基础上树立碑学的正统性和经典性，鼓吹"尚碑"意识。正如文化学者刘梦溪所言，康有为的学术主张之偏激，在于其目的本非学术，而是拿了学术去做政治的手段，"他的学术好依傍，恰好是不独立的。所用的方法，也不是以新的科学方法去治旧学，而是采取大胆证伪的方法开传统学术的玩笑，自己则未脱传统学术的框架"②。重审《广艺舟双楫》，也可看出这些特质，在晚清金石学大兴的背景下，康有为依傍包氏《艺舟双楫》，在此基础上更推进一步，将书法的南北之别和碑帖的对立放大到极致，实际是发动了一场艺术的"政变"，使书法史中的"笔"让位于"刀"，使"穷乡儿女造像"的刻划取代文化精英的经典墨迹，由此为自己的学说和行为背书。因此有学者指出，康有为振聋发聩的理论是为自身创作服务立言，以他在政坛上曾经叱咤风云而最终遭惨败流亡的情况看，以胸中郁勃不平之气作书，不会倾心于柔媚一路的赵董一流，也是情理中的事，况且在他出生之前，碑学的发展已是风起云涌；康有为不能容忍帖学的存在，即使像赵之谦这样以帖写碑的人都逃脱不了频频讥讽，而他对张裕钊却大加称赞，不惜抬举到"国朝第一"的高度，他的偏激之处由此可见，同时也说明，他的偏激也造成了很多的失察之处，而辨证地看，正是他的偏激使碑学发展达到了崭新的历史高度。

康有为经常书写一幅对联，或以赠人，或为自遣，内容是"开张天岸马，奇逸人中龙"，可以看出他对此文字十分倾心，某种程度上说，康

---

① 《广艺舟双楫注》，上海书画出版社1981年版。
② 刘梦溪：《"文化托命"与中国现代学术传统》，《中国文化》1992年第1期。

有为认为这十字即是对自己的描述。实际上,这十个字也是刻石书法,在今洛阳龙门石窟,落款为北宋的道士陈抟。康有为的书法用笔,毋庸置疑是受到这十个字的影响,有理由相信,他在某次访碑之际,偶然看到此件刻石,大为欣赏,遂变其用笔。关于这件署名陈抟的刻石,张大千的老师曾熙认为是后人集字,时间约在明末,当代学术界的看法也认为是托名之作,书法家曹宝麟猜测是学过魏碑的清人冒名陈抟所刻,也有学者考证指出是嘉道之间好事者用翻刻本石门铭伪造的。[1] 有意思的是,晚清的书法家无不兴致盎然地接受了这十字刻石的审美趣味,且多有临习,而通过学习其字法而改造自己书风最为明显和彻底的,正是康有为。

康有为虽然提出"尊碑",但书法取径并不广泛,主要还是以石门铭为核心,兼参经石峪及爨龙颜等,他将以往金石家书法中的方笔变为圆笔,融入许多草书的元素,大字作品字与字之间笔画关联不多,行草书幅作品中字内的牵连映带则十分丰富,因此现代书法家潘伯鹰讥讽其字为"一条翻滚的烂草绳"(一说为白蕉所评),批评他的线条没有质感,滥用飞白,相当虚浮。与他人的评价相比,康有为自视却相当高,在晚年书赠同邑好友甘翰臣的一副对联题跋中(原作今藏香港中文大学文物馆),他这样写道:"自宋后千年皆帖学,至近百年始讲北碑,然张廉卿集北碑之大成,邓完白写南碑、汉隶而无帖,包慎伯全南帖而无碑。千年以来,未有集北碑、南帖之成者,况兼汉分、秦篆、周籀而陶冶之哉!鄙人不敏,谬欲兼之。"其自大可知。

从留存至今的墨迹来看,康有为的不少应酬之作确实缺乏艺术性,仅存"气势",但也不乏一些精品,如为南京碑楼公园(按即鼓楼,建于明洪武十五年,清代只遗留下城阙,直到康熙南巡时,地方官才在鼓楼基座上树碑建楼,并更名为"碑楼",故而鼓楼有"明鼓清碑"之称)所书的一长一短两幅楹联,可视为其代表作品,其中八言联为:"千古江山英姿飒爽,九秋草木威武纷纭。"长联写成龙门对的形式,文曰:"钟阜龙蟠,石城虎踞,观阁屹崇碑,揽滚滚长江,淘尽千古风流人物;崇山峻岭,茂林修竹,士女嬉佳日,念悠悠天地,犹是六朝金粉楼台。"两联以宿墨写成,既自然潇洒,又庄重敦稳,虽以平长弧线为基调,发挥圆转之意,却

---

[1] 康晓峰:《陈抟与石门铭书法》,《大庆师范学院学报》2012年第5期;张永祥:《"开张天岸马,奇逸人中龙"十字卷碑小考》,《四川省干部函授学院学报》2016年第1期。

又借用长锋羊毫写出"康体"特有的粗茁、浑厚的效果,气势开张、浑穆大气,有阳刚之美、迟涩之蕴,不过从另一方面来看,康有为缺少变化的单调笔法,也让作品缺失了不少文气。这两件对联多次现于拍场,上款人齐抚万即齐燮元(1879—1946),曾任江苏军务督办、苏皖赣巡阅副使。1912年,齐燮元为其母做寿,于南京鼓楼西面建八角亭一座,当时称之为"齐氏寿亭",齐氏寿碑立于亭东,现已无存。1923年,鼓楼被辟为公园,成为登高远眺领略古城风貌的胜地,齐燮元时任江苏督军,请康有为撰写了这两副对联。学者史树青曾撰文评论:"长联(龙门联)、短联,内容形式各具特色,借景抒情,对仗十分工稳,于南京历史、地理、人文、景观进行了高度概括,确是康氏一生精心得意之作。"[①]

频频易主的江山,在康有为看来仍是"英姿飒爽"的,草木经秋,不但未见衰飒,反而"威武纷纭"。这既是康有为的美好想象,也是他的希冀所在。

[①] 史树青:《康有为、梁启超屏联珍赏记》,《收藏家》1994年第2期。

第五章

江湖魏阙

一 崂山餐紫霞的李白

"我昔东海上，崂山餐紫霞。亲见安期生，食枣大如瓜。中年谒汉主，不惬还归家。朱颜谢春晖，白发见生涯。所期就金液，飞步升云车。愿随夫子天坛上，闲与仙人扫落花。"[1] 李白（701—762）的这首《寄王屋山人》是最早描写崂山的诗歌，"五岳寻仙不辞远"，其行迹带有鲜明的文化印记，李白与山东有不解之缘，作为道教中人士，他游历坐落齐地的崂山就成为崂山文化中最出彩的记录。

1. 竹溪六逸

李白为山东人的最早说法来自杜甫，杜甫《筵简薛华醉歌》诗中说："近来海内为长句，我与山东李白好"，杜甫作为与李白关系密切的好友，他的"李白为山东人"的说法影响很大，但是此说却一直受到人们的质疑。尽管如此，李白在山东居住且时间长久却是事实。《旧唐书》记载："李白字太白，山东人。少有逸才，志气宏放，飘然有超世之心。父为任城尉，因家焉。少与鲁中诸生孔巢父、韩准、裴政、张叔明、陶沔等隐于徂徕山，酣歌纵酒，时号'竹溪六逸'。"[2] 天宝元年，李白以供奉翰林的身份任职，踏入仕途，就是从山东进京的。《南陵别儿童入京》："白酒新熟山中归，黄鸡啄黍秋正肥。呼童烹鸡酌白酒，儿女嬉笑牵人衣。高歌取醉欲自慰，起舞落日争光辉。游说万乘苦不早，著鞭跨马涉远道。会稽愚

---

[1]（清）王琦注：《李太白全集》，中华书局1977年版，第776页。
[2]《旧唐书》，中华书局1988年版，第5053页。

妇轻买臣，余亦辞家西入秦。仰天大笑出门去，我辈岂是蓬蒿人。"① 南陵在山东济宁，李白在"白酒新熟""黄鸡正肥"的季节于此告别家人，进京任职。此前此后，李白在山东生活了二十多年，他在山东生活的地方主要是鲁地，"二子鲁门东，别来已经年。因君此中去，不觉泪如泉。"② "海鸟知天风，窜身鲁门东。"③ "日落沙明天倒开，波摇石动水萦回。轻舟泛月寻溪转，疑是山阴雪后来。水作青龙盘石堤，桃花夹岸鲁门西。若教月下乘舟去，何啻风流到剡溪。"④ 这些诗句说明李白在山东的居住地就在鲁门、鲁东门一带。鲁国初建时，所辖地域东到沂、沭，西到济水，北到泰山。在西周之初，徐州以南百姓被称为戎，沂、沭以东至海百姓被称为夷，掌握话语权的周民族作为胜利者对曾经的殷商地域的百姓蔑称之为夷、戎，认为这些地区的百姓都是未受教化的野蛮之人。鲁国初受封时，经常遭到东夷、南戎的入侵和袭击，《尚书正义·周书·费誓》曰："鲁侯伯禽宅曲阜，徐夷并兴，东郊不开，作《费誓》。"孔颖达疏曰："鲁侯至费誓，《正义》曰：'鲁侯伯禽于成王即政元年，始就封于鲁，居曲阜之地。于时徐州之戎、淮浦之夷并起，为寇于鲁。东郊之门，不敢开辟。鲁侯时为方伯，率诸侯征之至费地而誓戒士众。史录其誓词作《费誓》。'……《正义》曰：此戎夷在鲁之东。诸侯之制，于郊有门。恐其侵逼鲁境，故东郊之门不开。"⑤ 诸侯之制，于郊有门，也就是各个诸侯方国之间的国界，要有国门作为界限和防备。鲁东门作为国门，在鲁国初建之时，是在费地，后来随着鲁侯的不断攻伐，东夷和南戎渐渐臣服，鲁国的管辖地域向东扩大到东海。在黄岛残存的齐长城就证明了，鲁国势力范围最大时曾延伸到黄岛所在的东海。在《答从弟幼成过西园见赠》等诗歌中，李白多次提到居住的地方有石门，这个石门就是"子路宿于石门。晨门曰：'奚自？'子路曰：'自孔氏。'曰：'是知其不可而为之者欤？'"⑥ 中的石门。何树瀛考证石门就是李白曾居住的徂徕山西南隅的鲁门、鲁东门，他认为李白《下途归石门旧居》诗中所描写人物、事物、

---

① （清）王琦注：《李太白全集》，中华书局1977年版，第826页。

② 同上书，第744页。

③ 同上书，第466页。

④ 同上书，第920页。

⑤ （唐）孔颖达：《尚书正义》，上海古籍出版社2007年版，第135页。

⑥ 杨伯峻：《论语译注》，中华书局1980年版，第156页。

与徂徕山有关景物、遗迹和新旧《唐书》《山东省通志》《泰安县志》等典籍关于李白与孔巢父、韩准、裴政、陶沔、张叔明隐居徂徕山,号称竹溪六隐的记载一致。诗曰:"吴山高,越水清,握手无言伤别情。将欲辞君挂帆去,离魂不散烟郊树。此心郁怅谁能论,有愧叨承国士恩。云物共倾三月酒,岁时同饯五侯门。羡君素书尝满案,含丹照白霞色烂。余尝学道穷冥筌,梦中往往游仙山。何当脱屣谢时去,壶中别有日月天。俯仰人间易凋朽,钟峰五云在轩牖。惜别愁窥玉女窗,归来笑把洪崖手。隐居寺,隐居山,陶公炼液栖其间。凝神闭气昔登攀,恬然但觉心绪闲。数人不知几甲子,昨夜犹带冰霜颜。我离虽则岁物改,如今了然失所在。别君莫道不尽欢,悬知乐客遥相待。石门流水遍桃花,我亦曾到秦人家。不知何处得鸡豕,就中仍见繁桑麻。翛然远与世事间,装鸾驾鹤又复远。何必长从七贵游,劳生徒聚万金产。挹君去,长相思,云游雨散从此辞。欲知怅别心易苦,向暮春风杨柳丝。"[1] 诗歌从辞别友人返回旧居写起,回忆在长安时曾经的辉煌,"云物共倾三月酒,岁时同饯五侯门"。而在山中寺庙隐居,则是指建于北齐时期的徂徕山著名古寺四禅寺。北齐以来,徂徕山成为道教徒修真炼丹之处,"陶公炼液栖其间",是指竹溪六隐之一的陶沔曾于此栖隐炼丹之事。何树瀛认为"石门流水遍桃花"诗句所描写的景象,与《东鲁门泛舟二首》中"桃花夹岸鲁门西"是相同的,它能够进一步证明石门也就是鲁门。还可以作为证据的是李白写于天宝四年饯别杜甫的诗《鲁郡东石门送杜二甫》:"醉别复几日,登临遍池台。何时石门路,重有金樽开。秋波落泗水,海色明徂徕。飞蓬各自远,且尽手中杯。"[2] 此诗写于唐玄宗天宝四年(745年)的秋天。李白于前一年被赐金放还,离开了长安,到梁宋一带漫游,路经洛阳时,杜甫因料理祖母丧事奔走于郑州、梁园(今开封)之间。李白认识了青年诗人杜甫,并结下了终生不渝的友谊。两人在梁宋间相会、同游。次年春,两人又在鲁郡重逢,同游齐鲁。诗中写到的石门是李白居住的徂徕山西南隅的鲁门,李白离京返乡后,与杜甫同游齐鲁,也游历了徂徕山。杜甫在鲁门东的李白家中醉别后,曾暂时离开去往他处,此时再次到李白在鲁门东的家中痛饮,是要与李白告别,李白恋恋不舍,"何时石门路,重有金樽开",期

---

[1] (清)王琦注:《李太白全集》,中华书局1977年版,第1179页。

[2] 同上书,第928页。

盼着杜甫能够有机会再到鲁东门的家中一起畅饮。诗中所描述的自然美景也只有在鲁东门的石门才能领略到。鲁东门作为鲁国的一处地名，在先秦典籍里也经常出现，《国语·鲁语》说："海鸟曰爰居，止于鲁东门之外三日。臧文仲使国人祭之。"① 《庄子·至乐篇》："昔者，海鸟止于鲁郊，鲁侯御而觞之庙，奏九韶以为乐，具太牢以为膳。鸟乃眩视忧悲，不敢食一脔，不敢饮一杯，三日而死。此以己养养鸟也，非以鸟养养鸟也。"② 海鸟飞至，从另一个角度证明了鲁东门离海的距离并不遥远，它的位置就在鲁国的东部。而这也启发了我们的思路，那就是李白游历崂山很可能就是从位于费县的鲁东门或者说是石门出发的。李白是什么时间游历崂山的？因为没有确切的文献记载，我们只能从李白的作品中推断大概时间。

2. 高卧东山

李白的《寄王屋山人》诗不是他游历崂山的即兴之作，而是对游历崂山一事的回忆，诗中说他游历崂山是在"中年谒汉主，不惬还归家"之前。"中年谒汉主"说的是李白中年进京谒见唐朝皇帝一事，据研究李白一生两次入京。李白初次到长安，大约在开元十八年，到长安后，他隐居终南山，其《下终南山过斛斯山人宿置酒》《春归终南山松龛归隐》等诗歌反映了这段生活。李白千里迢迢到终南山隐居不是为了修道成仙，而是要借此进入仕途，"直挂云帆济沧海"。隐居与出仕似乎是不可调和的矛盾，但是在盛唐时期二者却完美结合在一起，终南捷径这个典故就明白无误地诠释了隐居终南的深层用意。《新唐书·卢藏用传》载："（卢藏用）与兄征明偕隐终南、少室二山，……始隐山中时，有意当世，人目为'随驾隐士'。晚乃徇权利，务为骄纵，素节尽矣。司马承祯尝召至阙下，将还山，藏用指终南曰：'此中大有嘉处。'承祯徐曰：'以仆视之，仕宦之捷径耳。'藏用惭。"名士隐居不仕容易在士人中产生影响，从而引起官府的关注，朝廷也往往会任用那些假意隐居的人，宣示对人才的重视。因此文人们通过隐居抬高声望、提升身价，成为谋求官职的重要方法。卢藏用就是通过隐居终南，取得了贤名，被唐中宗请入朝中任职，先后担任左拾遗、修文馆学士、工部侍郎等职，被人们称为"随驾隐士"。

---

① 徐元诰：《国语集解》，中华书局2002年版，第154页。
② 王世舜：《庄子译注》，山东教育出版社1983年版，第336页。

司马承祯奉唐睿宗之命前往长安宫中谈道说法，临别之际，卢藏用以朋友的身份来给他送行。司马承祯表明了自己想退隐天台山的意愿，卢藏用则建议他隐居终南山，说："你隐居在终南山会有很多好处，何必远走他乡呢？"司马承祯明白了卢藏用的意思，说道："在我看来，终南山只不过是通向官场的一条便捷之途而已。"卢藏用闻言，面有愧色。终南捷径的故事李白肯定是耳熟能详的，他在《赠裴十四》诗中说"身骑白鼋不敢度，金高南山买君顾"，他毫无遮掩地说我之所以隐居终南，就是要"买君顾"，以隐居为途径，抬高身价，希望总有一天会得到君王的重用。李白隐居终南山，通过地近京师的便捷，交往结识名人权贵。《酬崔五郎中》："朔云横高天，万里起秋色。壮士心飞扬，落日空叹息。长啸出原野，凛然寒风生。幸遭圣明时，功业犹未成。奈何怀良图，郁悒独愁坐。杖策寻英豪，立谈乃知我。崔公生民秀，缅邈青云姿。制作参造化，托讽含缅邈。海岳尚可倾，吐诺终不移。是时霜飙寒，逸兴临华池。起舞拂长剑，四座皆扬眉。因得穷欢情，赠我以新诗。又结汗漫期，九垓远相待。举身憩蓬壶，濯足弄沧海。从此凌倒景，一去无时还。朝游明光宫，暮入阊阖关。但得长把袂，何必嵩丘山。"① 崔五郎中即崔宗之，李白好友，杜甫《饮中八仙》的"宗之潇洒美少年，举觞白眼望青天，皎如玉树临风前"诗句说的就是崔五郎中。崔宗之曾任尚书礼部员外郎、礼部侍郎、右司郎中等职。因排行第五，故称崔五。崔宗之在嵩山有"别业"，他真挚邀请李白一起隐居嵩山。李白在诗歌中对崔五大吐苦水，表达自己的郁闷和不满，幸遭圣明，明主见弃，心怀良图，却只能郁悒独愁坐。李白并没有因此产生"散发弄扁舟"的想法，而是依旧坚持完成功业。李白初入长安的交游，除了崔宗之、裴十四，还有玉真公主。他到玉真公主别馆作客，并在这里认识了卫尉张垍。玉真公主是唐玄宗的妹妹，张垍则是丞相张说的儿子、唐玄宗的驸马，这二人可说是有权有势。如果他们能够助李白一臂之力，李白就能够平步青云，功成名就，但是李白的初入长安，并没有寻找到终南捷径。他在《梁园吟》说："我浮黄河去京阙，挂席欲进波连山。天长水阔厌远涉，访古始及平台间。平台为客忧思多，对酒遂作梁园歌。却忆蓬池阮公咏，因吟渌水扬洪波。洪波浩荡迷旧国，路远西归安可得。人生达命岂暇愁，且饮美酒登高楼。平头奴子摇大扇，五月不

---

① （清）王琦注：《李太白全集》，中华书局1977年版，第1029页。

热疑清秋。玉盘杨梅为君设，吴盐如花皎白雪。持盐把酒但饮之，莫学夷齐事高洁。昔人豪贵信陵君，今人耕种信陵坟。荒城虚照碧山月，古木尽入苍梧云。梁王宫阙今安在，枚马先归不相待。舞影歌声散绿池，空馀汴水东流海。沉吟此事泪满衣，黄金买醉未能归。连呼五白行六博，分曹赌酒酣驰晖。歌且谣，意方远。东山高卧时起来，欲济苍生未应晚。"① 尽管时运不齐，命途多舛，李白对自己仍然充满"天生我材必有用"的自信，"东山高卧时起来"，他相信自己会像退居东山的谢安，一定有安社稷、济苍生的时机。李白初入长安，在终南山下当了一年的隐士，不得不满怀惆怅地离开了京城。

3. 云泥异路

天宝初期，李白终于扬眉吐气地踏上了进京的仕途。李阳冰《草堂集序》记载："天宝中，皇祖下诏，征就金马，降辇步迎如见绮、皓。以七宝床赐食，御手调羹以饭之，谓曰：卿是布衣，名为朕知，非素蓄道义何以及此？置于金銮殿，出入翰林中，问以国政，潜草诏诰，人无知者。"② 李阳冰此序是李白"枕上授简，俾予为序"，序中关于李白进京任职受到唐玄宗特殊优待的描写，应该是出自李白的介绍。可能有点言过其词，但李白第二次进京确实受到唐玄宗的赏识和重用是不可否认的事实。李白在《驾去温泉宫后赠杨山人》等诗歌中表现出此时的得意，"少年落魄楚汉间，风尘萧瑟多苦颜。自言管葛竟谁许，长吁莫错还闭关。一朝君王垂拂拭，剖心输丹雪胸臆。忽蒙白日回景光，直上青云生羽翼。幸陪鸾辇出鸿都，身骑飞龙天马驹。王公大人借颜色，金璋紫绶来相趋。当时结交何纷纷，片言道合惟有君。待吾尽节报明主，然后相携卧白云"③。年轻时尽管心存大志，但无人赏识，只能落魄风尘。现在终于受到唐玄宗的重用，李白感到真正扬眉吐气、激昂青云的机会来了，实现自己政治抱负的时机等到了，但他决不跟那些腐朽的官僚贵族一样去追求功名利禄，享受荣华富贵，"待吾尽节报明主"，他要辅佐圣明的君主平治天下，施展自己的才能，"申管、晏之谈，谋帝王之术，奋其智能，愿为辅弼，使

---

① （清）王琦注：《李太白全集》，中华书局 1977 年版，第 464 页。
② 同上书，第 1448 页。
③ 同上书，第 485 页。

寰区大定，海县清一"①。实现自己的政治理想，报答君主的"恩遇"后，选择归隐山林，逍遥余生。《温泉侍从归逢故人》："汉帝长杨苑，夸胡羽猎归。子云叨侍从，献赋有光辉。激赏摇天笔，承恩赐御衣。逢君奏明主，他日共翻飞。"②心酣意畅、得意非凡，这是李白得到君王赏识时心情的真实写照。《金门答苏秀才》："君还石门日，朱火始改木。春草如有情，山中尚含绿。折芳愧遥忆，永路当日勖。远见故人心，平生以此足。巨海纳百川，麟阁多才贤。献书入金阙，酌醴奉琼筵。屡忝白云唱，恭闻黄竹篇。恩光照拙薄，云汉希腾迁。铭鼎倘云遂，扁舟方渺然。我留在金门，君去卧丹壑。未果三山期，遥欣一丘乐。玄珠寄象罔，赤水非寥廓。愿狎东海鸥，共营西山药。栖岩君寂灭，处世余龙蠖。良辰不同赏，永日应闲居。鸟吟檐间树，花落窗下书。缘溪见绿筱，隔岫窥红蕖。采薇行笑歌，眷我情何已。月出石镜间，松鸣风琴里。得心自虚妙，外物空颓靡。身世如两忘，从君老烟水。"③苏秀才即将在"朱火始改木"的初夏返回石门，而此时的李白"献书入金阙，酌醴奉琼筵。屡忝白云唱，恭闻黄竹篇。恩光照拙薄，云汉希腾迁"，正受到君主的重用和青睐，皇恩浩荡，他很快就要腾迁至要职，若说"狎东海鸥，共营西山药"，那只能是功成名就之后了。自己现在必须留在金门，自然无法与秀才一同"去卧丹壑"。然而没多久，李白就不得不离开金门了。《玉壶吟》："烈士击玉壶，壮心惜暮年。三杯拂剑舞秋月，忽然高咏涕泗涟。凤凰初下紫泥诏，谒帝称觞登御筵。揄扬九重万乘主，谑浪赤墀青琐贤。朝天数换飞龙马，敕赐珊瑚白玉鞭。世人不识东方朔，大隐金门是谪仙。西施宜笑复宜颦，丑女效之徒累身。君王虽爱蛾眉好，无奈宫中妒杀人。"④此诗与《驾去温泉宫后赠杨山人》《温泉侍从归逢故人》《金门答苏秀才》相对照，再也没有意气风发，难抑内心亢奋的得意了，而是充满了抱负无法实现的愤懑，并以丑女效颦为喻来表现自己鄙视权贵、耻与为伍的傲岸性格，"世人不识东方朔""无奈宫中妒杀人"，自己受到暗算、谗毁，美好的前途眼看就要夭折了，他伤心，他悲愤，"忽然高咏涕泗涟"，内心苦恼不已。李阳冰在《草堂集序》说："丑正同列，害能成谤，格言不入，帝用疏

---

① （清）王琦注：《李太白全集》，中华书局1977年版，第1220页。
② 同上书，第486页。
③ 同上书，第882页。
④ 同上书，第3776页。

之。公乃浪迹纵酒，以自昏秽。咏歌之际，屡称东山。又与贺知章、崔宗之等自为八仙之游，谓公谪仙人，朝列赋谪仙之歌，凡数百首，多言公之不得意。天子知其不可留，乃赐金归之。"① 李白为何因"害能成谤"，被皇帝渐渐疏远，最后赐金放归？《李翰林别集序》说："高力士终以脱靴为深耻，异日太真妃重吟前词，力士曰：'始以妃子怨李白深入骨髓，何拳拳如是耶？'太真妃因惊曰：'何翰林学士能辱人如斯？'力士曰：'以飞燕指妃子，贱之甚矣。'太真妃颇深然之。上尝三欲命李白官，卒为宫中所捍而止。"②《李翰林集序》说："上皇豫游，召白，白时为贵门邀饮。比至，半醉，令制出师诏，不草而成。许中书舍人，以张垍谮逐，游海岱间。"③ 从两篇序中，可以看到李白被皇帝疏远来自张垍的谗言和高力士、杨贵妃的怨恨。李白初次入长安，在玉真公主的别馆认识张垍，李白有诗《玉真公主别馆苦雨赠卫尉张卿二首》，卫尉张卿就是张垍，但是张垍并没有引荐李白，相反还在李白入朝之后，谗毁李白，使其遭逐。至于高力士以脱靴为耻谗毁李白，与李白同时代且交集较多的李阳冰、魏颢均未提及。故事最早来源于唐代的李肇和段成式，李肇《唐国史补》记载："李白在翰林多沉饮，玄宗令撰乐词，醉不可待，以水沃之，白稍能动，索笔一挥十数章，文不加点。后对御引足令高力士脱靴，上命小阉排出之。"④ 段成式《酉阳杂俎》记载："李白名播海内。玄宗于便殿召见。神气高朗，轩轩然若霞举。上不觉忘万乘之尊。因命纳履。白遂展足与高力士曰：去靴。力士失势，遽为脱之。及出，上指白谓力士曰：此人固穷相。"⑤ 关于杨贵妃为何怨恨李白？宋真宗时乐史的《李翰林别集序》详细记载了此事："开元中，禁中初重木芍药，即今牡丹也。得四本，红紫浅红通白者。上因移植于兴庆池东沉香亭前。会花方繁开，上乘照夜车，太真妃以步辇从。诏选梨园弟子中尤者，得乐一十六色。李龟年以歌擅一时之名，手捧檀板，押众乐前，将欲歌之。上曰：赏名花，对妃子，焉用旧乐辞焉？遽命龟年持金花笺宣赐翰林供奉李白，立进《清平调词》三章，白欣然承诏旨。由若宿醒未解，因授笔赋之。其一曰：云想衣裳花想

---

① （清）王琦注：《李太白全集》，中华书局1977年版，第1446页。
② 同上书，第1456页。
③ 同上书，第1449页。
④ （唐）李肇：《唐国史补》，世界书局1968年版，第53页。
⑤ （唐）段成式：《酉阳杂俎》，齐鲁书社2007年版，第153页。

容，春风拂槛露花浓。若非群玉山头见，会向瑶台月下适。其二曰：一枝红艳露凝香，云雨巫山枉断肠。借问汉宫谁得似？可怜飞燕倚新妆。其三曰：名花倾国两相欢，长得君王带笑看。解释春风无限恨，沉香亭北倚阑干。龟年以歌辞进，上命梨园弟子略约调抚丝竹，遂促龟年以歌之。太真妃持颇梨七宝杯，酌西凉州葡萄酒，笑领歌辞，意甚厚。上因调玉笛以倚曲，每曲遍将换，则迟其声以媚之。太真妃饮罢，敛绣巾重拜。上自是顾李翰林尤异于诸学士。会高力士终以脱靴为深耻。异日太真妃重吟前辞，力士曰：始为妃子怨李白深入骨髓，何翻拳拳如是耶？太真妃因惊曰：何翰林学士能欲辱人如斯？力士曰：以飞燕指妃子，贱之甚矣。太真妃颇深然之。上尝三欲命李白官，卒为宫中所捍而止。"① 为什么"以飞燕指妃子，贱之甚"？赵飞燕出身平民，杨玉环出身也并不高贵，为何将其比拟赵飞燕她却怀恨在心？因为传说中赵飞燕混乱的男女故事，让与安禄山有暧昧关系的杨玉环难免产生联想。李白被赐金放还，其"直挂云帆济沧海"的政治梦想也就此结束了。

4. 泱泱齐风

李白生活在鲁地二十多年，但他并不认同鲁地传统的儒学观念，也不愿与鲁儒生为伍，《淮阴书怀寄王宋城》："予为楚壮士，不是鲁诸生。有德必报之，千金耻为轻。"② 他愿以楚壮士自居，重然诺，有德必报，而不像鲁儒生不通世情。他嘲讽鲁儒生的处事方式，《嘲鲁儒》："鲁叟谈五经，白发死章句。问以经济策，茫如坠烟雾。足著远游履，首戴方山巾。缓步从直道，未行先起尘。秦家丞相府，不重褒衣人。君非叔孙通，与我本殊伦。时事且未达，归耕汶水滨。"③ 李白嘲讽的鲁儒，是行动迂阔、装腔作势，只会死读经书、不懂治国之策的儒生。秦汉以来，齐鲁之地的儒学就有齐学与鲁学之分，总的来说，鲁学好古而齐学趋时，鲁学重章句而齐学重实用。李白诗中提及的叔孙通就属于齐学一派，他在汉初，为了树立新政权的权威，去鲁地征召儒生以共起朝仪。有的儒生不肯前往，说："今天下初定，死者未葬，伤者未起，又欲起礼乐，公所为不合古，

---

① （清）王琦注：《李太白全集》，中华书局1977年版，第1455页。

② 同上书，第659页。

③ 同上书，第1157页。

吾不行。公往矣，无污我。"叔孙通笑道："若真鄙儒也，不知时变。"①叔孙通带着三十个应征的儒生进京，为朝廷制订了成套的礼仪。汉高祖七年，长乐宫落成，高祖感叹说："吾乃今日知为皇帝之贵也。"遂拜叔孙通为太常，赐金五百斤。李白所嘲讽的"鲁儒"，就是叔孙通所嘲笑的那一类"不知时变"的"鄙儒"。《五月东鲁行答汶上翁》："五月梅始黄，蚕凋桑柘空。鲁人重织作，机杼鸣帘栊。顾余不及仕，学剑来山东。举鞭访前途，获笑汶上翁。下愚忽壮士，未足论穷通。我以一箭书，能取聊城功。终然不受赏，羞与时人同。西归去直道，落日昏阴虹。此去尔勿言，甘心为转蓬。"②李白访前途，入仕途，他不走谈五经、寻章句的鲁儒的途径，所以汶上翁不理解，被其嘲笑。李白说"下愚"们不能理解"壮士"的胸怀，也就不能在"穷通"的问题上随意评说。李白认为真正的儒生应该先实现"兼济天下"的理想，然后归隐江湖，"独善一身"。李白政治理想上的楷模就是战国时期的鲁仲连，"我以一箭书，能取聊城功。终然不受赏，羞与时人同"。李白以鲁仲连的事迹比喻自己的政治才能和抱负，而这种政治才能和抱负与鲁儒生是迥然不同的。李白从心底里鄙视鲁儒生的行为，"羞与时人同"，时人也就是与汶上翁一样的鲁儒生。李白不遗余力赞美的是齐地人物，他对齐文化怀有极大的热情，他赞美纵横捭阖以帝师自居的政治人物，倜傥任侠的布衣侠士和东海蓬莱的神仙方士。李白进入仕途，他不循规蹈矩地通过科举获取功名，而是希望像吕尚、管仲一样君臣遇合，立致卿相。"君不见，朝歌屠叟辞棘津，八十西来钓渭滨。宁羞白发照清水，逢时吐气思经纶。广张三千六百钓，风期暗与文王亲。大贤虎变愚不测，当年颇似寻常人。"③（《梁甫吟》）"朝歌屠刀叟，虎变磻溪中。一举钓六合，遂荒丘山东。平生渭水曲，谁识此老翁。"④（《鞠歌行》）传说姜尚为逃避商纣王的暴政，隐居海滨。他曾在朝歌（今河南淇县）屠牛，于孟津（今河南孟津以北）卖酒。处境窘迫，但胸怀大志，始终不倦地研究、探讨治国兴邦之道。周国西伯姬昌倡行仁政，社会清明，人心安定，国势日强，众望所归，四边诸侯望风依附。姜尚获悉姬昌广求天下贤能之士，年过八十，毅然离开商朝，来到渭水之滨

---

① 《史记》，中华书局1982年版，第1321页。
② （清）王琦注：《李太白全集》，中华书局1977年版，第872页。
③ 同上书，第169页。
④ 同上书，第231页。

的西周领地，栖身于磻溪，终日以垂钓为事，静观世态的变化。西伯姬昌至此狩猎，二人不期而遇，谈得十分投机，便与他一起坐车回到岐地，作为自己的老师请教治国方略。李白说大贤风云未起之时，在平常人眼中没有什么不同之处，一旦逢时虎变，其运筹帷幄、决胜千里的风采不是平常人能预料到的。"鱼水三顾合，风云四海生。武侯立泯蜀，壮志吞咸京。何人先见许？但有崔州平。余以草间人，颇怀拯物情。"①（《读诸葛武侯传书怀赠长安崔少府》）诸葛亮躬耕南阳，刘备三顾茅庐时，提出了三分天下的政治构想，协助刘备建立了蜀国，形成了魏蜀吴三国鼎立的局面，功盖三分国。"孤之有孔明，犹鱼之有水也。"②刘备与诸葛亮的风云际遇，既创建了三分天下的功业，也成就了君臣鱼水般和谐的佳话。李白期冀进入仕途被君王重用，更幻想着有吕尚、孔明一样的礼遇和尊重。齐桓公不计前嫌，任用管仲，成就九合诸侯、一匡天下的霸业。李白艳羡齐桓公与管仲的君臣关系，更赞美管仲与鲍叔重然诺的情谊。司马迁《史记·管晏列传》记载："（管仲云）吾始困时，尝与鲍叔贾，分财利多自与，鲍叔不以我为贪，知我贫也。吾尝为鲍叔谋事而更穷困，鲍叔不以我为愚，知时有利不利也。吾尝三仕三见逐于君，鲍叔不以我为不肖，知我不遭时也。吾尝三战三走，鲍叔不以我为怯，知我有老母也。公子纠败，召忽死之，吾幽囚受辱，鲍叔不以我为无耻，知我不羞小节，而耻功名不显于天下也。生我者父母，知我者鲍子也。"③管鲍之交成为中国历史上朋友交谊的佳话，李白对此也倾心不已。"鲍生荐夷吾，一举致齐相。斯人无良朋，岂有青云望。临财不苟取，推分固辞让。后世称其贤，英风邈难尚。论交但若此，有道孰云丧？"④（《陈情赠友人》）"攀天莫登龙，走山莫骑虎。贵贱结交心不移，唯有严陵及光武。周公称大圣，管蔡宁相容。汉谣一斗粟，不与淮南春。兄弟尚路人，吾心安所从。他人方寸间，山海几千重。轻言托朋友，对面九疑峰。开花必早落，桃李不如松。管鲍久已死，何人继其踪？"⑤（《箜篌谣》）李白赞扬管鲍之交，是因为当世人心不古，"论交但若此，有道孰云丧"，他慨叹古道淳朴不再，"管鲍久

---

① （清）王琦注：《李太白全集》，中华书局1977年版，第482页。
② 《三国志》，中华书局2011年版，第504页。
③ 《史记》，中华书局1982年版，第2497页。
④ （清）王琦注：《李太白全集》，中华书局1977年版，第625页。
⑤ 同上书，第202页。

已死，何人继其踪"。在李白的诗歌中，出现最多、最令他倾慕的是齐人鲁仲连。周至元《崂山志》记载："鲁仲连，战国时齐人。高蹈不仕，喜为人排难解纷。尝游赵，秦围赵急，魏使请帝秦，仲连义不许。平原君置酒以千金为寿，连曰：所贵为天下士者，为人排难解争耳。若此之为，乃贾竖之行，连不忍为也。竟拂衣去。齐相田单，雅敬重连，欲爵之，坚辞不受。曰：吾闻富贵而屈于人，不若贫贱之肆志焉。乃逃至东海，终身不复见。"① 李白《古风》诗云："齐有倜傥生，鲁连特高妙。明月出海底，一朝开光曜。却秦振英声，后世仰末照。意轻千金赠，顾向平原笑。吾亦澹荡人，拂衣可同调。"② 秦国围攻邯郸，魏王派人劝赵归秦，此时身陷围城的鲁仲连拜见平原君，阻止了这件将导致奇耻大辱的事，邯郸因信陵君援军到达而围解。为此，平原君欲以千金相酬，仲连不受而去。后来齐国田单攻聊城，岁余不下，鲁仲连以书信缚箭射进城内，困守城中的燕将见信自杀，聊城因此而破。齐王欲封鲁仲连官爵，鲁仲连拒绝并逃隐海上。鲁仲连的传奇事迹和高尚品格为后人景仰，《史记·鲁仲连邹阳列传》："太史公曰：鲁连其指意虽不合大义，然余多其在布衣之位，荡然肆志，不诎于诸侯，谈说于当世，折卿相之权。"③ 李白在诗中借鲁仲连的故事表达诗人的政治理想，并表示我也与鲁仲连一样是不慕名利的放达之人，事了拂衣去、功成便身退是我们共同的志趣。其《别鲁颂》："谁道太山高，下却鲁连节，谁云秦军众，摧却鲁连舌。独立天地间，清风洒兰雪。夫子还倜傥，攻文继前烈。"④ 李白赞美鲁仲连的气节高于太山，鲁仲连的口才抵挡住秦国的千军万马。鲁仲连的人格独立于天地之间，如清风洒兰雪气度不凡。李白写鲁仲连的诗歌，还如《赠崔郎中宗之》："鲁连逃千金，珪组岂可酬。"⑤《感兴》："鲁连与柱史，可以蹑清芬。"⑥《留别王司马嵩》："鲁连卖谈笑，岂是顾千金"⑦，《奔亡道中》："谈笑三

---

① 周至元：《崂山志》，齐鲁书社1993年版，第173页。
② （清）王琦注：《李太白全集》，中华书局1977年版，第87页。
③ 《史记》，中华书局1982年版，第2587页。
④ （清）王琦注：《李太白全集》，中华书局1977年版，第704页。
⑤ 同上书，第523页。
⑥ 同上书，第1102页。
⑦ 同上书，第712页。

军却，交游七贵疏。仍留一支箭，未射鲁连书。"①《江夏寄汉阳辅录事》："君草陈琳檄，我书鲁连箭。报国有壮心，龙颜不回春。"②鲁仲连既有为人排难的济世之才，又有居功不受赏的高风亮节，将游说之士与高士两种品格集于一身，成为李白追慕的对象。

5. 访道沧海

天宝三年（743）秋，赐金放还的李白东出函谷关漫游燕赵之地，并前往德州访道士盖寰，为他造了"道箓"，然后又请青州的高天师授"道箓"于齐州（今山东济南）紫极宫，正式成为一名道士。李白在正式成为一名道士之前，就与道教人士联系很多，并参与了他们的活动。比较著名的有吴筠，《旧唐书·文苑列传》载："天宝初，客游会稽，与道士吴筠隐于剡中。既而玄宗诏吴筠赴京师，筠荐之于朝，遣使召之，与筠俱待诏翰林。"③吴筠为华州华阴人，字贞节，一作正节。据说吴筠性高鲠，进士落第后隐居南阳倚帝山。天宝初召至京师，玄宗多次征召，应对皆名教世务，并以微言讽帝，深蒙赏赐。因为被高力士谗言所伤，辞职还山。李白入京待诏翰林是由于吴筠举荐，此说尽管证据不足，但足以说明李白与吴筠以及道教的密切关系。道教重生，追求长生。道教徒认为通过修炼可以得道，不仅可以享受人间的幸福，而且可以返本还元，与道同体，肉体永生，白日飞天，长存仙界。无论是与吴筠的交往还是与竹溪六逸的活动，其内容都涉及道教。任华《杂言寄李白》云："绿水青山知有君，白云明月偏相识。养高兼养闲，可望不可攀。庄周万物外，范蠡五湖间。又闻访道沧海上，丁令、王乔时往还。蓬莱经是曾到来，方丈岂惟方一丈。"④任华是山东青州人，他对李白在齐鲁的活动应该比较熟悉，他说李白"又闻访道沧海上，丁令、王乔时往还"，李白访道的沧海则是东海，交往的人物丁令、王乔都是道教中的神仙。丁令是丁令威，《搜神后记》说丁令威是辽东人，学道于灵虚山，后化鹤归辽，停留在城门华表柱上。有一少年见到后欲举弓射之，鹤飞离，在空中徘徊说：有鸟有鸟丁令威，去家千年今始归，城郭如故人民非，何不学仙冢累累。王乔是王子

---

① （清）王琦注：《李太白全集》，中华书局 1977 年版，第 1014 页。
② 同上书，第 688 页。
③ 同上书，第 1474 页。
④ 同上书，第 1492 页。

乔,又名王晋,是周灵王的太子。尝游伊洛中,遇道人浮丘公将他接引至嵩山,修炼三十余年,得道成仙,喜吹笙作凤鸣声。传说其家人见王子乔在缑氏山,乘白鹤升天而去。很显然李白在齐鲁的活动多与道教有关系。杜甫《送孔巢父谢病归游江东兼呈李白》云:"巢父掉头不肯住,东将入海随烟雾。诗卷长留天地间,钓竿欲拂珊瑚树。深山大泽龙蛇远,春寒野阴风景暮。蓬莱织女回云车,指点虚无引归路。自是君身有仙骨,世人那得知其故。惜君只欲苦死留,富贵何如草头露。"① 孔巢父是与李白一起隐居徂徕山的竹溪六逸之一,孔巢父义无反顾入东海求仙,杜甫说他与李白一样皆有仙骨。李白《代寿山答孟少府移文书》说:"近者逸人李白自峨眉而来,尔其天为容,道为貌,不屈己,不干人,巢、由以来,一人而已。乃蚪蟠龟息,遁乎此山。仆尝弄之以绿绮,卧之以碧云,漱之以琼液,饵之以金砂。既而童颜益春,真气愈茂,将欲倚剑天外,挂弓扶桑。浮四海,横八荒,出宇宙之寥廓,登云天之渺茫。俄而李公仰天长吁,谓其友人曰:吾未可去也。吾与尔,达则兼济天下,穷则独善一身。安能飡君紫霞,荫君青松,乘君鸾鹤,驾君虬龙,一朝飞腾,为方丈、蓬莱之人耳?"② 李白的理想是"申管晏之谈,谋帝王之术,奋其智能,愿为辅弼。使寰区大定,海县清一",但在"事君之道成,荣亲之义毕"后,还是要"浮五湖,戏沧洲"。他正话反说,还是幻想"能飡君紫霞,荫君青松,乘君鸾鹤,驾君虬龙,一朝飞腾,为方丈、蓬莱之人"。《草堂集序》说:"(李白赐金放还后)遂就从祖陈留采访大使彦允,请北海高天师授道箓于齐州紫极宫。将东归蓬莱,仍羽人驾丹丘耳。"③ 李白五岳寻仙,遍及天下名山大川,他最向往、描写最多的是齐地和蓬莱仙境,他对产生于齐地的神仙传说具有浓厚的兴趣。作为本土宗教的道教,与早期的神仙方术紧密相连,而神仙方术最早产生于滨海的燕齐一带。牟钟鉴先生说:"山东对道教起源的影响很大,我觉得,其中齐鲁文化,特别是齐文化,是道教的一个重要源头。……因为道教最核心的信仰是神仙崇拜,而这个神仙信仰(最早是神仙崇拜)流行最早的地方就是我们胶东。在这个意义上来讲,我觉得,齐文化是道教起源的一个比较核心的因素。如果说齐鲁文化对道教起源的重要性,我觉得就是,它有其他地方文化所不可替代的特

---

① (清)王琦注:《李太白全集》,中华书局1977年版,第1483页。

② 同上书,第1225页。

③ 同上书,第1446页。

点，它提供的是道教的核心信仰——神仙，如果没有神仙崇拜，就没有道教。道教的基本信仰是什么？简单地用几个字来概括，那就是八个字：长生不死，得道成仙。那么，这个神仙与方仙道是相关的，这样的话，就是齐文化对道教的贡献最大。"① 战国时期，主要以神仙方术活动的方仙道，兴起于燕齐滨海，以齐地为活动中心，也是崂山道教的源头。《史记·封禅书》："自齐威、宣之时，驺子之徒论著终始五德之运，及秦帝而齐人奏之，故始皇采用之。而宋毋忌、正伯侨、充尚、羡门高最后皆燕人，为方仙道，形解销化，依于鬼神之事。驺衍以阴阳主运显示诸侯，而燕齐海上之方士传其术不能通，然则怪迂阿谀苟合之徒自此兴，不可胜数也。"② 司马迁在此说为方仙道者都是宋毋忌、正伯侨、充尚等燕人，而方仙道的活动最早则是在齐地开展的。《史记·封禅书》："自威、宣、燕昭使人入海求蓬莱、方丈、瀛州。此三神山者，其傅在勃海中，去人不远，患且至，则船风引而去。盖尝有至者，诸仙人及不死之药皆在焉。其物禽兽尽白，而黄金银为宫阙。未至，望之如云；及到，三神山反居水下。临之，风辄引去，终莫能至云。世主莫不甘心焉。"③ 秦始皇时期轰轰烈烈的求仙取药的方士活动，是从齐威王开始的，虽然燕昭王也参与其中，但是燕昭王在位时间是与齐宣王同时而晚于齐威王的。虽然方仙道早期的著名人物皆是燕国人，但最早开展活动的地域还是齐地，并且与海上的方丈、瀛洲、蓬莱三神山的信仰密切相关。"及至秦始皇并天下，至海上，则方士言之不可胜数。始皇自以为至海上而恐不及矣，使人乃赍童男女入海求之。船交海中，皆以风为解，曰未能至，望见之焉。其明年，始皇复游海上，至琅邪，过恒山，从上党归。后三年，游碣石，考入海方士，从上郡归。后五年，始皇南至湘山，遂登会稽，并海上，冀遇海中三神山之奇药。"秦统一天下后，齐地的方仙道活动空前兴盛，也出现了一些著名的方士，"齐人徐市等上书，言海中有三神山，名曰蓬莱、方丈、瀛洲，仙人居之。请得斋戒，与童男女求之。于是遣徐市发童男女数千人，入海求仙人。"④ 到汉朝，汉武帝好神仙，上行下效，"上有好者，下必有甚焉者

---

① 苑秀丽、刘怀荣：《崂山道教与〈崂山志〉研究》，人民出版社2005年版，第21页。
② 《史记》，中华书局1982年版，第1369页。
③ 同上书，第1370页。
④ 同上书，第247页。

矣。君子之德，风也，小人之德，草也。草尚之风必偃"①。受名利的驱使，齐地涌现出一批方仙道著名人物，《史记·封禅书》载："上遂东巡海上，行礼祠八神。齐人之上疏言神怪奇方者以万数，然无验者。乃益发船，令言海中神山者数千人求蓬莱神人。……夜宿海上，予方士传车及间使求仙人以千数。"②数千人到海上探寻仙人，规模盛大。《汉书》曰："汉兴，新垣平、齐人少翁、公孙卿、栾大等，皆以仙人、黄冶、祭祀、事鬼使物、入海求仙采药贵幸，赏赐累千金。大尤尊盛，至妻公主，爵位重累，震动海内。元鼎、元封之际，燕齐之间方士瞋目扼腕，言有神仙祭祀致福之术者以万数。"③从《汉书》记载来看，正是汉朝统治者的贵幸、赏赐，促进了方仙道活动的频繁，以至于参与者"以万数"。

　　在先秦时期，方士是否曾在崂山地域活动没有文献记载，有史料可查的方士活动则始于汉代。《太清宫志》卷一《开山始基》说："劳山太清宫，系于西汉建元元年辛丑，张公讳廉夫所创始也。公字静如，号乐山，江西瑞州府高安县人，文帝九年庚午七月初十日诞生。中元三年甲午，举文学茂才，得一等，仕至上大夫，因碍权要，弃职入道，精研玄学，不涉世俗。嗣入终南山，遁迹数载，得师传道，遨游天涯，来劳山之阳，临海之滨，修茅庵一所，供奉三官大帝神位，名为三官庙。自称乐山居士，开垦山麓，自食其力。嗣于癸卯年，又建筑殿宇，供奉三清神像，额曰太清宫。至始元二年丙申，委弟子刘方清、赵冲虚、冯若修等继续庙事，自回江西，潜居鬼谷山三元宫。而后屡来劳山，云游东海诸名胜，年逾百龄，精神不衰，仍鹤发童颜，行路如飞，后不知其所终。"④崂山太清宫创始人张廉夫是江西人，汉景帝中元三年举文学茂才，后弃官，到终南山修炼，此后来到崂山。到东汉初期，逢萌隐居崂山，"逢萌字子康，北海都昌人也。家贫，给事县为亭长。时尉行过亭，萌候迎拜谒，既而掷楯叹曰：'大丈夫安能为人役哉！'遂去之长安学，通《春秋经》。时王莽杀其子宇，萌谓友人曰：'三纲绝矣，不去，祸将及人。'即解冠挂东都城门，归，将家属浮海，客于辽东。萌素明阴阳，知莽将败，有顷，乃首戴瓦盆，哭于市曰：'新乎新乎！'因遂潜藏。及光武即位，乃之琅邪劳山，

---

① 杨伯峻：《孟子译注》，中华书局1982年版，第95页。
② 《史记》，中华书局1982年版，第1398页。
③ 《汉书》，中华书局1982年版，第1260页。
④ 周宗颐：《太清宫志》，宗教文化出版社2007年版，第232页。

养志修道，人皆化其德。北海太守素闻其高，遣吏奉谒致礼，萌不答。太守怀恨而使捕之。吏叩头曰：'子康大贤，天下共闻，所在之处，人敬如父，往必不获，只自毁辱。'太守怒，收之系狱，更发他吏。行至劳山，人果相率以兵弩捍御。吏被伤流血，奔而还。后诏书征萌，托以老耄，迷路东西，语使者云：'朝廷所以征我者，以其有益于政，尚不知方面所在，安能济时乎？'即便驾归。连征不起，以寿终。"①《后汉书》将逢萌列入《逸民传》，从记载的他到崂山养志修道，并"素明阴阳"来看，他是一个避世的隐士，也是一个方士。"初，萌与同郡徐房、平原李子云、王君公相友善，并晓阴阳，怀德秽行。房与子云养徒各千人，君公遭乱独不去，侩牛自隐。时人谓之论曰：'避世墙东王君公。'"② 与逢萌相友善的徐房等人都精通阴阳，"养徒各千人"，可见当时影响颇大。

隋唐时期，道士们纷纷来到"偏居海曲，举世鲜闻"的崂山采炼仙药，崂山也因此以采炼仙药而闻名。唐玄宗天宝二年，方士孙昙曾奉唐玄宗之命到崂山采炼仙药。周至元《崂山志》记载："王旻，得道人也。常游五岳，貌如三十许人。沉潜佛教。玄宗时，诏至阙。天宝四年，同南岳道士李华周，请高密崂山为上炼长生之药。玄宗许之，改崂山为辅唐山。"③ 皇帝的热衷，方士的参与，崂山成为追求长生的圣地。"每思欲遐登蓬莱，极目四海，手弄白日，顶摩苍穹，挥斥幽愤，不可得也。"④ 欲与仙人亲近，欲求长生之术，却遗憾没有机缘的李白终于得偿所愿了。"李白，……后与高力士不睦，祈云游四方，玄宗许之，并赐金牌，因得纵览天下名山。尝东至齐州，受道箓于高天师，并东登崂山。"⑤ 在李白的诗歌中，流露出的是对齐地神仙传说的浓厚兴趣。《游泰山六首》其一："登高望蓬莱，想象金银台。天门一长啸，万里清风来。玉女四五人，飘飖下九垓。"其二："山际逢羽人，方瞳好容颜。"其三："偶然值青童，绿发双云鬟。笑我晚学仙，蹉跎凋朱颜。"其四："攀崖上日观，伏槛窥东溟。海色动远山，天鸡已先鸣。银台出倒景，白浪翻长鲸。安得

---

① 《后汉书》，中华书局2011年版，第2759页。

② 同上。

③ 周至元：《崂山志》，齐鲁书社1993年版，第194页。

④ （清）王琦注：《李太白全集》，中华书局1977年版，第1253页。

⑤ 周至元：《崂山志》，齐鲁书社1993年版，第173页。

不死药，高飞向蓬瀛。"①《古风》："昔我游齐都，登华不注峰。兹山何峻秀，绿翠如芙蓉。萧飒古仙人，了知是赤松。借予一白鹿，自挟两青龙。含笑凌倒景，欣然愿相从。在世复几时，倏如飘风度。空闻紫金经，白首愁相误。抚己忽自笑，沉吟为谁故。名利徒煎熬，安得闲余步。终留赤玉舄，东上蓬莱路。秦帝如我求，苍苍但烟雾。"② 蓬莱、金银台是李白向往的仙界，玉女、青童、赤松是李白渴望一睹仙颜的对象，好容颜、不死药是李白修炼得道的目的。他被赐金放还之后，便千里迢迢远至东海，寻找仙界真人。其《寄王屋山人》云："我昔东海上，崂山餐紫霞。亲见安期生，食枣大如瓜。中年谒汉主，不惬还归家。朱颜谢春晖，白发见生涯。所期就金液，飞步升云车。愿随夫子天坛上，闲与仙人扫落花。"③ 李白诗中提到的安期生是齐地著名的方仙道人物，有大量史料记载，描述大同小异。刘向《列仙传》介绍说："安期先生者，琅琊阜乡人也。卖药于东海边，时人皆言千岁翁。秦始皇东游，请见，与语三日三夜，赐金璧度数千万。出于阜乡亭，皆置去，留书以赤玉舄一双为报，曰：'后数年求我于蓬莱山。'始皇即遣使者徐市、卢生等数百人入海，未至蓬莱山，辄逢风波而还。立祠阜乡亭海边十数处云。"④ 周至元的《崂山志》记载："安期生，传为琅玡阜乡人。卖药海上，受学于河上丈人。或言秦始皇东巡，与语三日夜。赐金璧数千万，出阜乡亭，皆置之而去，留赤玉舄为报。曰：'后数十年，求我于蓬莱山下。'后始皇遣人入海求之不可得，立祠阜乡亭边十数处，时人称之千岁公。"⑤ 这些资料介绍的安期生是卖药海边、视金钱如粪土的隐士，李白艳羡的食枣大如瓜的安期生则来自《史记·封禅书》的记载："（李少君说）'臣尝游海上，见安期生，安期生食巨枣，大如瓜。安期生仙者，通蓬莱中，合则见人，不合则隐。'于是天子始亲祠灶，遣方士入海求蓬莱安期生之属，而事化丹沙诸药齐为黄金矣。"⑥ 李白的崂山之行，一是见安期生，一是餐紫霞。关于餐紫霞，"李周翰注：飡霞，仙者之流。《真诰》：九华真妃曰：日者

---

① （清）王琦注：《李太白全集》，中华书局 1977 年版，第 921 页。
② 同上书，第 87 页。
③ 同上书，第 662 页。
④ 王叔岷：《列仙传校笺》，中华书局 2007 年版，第 70 页。
⑤ 周至元：《崂山志》，齐鲁书社 1993 年版，第 162 页。
⑥ 《史记》，中华书局 1982 年版，第 1372 页。

霞之实，霞者日之精。君惟闻服日之法，未知餐霞之精也。夫餐霞之经甚秘，致霞之道甚易，此谓体生玉光，霞映上清之法也。"① 追随安期生，如仙者之流餐霞延生，李白在其率真的个性里，表现出道教徒的另一面。

神奇虚幻的齐地文化使李白此类诗作充满了想象和雄奇，李白的崂山之行也使齐地充满了迷人的色彩。

二 "会山泽之气"的高弘图

人类的情感与自然山水存在着一种同型同构的关系，从物化的自然山水中，可以领悟到人的情感、个性和精神品格。文人笔下的自然即是文人自我的展现，但这个自我不是被现实扭曲变形的自我，而是永恒的自我，即人格的自我。这种现代的西方理论与400多年前明末文人黄宗昌的心得颇有契合之处。黄宗昌在《崂山志》卷三写到其友人高弘图（1683—1645）时说："文忠（高弘图谥号）忧心国事，会山泽之气，以正志蒙难，无愧青史者，得于华阴之潜操为多也。"② 高弘图 "得于华阴之潜操"，"会山泽之气"，集崂山之钟灵毓秀于己身，培育了他刚正不阿的浩然正气，就如孟子所说："其为气也，至大至刚，以直养而无害，则塞于天地之间。其为气也，配义与道。"③ 这永恒的自我在高弘图的仕宦人生中始终如一。

1. 与世乖违

高弘图 "建节启、祯，耻与宦官同事，退而山居。赵（胶州赵任）重之，以华阴授"，从此他与崂山结下了不解之缘。在《崂山九游记》中，高弘图说："（李白）以布衣征就金马，天子至为降辇步如见绮皓，用七宝床赐食，手调羹以饮之，千载必谪仙白也。居无何，天子欲申命者三，力士修其脱靴耻，竟为所格。复得以布衣浪迹，纵酒而畅之以咏歌，与贺知章、崔宗之诸人赋。谪仙者，千载亦白也。其《寄王屋山人》诗：'我昔东海上，崂山餐紫霞。' 而以王屋可扳与游。于是，又诗：'愿随夫

---

① （清）王琦注：《李太白全集》，中华书局1977年版，第662页。
② 苑秀丽、刘怀荣：《崂山志校注》，人民出版社2015年版，第33页。
③ 杨伯峻：《孟子译注》，中华书局1982年版，第62页。

子天坛上，闲与仙人扫落花.' 使余读之，大有放兴。余买山于崂之华阴，为太古居停于内，实自读白集白诗始。"① 高弘图夫子自道，他隐居崂山主要的原因还是对谪仙诗人的仰慕，从而"大有放兴"，要自觉地沿寻其足迹。在崂山的历史上，最早写崂山的著名诗人是李白。李白有《寄王屋山人》诗："我昔东海上，劳山餐紫霞。亲见安期公，食枣大如瓜。中年谒汉主，不惬还归家。朱颜谢春晖，白发见生涯。所期就金液，飞步登云车。愿随夫子天坛上，闲与仙人扫落花。"② 李白远至东海崂山，欲与仙人扫落花，不是他逸兴突发，不远万里寻仙，而是因为"中年谒汉主，不惬还归家"，仕途不称意，不得已为之。李白怀有"奋其智能，愿为辅弼，使寰区大定，海县清一"③的雄心壮志，抱有强烈的功名心和进取心，他幻想着"平交诸侯"，"一匡天下"而"立抵卿相"，建立盖世功业。天宝元年，李白四十二岁时，唐玄宗下诏征李白到长安，任职供奉翰林。"仰天大笑出门去，我辈岂是蓬蒿人"④，几十年的梦想终于变为现实，李白的喜悦充溢在这不可一世的诗句中。然而点缀升平的御用文人角色，朝中权贵的交相谗毁，使其在仕途上遭受沉重打击，终于在天宝三年被"赐金放还"，彻底结束了他的梦想。归隐崂山的高弘图仕宦经历与李白颇多相似，《明史·高弘图传》载："（高弘图）万历三十八年进士。授中书舍人，擢御史。梗棱自持，不依丽人。天启初，陈时政八患，请用邹元标、赵南星。巡按陕西，题荐属吏，赵南星纠之，弘图不能无望，代还，移疾去。魏忠贤亟攻东林，其党以弘图尝与南星有隙，召起弘图故官。入都，则杨涟、左光斗、魏大中等已下诏狱，锻炼严酷。弘图果疏论南星，然言'国是已明，雷霆不宜频击'，'诏狱诸臣，生杀宜听司败法'，则颇谓忠贤过当者。疏中又引汉元帝乘船事，忠贤方导帝游幸，不悦，矫旨切责之。后谏帝毋出跸东郊，又极论前陕西巡抚乔应甲罪，又尝语刺崔呈秀。呈秀、应甲皆忠贤党，由是忠贤大怒，拟顺天巡按，不用。弘图乞骸骨，遂令闲住。庄烈帝即位，起故官。劾罪田诏、刘志选、梁梦环。擢太仆少卿，复移疾去。三年春，召拜左佥都御史，进左副都御史。五年，迁工部右侍郎。方入署，总理户、工二部中官张彝宪来会，弘图耻

---

① 苑秀丽、刘怀荣:《崂山志校注》，人民出版社2015年版，第151页。
② （清）王琦注:《李太白全集》，中华书局1977年版，第76页。
③ 同上书，第1431页。
④ 同上书，第870页。

之，不与共坐，七疏乞休。帝怒，遂削籍归，家居十年不起。"① 高弘图不是东林党成员，但他一生仕途坎坷却与东林党有着千丝万缕的关系。高弘图的锋芒初挫来自东林党，天启初，高弘图力荐邹元标、赵南星，赵南星上位后，检举高弘图巡按陕西时举荐官员的过失，令高弘图大失所望。不得已，高弘图"移疾去"，称病还乡。魏忠贤当政极力排挤东林党，笼络同道，魏忠贤启用还乡隐居的高弘图。高弘图上书弹劾赵南星，正中魏忠贤下怀，但他却又指责魏忠贤排除异己的手段过当，最后不得不再次返乡隐居。明代曹臣《舌华录》曾记载苏轼的一段故事，一日饭后，苏轼外出散步时，拍着肚皮，问左右侍婢："你们说说看，腹内所装何物？"一婢女说："都是文章。"苏轼不以为然。另一婢女答道："满腹智慧。"苏轼也以为不够恰当。爱妾朝云回答说："学士一肚皮不合时宜。"高弘图与苏轼一样身处险恶仕途，却不会曲意逢迎，左右逢源，言行与世乖违，全是不合时宜，而从另一个角度来说，高弘图是始终保持"永恒的自我"。温睿临《南疆逸史》记载："天启元年，（高弘图）陈时政八患，并请用邹元标、赵南星。寻与同官张慎言交章论救贾继春；忤旨，停俸。已而巡按陕西，捕诛奸民扇乱者；澄清吏治，风裁肃然。因题荐属吏，为南星所纠，心衔之。当时东林齐、楚、宣、浙之党互相诋诽，弘图辄无所附丽。及魏忠贤乱政，杨涟、魏大中之狱起，锻炼严酷；乃上疏力诋南星，微言忠贤过当。且引汉元帝乘船事，又谏毋出东郊。而忠贤方导游幸，怒甚，矫旨以抗沮切责之；名以此高。既乃乞归，令闲住。"② 温睿临说高弘图"为南星所纠，心衔之"，略去了高弘图被迫辞官的结局。温睿临所说"当时东林、齐、楚、宣、浙之党互相诋诽，弘图辄无所附丽"是高弘图屡起屡倒的主要原因。党派纷争激烈，高弘图无所附丽，得不到信任，也就得不到重用。赵南星是高弘图前半生绕不过的人物，他力荐赵南星，而赵南星对待他的方式，《明史》说高弘图"不能无望"，感到大失所望；《南疆逸史》则说高弘图为此"心衔之"，怀恨在心。这两种说法，既表明了高弘图对赵南星的不同态度，也显示了不同的人格。

高弘图对赵南星的态度是否恰当，就不得不谈到明末的东林党。明末，顾宪成、高攀龙等修复宋代杨时讲学的东林书院，进行讲学，议论朝

---

① 《明史·高弘图传》，中华书局 1974 年版，第 7028 页。
② （清）温睿临：《南疆逸史》，中华书局 1959 年版，第 63 页。

政，品评人物，其言论被称为清议。当时朝士慕其风者，多遥相附和。东林书院的活动形成了广泛的社会影响，"三吴士绅"、朝野的各种政治代表人物一时都聚集在以东林书院为中心的东林派周围，时人称之为东林党。天启时期，宦官魏忠贤对东林党人实行镇压，明思宗朱由检即位，魏忠贤自缢，对东林党人的迫害得以停止。谈迁《枣林杂俎》说："万历末，朝士分党，竟立门户。有东林之党，无锡顾宪成、高攀龙，金坛余玉立等，废居讲学，立东林书院，始而常、镇人士附之。有昆山之党，则顾天俊及湘潭李胜芳，苏人附之。有四明之党，则沈一贯，浙人附之。有宣城之党，则汤宾尹，而宁国、太平人附之。有江右之党，则邹元标，有关中之党，则冯从吾，各同省人附之。冯尝督学山西，则山、陕合。冯、邹又讲学相善，又江右、山、陕合也。闽、楚、粤、蜀，远不具论。庚戌大计，江右淮抚李三才庇东林，而诸党左矣。时攻东林，俱见罪四明，至楚、粤无一人台省者。天启初，东林独盛，起邹元标，而江右亦东林也。江夏熊廷弼，原江右籍，楚亦东林也。福清叶向高、归德侯执躬，秉权趋风，天下咸奔走焉。仕途捷径，非东林不灵。波及诸生，如复社、几社，不一而足。家驰人骛，恐汉末标榜不是过也。"[①] 热衷党争的人认为己方都是尊从圣人之道忠君爱民的人，而其他人都是奸臣逆党。在东林党看来，不管此人有多少才华和功绩，只要不是东林一党，那都是奸臣；而皇帝如果不重用东林党人士，那就是昏君。赵南星、邹元标、顾宪成当时被称为"海内三君子"，是东林党的领袖。赵南星在朝时极力举荐被遗漏的东林党人，高攀龙、杨涟、左光斗执掌法令；李腾芳、陈于廷辅助选举；魏大中、袁化中主管科道；郑三俊、李邦华、孙居相、饶伸、王之朋等人全部放在重要位置执政。赵南星的作为让其他派人士为之侧目，决心赶走赵南星。给事中傅魁以邹维琏改任吏部自己不知道为由，首先凭借汪文言发难，弹劾赵南星改变旧制，培植私党。邹维琏引咎辞职，赵南星上疏挽留。此时杨涟上疏弹劾魏忠贤，宫中太监与政府官员更加对立，势同水火。赵南星乞求退休，皇帝不同意。高攀龙弹劾崔呈秀，赵南星疏论让他充边。崔呈秀处境窘迫，连夜跑到魏忠贤住处，叩头哀求："赵南星、高攀龙、杨涟等人不走，我们二人将不知死在何处。"于是魏忠贤和他一起制定阴谋。魏忠贤假传圣旨废黜魏大中、夏嘉遇，连同陈九畴一同被废

[①] （明）谈迁：《枣林杂俎》，中华书局2006年版，第64页。

黜，斥责赵南星等人结党营私，赵南星引咎辞职。东林党在明末时，依靠崇祯的支持，在魏忠贤自缢而死后，发动他们的舆论力量，在江南士族的拥戴下，成功地排挤了其他的党派，实现了一家独大的局面。东林党魁钱谦益说赵南星"负意气，重然诺，有燕赵节侠悲歌慷慨之风。乡里后门，依附门下，已而奔趋权利，相背负。酒后耳热，戟手唾骂。更为长歌小调廋语，吴哥打枣竿之类，以戏侮之，其人衔之次骨"[1]。从赵南星对背叛自己者的态度来看，高弘图的作为还是光明磊落些，两人人格高低也可从此看出些端倪。高弘图在赵南星执政时，不得不退隐。天启初年又被任为御史，为魏忠贤所排挤，再度归休闲居。崇祯即位，又一次起用为御史。崇祯五年，迁工部右侍郎，因为耻与宦官共事，被罢黜。以高弘图的骨鲠性格不能左右逢源，屈己事人，就只能远离魏阙，亲近自然了。从崇祯五年到十六年，高弘图罢黜闲居期间，游历崂山华楼并被华楼美景吸引，赵任将自己的别墅赠给了高弘图，他将其更名为太古堂。高弘图从此地出发游历崂山，写下了《崂山九游》，"九游者，其山皆盘礴吞吐于穷海僻陋之滨，若遁而肥、畏名而逃焉者，而独以恣余游，余游放矣。其山当潮波，作镇我东极，如唇齿附胭咽，使负海之民，恃以不怵，而间则蒸油云，泄膏雨，以利万物，不无太劳，故总称之曰劳山。余以是故游，游非敢放矣。始三月三日庚申，迄于十有五日壬申而游成。言归太古居停，即复简报黄子曰：'医称国手徒为尔，命压人头不奈何。'盖亦白集中词，余一再歌之。哑然笑，复若不免太牢骚。发于声咏：谪仙！谪仙！独不畏千载下有高子者，实病之为不广乎？……青山恨者，白也，非我也"[2]。高弘图欣赏崂山的山水草木，他长于斯、生于斯，也亲身体验了崂山对生活在这片土地上的人们的馈赠，他从这种体验解释了崂山一名的由来。他认为人们生活在这块富庶的土地上，无须劳累，生活无忧，所以就叫崂山。高弘图认为李白的诗句"愿随夫子天坛上，闲与仙人扫落花"，未免怨气太多，原因是他没有真正欣赏崂山的自然山水美景。"青山恨者，白也，非我也"，崂山为之遗憾的是李白，而不是高弘图自己。因为高弘图"会山泽之气"，崂山禀天地之灵气荡涤了他的心胸，使他以感激的心态写下了赞美崂山的篇章。黄宗昌在《崂山志》卷七说："名山大泽，与为

---

[1] （清）钱谦益：《列朝诗集小传》，上海古籍出版社1983年版，第554页。
[2] 苑秀丽、刘怀荣：《崂山志校注》，人民出版社2015年版，第162页。

朝夕，君子所欣慕，而因缘幸会，是亦有数。远而得之，近而失之；无心而得之，有心而失之。天下如意之事常少，而山与人相得益彰，岂其偶然？"① 高弘图未能在故乡的名山秀水中悠游渡过余生，历史的偶然将其余生抛弃在千里之外的江南。

2. 魏阙风云

《南疆逸史》记载："（高弘图）家居十年不起，言者交荐。来年春，帝思之；且闻其佐胶州城守功，召至阙，谘以时事。补南京兵部右侍郎，就迁户部尚书。"② 高弘图以其不凡的才干再次得到崇祯帝的任用，并将其推到了历史的风口浪尖上。《明史》亦载道："（崇祯）十六年，（高弘图被）召拜南京兵部右侍郎，就迁户部尚书。明年三月，京师陷，福王立，改弘图礼部尚书兼东阁大学士。"③ 高弘图在南京升任户部尚书，他的命运便又一次与东林党交集在一起。甲申三月十九日，李自成的大顺农民军攻克北京，明朝崇祯皇帝朱由检自缢身亡。作为留都的南京成为明朝半壁江山的政治中心，在立新君主的国事上，各方展开了激烈的较量。福王朱由崧在伦理上和地理上占有明显的有利地位，他是神宗朱翊钧的亲孙子，崇祯皇帝的堂兄弟，此时避难在淮安。一些有识之士主张由福王继统，却遭到东林党士人的强烈反对。"原因是朱由崧的祖母是备受神宗宠爱的郑贵妃，从万历到天启朝廷上围绕着储君问题展开的妖书、梃击、移宫等轰动一时的案件都同郑贵妃有关，何况正是由于东林党人的力争，神宗和郑贵妃希望立福王朱常洵（即朱由崧的父亲）为太子的图谋才化为泡影。因此他们担心一旦朱由崧登上帝位，重翻旧案，自己在政治上将会失势。"④ 持强烈反对态度的东林党魁、礼部侍郎钱谦益，以"立贤"为名，到处游说，建议迎立潞王朱常淓，南京兵部侍郎吕大器、南京户部尚书高弘图、右都御史张慎言、詹事府詹事姜曰广等皆表示支持。而当时实权人物、首席大臣南京兵部尚书史可法处于两难境地，他倾向于东林党，他是东林党人左光斗的得意门生。清代桐城派文人方苞《左忠毅公逸事》曾记："及左公下厂狱，史（可法）朝夕狱门外。逆阉防伺甚严，虽家仆

---

① 苑秀丽、刘怀荣：《崂山志校注》，人民出版社2015年版，第104页。
② （清）温睿临：《南疆逸史》，中华书局1959年版，第192页。
③ 《明史·高弘图传》，中华书局1974年版，第7028页。
④ 顾诚：《南明史》，光明出版社2011年版，第31页。

不得近。久之闻左公被炮烙，旦夕且死，持五十金，涕泣谋于禁卒，卒感焉。一日使史更敝衣，草屦背筐，手长镵，为除不洁者。引入，微指左公处，则席地倚墙而坐，面额焦烂不可辨，左膝以下筋骨尽脱矣。史前跪，抱公膝而呜咽。公辨其声，而目不可开，乃奋臂以指拨眥，目光如炬，怒曰：'庸奴！此何地也，而汝来前！国家之事糜烂至此，老夫已矣，汝复轻身而昧大义，天下事谁可支柱者？不速去，无俟奸人构陷，吾今即扑杀汝。'因摸地上刑械，作投击势。史噤不敢发声，趋而出。后常流涕述其事以语人，曰：'吾师肺肝，皆铁石所铸造也！'"① 左光斗对史可法寄予厚望，希望史可法作为国家栋梁，能够支撑将倾的大厦，从此可见史可法与东林党的关系。作为东林党人，史可法对拥立福王心有顾忌，担心福王继统对东林党秋后算账。可他又认为按照伦序应该迎立万历的孙子，害怕舍亲立疏引起更大的政治风波。正当史可法暗自到浦口与凤阳总督马士英商榷迎立桂王朱常瀛时，守备凤阳太监卢九德与总兵高杰、黄得功、刘良佐一起决定拥立福王，并亲自送福王前往南京，马士英害怕被手下架空，转而支持拥立福王。这种突发情况使东林党人颇为震惊，谈迁《枣林杂俎》载："钱谦益侍郎触暑步至胶东（高弘图）第中，汗渴，解衣，连沃豆汤三四瓯。问所立？胶东曰：'福藩。'色不怿，即告别。胶东留之曰：'天子毋容抗也。'钱悟，仍坐定，遽令仆市乌帽，谓：'我虽削籍，尝经赦矣，候驾龙江关。'"② 钱谦益的言行代表了东林党人的态度。《南疆逸史》记载："南都大臣议所立，可法谓非英主不足以定乱，弘图与姜曰广、吕大器佐之。会福王至淮，马士英贪定策功，与诸将以兵威奉王，仓卒称号。"③ 孔尚任《桃花扇》第十五出《迎驾》："（马士英）前日发书约会史可法，同迎福王。他回书中有'三大罪、五不可立'之言。阮大铖走去面商，他又闭门不纳。看来不肯行的了。但他现握着兵权，一倡此论，那九卿班里，如高弘图、姜曰广、吕大器、张国维等，谁敢竟行。这迎立之事，便有几分不妥了。"④ 孔尚任对迎立福王的说法虽与事实有出入，但也以戏剧手法点出了史可法的作用。

史可法认可了福王继统的事实，高弘图、姜曰广等人"谁敢竟行"？

---

① 《方苞集》，上海古籍出版社2009年版，第69页。
② （明）谈迁：《枣林杂俎》，中华书局2006年版，第81页。
③ （清）温睿临：《南疆逸史》，中华书局1959年版，第231页。
④ （清）孔尚任：《桃花扇》，齐鲁书社2000年版，第58页。

事实既成，但东林党人的掣肘和离心力，使刚刚成立的南明政权陷入内斗。按照史可法、高弘图、张慎言等人的意向是尽量让"正人"占据要津，使朝廷建立之始有一番新气象。开始在安排朝廷重臣上，他们得以如愿以偿。"弘光初立的时候，大臣多是东林、复社人士心目中的正人君子。这种局面没有维持多久，姜曰广、高弘图、张慎言、刘宗周等人相继被排挤出朝。然而，这并不是掀翻逆案的结果，直到弘光朝廷覆亡，列名魏忠贤逆案中的人物极少起用。"①《明史·高弘图传》载："福王立，改弘图礼部尚书兼东阁大学士。疏陈新政八事。一，宣义问。请声逆贼之罪，鼓发忠义。一，勤圣学。请不俟释服，日御讲筵。一，设记注。请召词臣入侍，日记言动。一，睦亲藩。请如先朝践极故事，遣官赍玺书慰问。一，议庙祀。请权附列圣神主于奉先殿，仍于孝陵侧望祀列圣山陵。一，严章奏。请禁奸宄小人借端妄言，脱罪侥幸。一，收人心。请蠲江北、河南、山东田租，毋使贼徒藉口。一，择诏使。请遣官招谕朝鲜，示牵制之义。并褒纳焉。"初建的南明政权执政者多是所谓的正人君子，史书记载当时朝廷的很多重要决策皆出自高弘图之手，高弘图也许看到了恢复故国的希望，跃跃欲试，施展自己的才华，但不久就转入深深的失望。东林党人与非东林党人摩擦不断，内斗不已。"一日，阁中语及故庶吉士张溥，士英说：'我故人也，死，酹而哭之。'姜曰广笑曰：'公哭东林者，亦东林耶？'士英曰：'我非畔东林，东林拒我耳。'弘图因纵臾之，士英意解。"②马士英想以与复社领袖张溥的关系，靠近东林党，却被东林党人姜曰广毅然拒绝，"公哭东林者，亦东林耶？"马士英不是东林党人，但也不是东林党的政敌。东林党"非我族类，其心必异"的观念，处处树敌，搅乱了新政权内部的凝聚力。

顾诚说："童妃案和假太子案的喧嚣一时，实际上是某些东林—复社党人在幕后掀风作浪。历史上无赖之徒冒充头面人物屡见不鲜，即以南明来说，永历初也出现了假弘光皇帝骗得许多地方官的信任，但都没有像弘光一朝这样闹得乌烟瘴气。究其根源，正在于东林—复社中的一些骨干分子视门户、声气重于国家、社稷，他们爱走极端，甚至唯恐天下不乱。在这些人看来，福藩继统等于万历以来自己在党争中失败，因此一遇风吹草

---

① 顾诚：《南明史》，光明出版社2011年版，第49页。
② 《明史·高弘图传》，中华书局1974年版，第7028页。

动，不管真相如何，抓住把柄大做文章，必欲推到福藩另立新君才肯罢休。人们常常受旧史籍影响，以为东林—复社人士大体上都是骨鲠正直之人，其实它是一个很复杂的团体，其中光明磊落者固不乏人，但由于明末东林—复社名满天下，往往具有左右朝政的势力，许多热衷名利的人也混迹其间，变成一个大杂烩。"① 在新政权中，高弘图面临着必须左右逢源的局面。在东林党人与非东林党人之间，他顾此失彼，又一次生发力不从心的尴尬。《南疆逸史》载："未几，可法出督师，士英辅政，惮弘图、曰广、慎言等持正。廷议起废，慎言举用吴甡、郑三俊；士英党诚意伯刘孔昭率诸臣叱慎言于朝，目为奸邪，声振殿陛。弘图曰：'文武各有所司，即文臣中各部不得侵吏部之权，武臣何得越职相争！且甡与三俊三朝遗老，清望在人。孔昭妄思侵害，非其党者目为奸臣。忝在政府，宸陛之严，化为讼庭，愧死无地；乞赐斥罢！'不许。既而士英疏荐阮大铖，弘图斥之。士英曰：'我既犯人言，岂敢相累。'因拟旨，命假冠带来京陛见。大铖既见，疏陈江防要害，娓娓可听。将退，士英奏曰：'大铖名在丹书，非其罪也，人诬之耳！'大铖因奏向日冤陷状，引弘图为证；以弘图素不附东林，必不忌己也。弘图曰：'大铖顷者陈说兵事，臣不知兵，无所参驳。若其起用，关系非细。昔崔、魏乱政，风教堕地。先帝首锄大恶，其党附者不可胜诛。钦定'逆案'一书以遏群邪，大铖与焉。臣不知其果知兵与否，但以先帝明鉴，岂容擅改。即如士英奏，乞下群臣集议，以彰公论；则大铖用亦光明。'士英愤然曰：'臣荐大铖，非受贿也，何不光明之有？'弘图因乞罢，以谢不能附和之罪；王慰留之。而大铖卒起为兵部侍郎，弘图则渐不安其位矣。左懋第之北使也，弘图奏事宜曰：一、山陵宜选日改葬。闻梓宫今葬田贵妃墓，应在天寿山特立陵寝。一、分地毋许割偷。关以外，不得侵及关内。一、岁币宜量增十之三。一、国书宜如古可汗之称。一、使礼宜遵会典，不应屈膝以致辱命。后议简用中官督畿辅、浙、闽粮饷，复设东厂；弘图皆力争之。都御史刘宗周劾大铖疏至，大铖宣言'曰广实使之'。士英怒，连起'逆案'张捷、谢升。于是朝端益水火矣。已用中旨传升户部侍郎张有誉为尚书；弘图谓其端不可开，封还诏书。又请召还史可法入直。士英愈怒，矫旨切责；因力求去。秋八月，加太子少师，改户部尚书、文渊阁大学士。太后至，进太子太

---

① 顾诚：《南明史》，光明出版社 2011 年版，第 72 页。

保。冬十月，致仕。弘图在阁，士英尚畏之，不敢肆志。及其去，遂无所忌惮。"①对曾投靠阉党的阮大铖的使用，使马士英与东林党人矛盾明显激化。在东林党人眼中，阮大铖是他们的死敌，是有你无我的矛盾，东林党人对阮大铖的态度是要痛打落水狗。阮大铖认为高弘图非东林党人，能够跳出党争的局限，对他作出公正的看法，所以他想通过高弘图证明自己非东林党的死敌。高弘图对阮大铖疏陈江防要害，暗中还是肯定的，但他明白如果自己公开赞同任用阮大铖，那他必然成为东林党的政敌，所以他断然拒绝马士英的举荐。他指出这样做的原因，"先帝首锄大恶，其党附者不可胜诛。钦定'逆案'一书以遏群邪，大铖与焉。臣不知其果知兵与否，但以先帝明鉴，岂容擅改"②。高弘图明白任用阮大铖的严重后果，那就是朝中政治上严重对立。他提出"即如士英奏，乞下群臣集议，以彰公论；则大铖用亦光明"，他希望通过群臣集议任用阮大铖，减缓一些朝中的矛盾对立，光明正大地任用阮大铖。马士英对群臣集议非常气愤，"臣荐大铖，非受贿也，何不光明之有？"③马士英说的也许是事实，他既不是阉党，与东林党也无世仇，也不是要与阮大铖结党营私，有什么不光明之处？"马士英本是倾向于东林的人物，他没有很深的门户之见，爬上首席大学士之后，颇想联络各方面人士，特别是东林—复社的头面人物，造成众望所归、和衷共济的局面。阮大铖废置多年，不甘寂寞，安排适当官职，任才器使，对弘光政权并不会造成多少伤害。相形之下，东林骨干的迂腐偏狭令人惊异。他们当中的许多人出仕以来从来没有什么实际业绩，而是以讲学结社，放言高论，犯颜敢谏，直声名震天下，然后就自封为治世之良臣，似乎只要他们在位，即可立见太平。实际上，根本不是这回事。甲申初夏，明朝南方官绅出于国难当头之时，东林—复社的主要人物关心的焦点不是如何共赴国难，而是在残存的半壁江山内争夺最高统治权力。排除福王继统的阴谋破产后，他们又出于防微杜渐的考虑唯恐阮大铖被起用导致整个逆案掀翻。于是，抓住马士英推荐阮大铖一事大闹朝堂。"④顾诚认为把弘光一朝的党争说成是马、阮阉党同东林—复社正人君子的较量并不正确，核心问题是争权夺利的政治较量。孔尚任《桃花

---

① （清）温睿临：《南疆逸史》，中华书局1959年版，第234页。
② 《明史·高弘图传》，中华书局1974年版，第7028页。
③ 同上。
④ 顾诚：《南明史》，光明出版社2011年版，第52页。

扇》借马士英之口，吐露了南明朝廷的现实状况，"朱紫半朝，只不过呼朋引党；这经纶满腹，也无非报怨施恩"①。这确是南明政权的真实写照。《南疆逸史》评论说："金陵立国，弘图与小人同朝；不激不随，持守正直，有足观者。然不能通古今之变、览存亡之势。如论使礼，犹执向时故事，将约是具文乎，抑欲求当于国事也！史可法恐四镇之横，以建议始封为弘图误国罪。是则不然，使君相英明，庙堂胜算，四镇何尝不可用；况如得功之忠勇乎！自马、阮出而纪纲紊乱，外结强援，以遏正士；贤者岌岌乎不安其位。是四镇之横，马、阮召之也，于弘图何尤哉！"②温睿临的观点是弘光一朝党争为马、阮阉党同东林—复社正人君子的较量，高弘图虽与阉党小人一起执政，"不激不随，持守正直"，还是主持正义的。从记载的关于四镇封爵来看，身处党争政治漩涡中，保持不偏不倚是多么的艰难！温睿临记载史可法认为高弘图建议始封是误国罪，应延吉《青燐屑》记载史可法的说法"昔之建议而封四镇者，高弘图也。从中主张赞成其事者，姜曰广、马士英也。依违其间，无所救正者，余也"③。封四镇成为高弘图误国罪行，而史可法完全脱离了干系。史可法在《敬陈第一紧急枢务事》说："四藩即用靖南伯黄得功、总镇高杰、刘泽清、刘良佐，优以礼数，为我屏藩。……黄得功已封伯，似应进侯。杰、泽清、良佐似应封伯。"史可法急于弥补自己在拥立继统上的失误，拉拢四镇以换取他们的好感，与马士英、高弘图的做法没有差异，而从他口中说出误国罪，则有混淆视听之嫌了。四镇内讧与执政者处理方法有着直接的关系，此时高弘图已经致仕在野。谈迁记载："马士英闻高杰遇害不怡，阮大铖闻之喜，犒报者十金，两人同事异情。时高相国寓姑苏，语：'事当云何？'予曰：'杰罪当死，第列侯也，不恤之无以安诸镇。而失处许定国，又生事端。须讳定国，只云兵变。亟遣谕定国，明非其咎，庶两全矣。'相国大是之。已旨下，直罪定国，遂导北兵覆灭。"④高杰被许定国杀害，事实既成，为稳住局势，应该以兵变为由稳定许定国，然造成许定国率部投降清朝，督师大学士史可法的责任是无法脱逃的。

强敌在前，"朝端益水火"，仅仅为自身利益而争斗不已，如此短视

---

① （清）孔尚任：《桃花扇》，齐鲁书社2000年版，第83页。
② （清）温睿临：《南疆逸史》，中华书局1959年版，第236页。
③ 顾诚：《南明史》，光明出版社2011年版，第43页。
④ （明）谈迁：《枣林杂俎》，中华书局2006年版，第133页。

的政治眼光，还如何分辨君子小人？清初文人戴名世感慨地说："呜呼！南渡立国一年，仅终党祸之局。东林、复社多以风节自持，然议论高而事功疏，好名沽直，激成大祸，卒致宗社沦覆，中原瓦解，彼鄙夫小人，又何足诛哉！自当时至今，归怨于屏主之昏庸，丑语诬诋，如野史之所记，或过其实。而余姚黄宗羲、桐城钱秉镫至谓帝非朱氏子。此二人皆身罹党祸者也，大略谓童氏为真后，而帝他姓子，诈称福王，恐事露，故不与相见，此则怨怼而失于实矣。"① 戴名世认为南明覆亡与东林党关系重大。张怡《叟闻续笔》也写道："弘光皇帝以播迁之余，丁大乱之后，九庙之焰未熄，万姓之席未贴，虽卧薪枕鼓，不足示其殷忧；布衣帛冠，不足表其恭俭，而圣质等于肉糜，皇衷习于市肆，卧深宫而枕宦者，爱比顽童；开后庭以待丽华，惟湛旨酒。李煜、孟昶合为一人，归命、东昏将与同传矣。然而治乱不关其意，故上每任人而不疑；贤才各极其材，故下亦任事而不忌。向使李纲、寇准之流为相，韩、岳、宗泽之俦为之将。将相同心，不忧中制，中外一德，可弥外忧，即发兵诛不道，远逊萧王，岂敷天同左袒，至出赵构下哉！"② 张怡认为南明覆亡与朱由崧的无能腐败有关系，但是"中外一德，可弥外忧"，仍能使新立朝廷渡过难关，可惜的是朝廷内外钩心斗角，离心离德，大厦倾覆是无法避免了。高弘图处此困境，还真难做到出淤泥而不染，要真正做一位正人君子，能够保持刚正不阿的自我，只有远离政治漩涡了。

3. 魂兮归来

高弘图在故乡崂山隐居时，曾赋诗《题黄石宫》："要觅桃源路，穷观渤海东。虚无道德藏，金碧圣人宫。庙貌徇名象，俗呼任异同。不能真面目，何用此山中。"黄石宫传说是秦汉之际高士黄石公教授张良兵法之旧址，此处隔绝俗尘，远离喧嚣，如同陶渊明的桃花源。然而高弘图却说"不能真面目，何用此山中"，没有蔑弃功名、保持纯真之心，即使深山更深处，也无法求得内心的清净。同样无论身处魏阙、江湖，高弘图耿介忠直的秉性永远不变。他离开南京，已无法回到故土，此时山东已经成为清统治者辖下，"胶州（高弘图）家本素封，以兵乱不存片瓦。罢相后，

---

① 《戴名世集》，中华书局1982年版，第374页。
② 顾诚：《南明史》，光明出版社2011年版，第36页。

挈一少子至吴。初之常熟，欲居不果；乃还之郡城寓。久之，入浙居绍兴；人乞一面不可得，日惟一餐祈死。既闻芜湖败，蕺山先生与姚江熊公渡江，议发罗木营兵奉潞藩拒守；胶州不往，叹曰：'天之丧明，若稽夫徒苦江东父老，复何益！吾筹之熟矣。'乃托其子于门客海昌谈迁携之去。盖逆知其地之必将有事也。遂绝粒。浙东监国，赠太师，谥文忠。"①会故乡崂山山泽之气的高弘图，"以正志蒙难，无愧青史"。高弘图《崂山九游记》载："（明霞洞）宫有白牡丹一本，近接宫之几案，阅其皴干，似非近时物。道士神其说，谓百岁前曾有大力者发其本，负之以去。凡几何年，大力者旋不禄，有白衣人叩宫门至，曰：'我今来，我今来！'盖梦谭也。晨视其牡丹旧坎，果归根吐茎矣。……余叹曰：'山灵实呵护之，松柏未尝彫也。'"②此故事似是高弘图谶语，他远离故土山灵的呵护，流落他乡，再也难寻桃源般的憩心之所，心如枯井，陷入深深的绝望之中，怎能不凋落？"我今来，我今来！"，只能成为"魂兮归来"。

---

① （清）温睿临：《南疆逸史》，中华书局1959年版，第103页。
② 苑秀丽、刘怀荣：《崂山志校注》，人民出版社2015年版，第159页。

第六章

玄对崂山

一 西行取经的先驱法显

法显是晋宋之时中国著名的佛教高僧，他以60多岁高龄从长安出发，经陆路前往天竺求法，后沿海路返回，在青州长广郡牢山（今山东青岛崂山）登陆，前后历时十五年，游历三十余国，可谓是历尽艰险、九死一生。法显归国后在建康（今南京）道场寺翻译的《大般泥洹经》《摩诃僧祇律》以及他撰写的记录自己行旅见闻的《法显传》（又称《佛国记》），都对中国佛教的发展产生了重大影响，也因此以杰出的古代旅行家和翻译家的身份留名青史。纵观法显的一生，其主要事迹可概括为西行印度求法和归国翻译著述两部分，而这前后两大主要活动则是以他在山东崂山登陆为分界点的。崂山登陆是法显西行求法的终点，同时也是他归国后翻译著述事业的起点。

1. 西行求法

法显（？—约422），俗姓龚，平阳武阳人，平阳，今为山西省临汾市，武阳，则失考，至今众说纷纭。因为法显的几个哥哥都在很小的时候夭折了，所以法显的父母在他三岁时就把他送到寺院里剃度为沙弥，以求他能平安长大。后来，法显的父母相继去世，法显也就安心在寺院里修行求道。少年时的法显就曾有异于常人的表现，有一次法显和寺院里的其他僧人在田地里收割庄稼，恰好碰到有附近的饥民前来抢劫粮食，这时其他僧人都吓得四散而逃，而法显则从容不迫、毫不慌张。20岁时，法显受具足戒成为一名真正的僧人。从20岁受戒到60多岁西行之间的四十多年时间里，法显的具体行迹我们不得而知，只知道他曾在长安的寺院修行，并从长安出发西行求法。可以说法显的前半生一直是默默无闻的，这可能与他"恬退恭顺"的性格有关，也或许正是这种性格，才让他有足够的坚忍精神以老迈之躯完成西行求法的壮举。

说到法显西行，就不能不了解当时的佛教背景。印度佛教自两汉之际传入中国后，到了法显所处的南北朝时代，已经有三百多年。南北朝时代是一个动乱的时代，中国南北各地战乱不断，政权更替。在战争频仍、社会动荡加剧的情况下，大量下层群众或者为了躲避战乱，或者为了逃避繁重的徭役，纷纷进入寺院，这给佛教带来了超常规的迅速发展。随着寺院规模的扩大、僧众的增加，客观上对完善的寺院制度、规范的僧人修行生活纪律的需要就大大增加了。而从当时佛教经典的输入情况来看，规范僧人日常修行生活的戒律部分恰恰又是很不完备的。律藏的残缺，以及对佛教戒律理解的歧义，使佛教僧伽缺少正确的行为指南。这是当时佛教发展面临的一个重要问题，高僧道安（312—385）曾致力于对佛教戒律的规范，但是当时中国并没有完备的戒本，他也感到无能为力。法显就是在这一背景下前往印度寻求戒律的。

法显于东晋隆安三年（399）从长安出发踏上西行求法的道路，当时他的年龄应该在63—66岁之间，也就是说，法显是以年过花甲的高龄去求法的，这在中国佛教历史上西行求法的僧人中是极其罕见的。与法显一同从长安出发的还有慧景、道整、慧应、慧嵬四人，他们一行五人从长安出发后，一路西行翻越陇山，到达了乾归国（甘肃兰州西）。陇山在今天陕西陇县西北、甘肃清水县东北，是自渭水流域通往西北的陆路必经之地。法显到达这里时刚好赶上佛教传统的夏安居，他们就在这里停留了三个月。安居，又称坐夏或坐腊，僧徒每年在雨季三个月内不外出，坐禅静修。

在乾归国安居结束后，法显一行继续往西，到达了张掖，适逢兵乱，往西的道路不通，张掖王段业又非常殷勤地挽留法显一行，于是他们就在这里做了短暂的停留。在张掖停留时，法显等人遇到了同样打算西行取经的智严、慧简、僧绍、宝云、僧景五人，他们十人遂结伴同行，来到了敦煌。法显等五人得到敦煌太守李暠的供养，随使先行，度过"以死人枯骨为标识"的沙漠地带，抵达鄯善国（新疆若羌）。后至乌夷（新疆焉耆），又与宝云等人会合。智严、慧简、慧嵬三人返高昌求行资，法显等得到符公孙供给，转西南行，约于东晋隆安五年（401）初到达于阗（新疆和田）。慧景和道整随慧达先行出发，而法显和其他人则留下来等着观看四月一日至十四日的行像盛会。会后，僧绍随胡道人去了罽宾，法显等经子合（新疆叶城）、于麾（新疆塔什库尔干）北折竭叉（新疆喀什），在那里与慧景等会合并参加了国王举行的布施供僧法会。法显每到一处都会积极参与当地的佛教活动，这反映了他虚心好学、善于考察的性格特点，也是他后来写下《法显传》的见闻资料。

东晋元兴元年（402），法显等度过葱岭，进入北天竺陀历国（克什米尔西北部印度河北岸），再渡新头河（印度河）抵乌苌国（巴基斯坦北部），慧景、道整、慧达三人先发向那竭国（阿富汗贾拉拉巴德）。法显、慧应、宝云、僧景四人后行，经犍陀卫国（巴基斯坦喀布尔河上游）到弗楼沙国（巴基斯坦白沙瓦）。此时，在那竭国的慧景得病，道整留守，慧达来到弗楼沙与宝云、僧景还中国，慧应又于此国佛钵寺病故，只剩法显一人前往那竭国与慧景和道整会合。

元兴二年（403）初，法显等三人南度小雪山（阿富汗贾拉拉巴德城以南之赛费德科山脉），遇寒风暴，慧景无常，临终时语法显曰："我亦不复活，便可时去，勿得俱死。"法显抚之泣曰："本图不果，命也奈何！"① 虽千余年后，吾辈读之尤眼眶发热，古之先贤为法忘身之勇猛精神实可歌可泣也。法显与道整经跋那（巴基斯坦邦努）等国进入中天竺境内。

在中天竺，法显停留了六年，参访了十五个国家或城市。他一边参访圣迹，一边寻访所需要的戒律典籍。在他回国后所著的《佛国记》里，关于这一部分的内容也记载得最为详细。法显来到天竺是为了求取戒本的，北天竺诸国皆用口传，无本可写，所以法显来到中天竺。在中天竺，法显留住摩竭提国巴连弗邑（印度比哈尔邦之巴特那）最久，在这里住了三年。其间他搜求到《摩诃僧祇律》《萨婆多部律抄》《杂阿毗昙心》《綖经》《方等泥洹经》《摩诃僧祇阿毗昙》等经律论六部，并学习梵文，抄写律本。

道整看到中天竺戒律严整、佛法完备，决定永远留下来，不再回国。"道整既到中国，见沙门法则，众僧威仪，触事可观，乃追叹秦土边地，

---

① 章巽著，芮传明编：《〈法显传〉校注·我国古代的海上交通》，复旦大学出版社2015年版，第64页。

众僧戒律残缺。誓言：'自今已去至得佛，愿不生边地。'故遂停不归。"[1]有趣的是，不仅天竺人将法显和道整称为"边地人"，就是在法显和道整等中土佛教徒的心目中，中天竺是"中国"，而中国是"边地"。当然，这对于那些并不信仰佛教的汉地士人来说是不被认可的，还为此有过激烈的争论。

东晋义熙四年（408），法显孤身一人沿着恒河往东，经瞻波国（首都故址在今印度比哈尔邦东部巴格耳普尔略西不远处），到达东天竺的多摩梨帝国（首都故址在今印度西孟加拉邦加尔各答西南之坦姆拉克），这里为古印度东北部著名海口，法显在此停留了两年，抄写佛经、绘画佛像。义熙五年（409）冬，法显从多摩梨帝国海口搭乘商人的大船，离开天竺来到了师子国（斯里兰卡）。义熙六年（410）三月，法显在师子国都城观看了供养佛牙的盛会，并为了继续搜求经律在师子国停住了两年。在师子国，法显得到了《弥沙塞律》《长阿含经》《杂阿含经》《杂藏》等四部佛教经律文本，这些都是当时汉地所没有的。

2. 崂山登陆

义熙七年（411）七月，法显带着在天竺和师子国求取到的经律梵本和佛像，从师子国搭乘商船，踏上了回国之路。当时，法显搭乘的商船在往东航行时遇到了暴风雨，在海上漂流了九十多天，到了南海的耶提婆。耶提婆，一般认为是苏门答腊岛。法显在耶提婆住了五个月后，联系了一艘去广州的大商船，继续踏上回国的旅程。法显搭乘的商船在海上遇到了暴风雨，船上的商人们非常惊恐，认为是因为船上搭乘了法显这个僧人才招来了灾祸，打算把法显和他所带的经书都扔到海里去。后来，幸亏法显的一位施主出面帮忙，法显才幸免于难。

义熙八年（412）七月十四日，经过了两个多月的海上漂流，法显搭乘的商船终于靠岸了，但是通过向当地人打听才知道，他们的船偏离了原来的航线，并没有到达广州，而是来到了青州长广郡，即今天的山东青岛崂山。长广郡太守李嶷听说有一位僧人带着佛经、佛像渡海回来，立即带人前去迎接。而法显之后应青州刺史的邀请到彭城（今徐州）居住了一

---

[1] 章巽著，芮传明编：《〈法显传〉校注·我国古代的海上交通》，复旦大学出版社2015年版，第118页。

冬一夏（也有学者认为法显是在青州而不是彭城一冬一夏），之后他前往建康（今南京）和佛陀跋陀罗一起开始翻译佛典，这个时间应是在义熙九年（413）秋，此时，法显已经是一位80多岁高龄的老者了。

法显西行壮举具有重大的历史意义。首先，法显西行的壮举为中国佛教徒坚定信仰提供了精神的力量。法显西行之时已经是年过六旬、鬓发斑白的老人，但他不辞劳苦，不畏艰险，将生死置之度外，唯法是求，为追求真理而万死不辞的精神，堪称中国佛教徒的典范。对于法显西行求法的壮举，不仅后世给予高度评价，连法显同时代的人也都非常感佩，在《法显传》文末一段跋中有言："于是感叹斯人，以为古今罕有。自大教东流，未有忘身求法如显之比。"① 可见，法显虔诚的宗教信仰所激发的精神力量，一直以来都是人们称赞、学习的模范。不论何时，一想到法显在西行路上百折不挠、勇往直前的身影，都会给人以坚定信仰、承担使命的鼓舞和感召。

法显西行的壮举对后代的求法者也具有巨大激励和鼓舞作用。"唐僧"玄奘是现代人们所熟知的最为有名的西行求法僧，而玄奘西行本身就是受到了法显的影响。《大唐大慈恩寺三藏法师传》中记载，玄奘西行之前在表露自己志愿时说道："昔法显、智严亦一时之士，皆能求法导利群生，岂使高迹无追，清风绝后？大丈夫会当继之。"② 可见法显是被玄奘作为榜样来效仿的。"法显大师以如此高龄尚且不畏艰险、为法忘躯，何况我们后辈佛子怎能贪生怕死！"这样的想法恐怕已经成为一代又一代求法僧人立志西行时，心中常常响起的声音了。

当然，法显的西行在客观上也增强了中外佛教的交流。法显是当时汉地僧人向外所行到达之地最多、最远的人，这对于中国人开阔视野、加强中外文化的交流有着重要影响。法显西行的经历以及他回国后记录其个人经历的著作《佛国记》（《法显传》），对当时的中国人来说，无疑是打开了一扇观察世界的窗户，对以后中国人西行有重要的指导和参考作用。如果说法显西行的壮举从精神上鼓舞了中国人，那么法显西行的所见所闻则客观上为后来者提供了指导和帮助。当然，法显西行对西方僧人到中国

---

① 章巽著，芮传明编：《〈法显传〉校注·我国古代的海上交通》，复旦大学出版社2015年版，第142页。

② （唐）慧立、彦悰著，孙毓堂、谢方点校：《大慈恩寺三藏法师传》，中华书局1983年版，第10页。

来弘法也有极大的促进作用。在法显的影响下，法显回国后不久，就有很多斯里兰卡的高僧来到中国，其中一些人终生都在中国弘扬佛法。在以后的岁月里，以佛教为纽带，出现了东西方佛教文化交流的热潮，法显在此过程中可以说居功至伟。

另外，需要我们注意的是，法显在离开北方南下后曾经到过庐山，与当时著名高僧慧远见了面并有交流。义熙八年五月，慧远于庐山立"佛影台"，义熙九年九月，慧远撰写了《佛影铭》："佛影今在西那伽诃罗国南山古仙石室中。度流沙，从径道，去此一万五千八百五十里。感世之应，详于前记。……远昔寻先师，奉侍历载。虽启蒙慈训，托志玄籍。每想奇闻，以笃其诚。遇西域沙门，辄餐游方之说，故知有佛影而传者尚未晓然。及在此山，值罽宾禅师、南国律学道士，与昔闻既同，并是其人游历所经。因其详问，乃多先征。然后验神道无方，触像而寄。百虑所会，非一时之感。于是悟彻其诚，应深其位。将援同契，发其真趣。故与夫随喜之贤，图而铭焉。"[1] 慧远早年曾通过佛教典籍和西域沙门了解到佛影窟，只是"尚未晓然"，直到他在庐山上遇到"罽宾禅师"和"南国律学"道士，才从他们口中详细了解到佛影窟的情况，因为"是其人游历所经"。这里的"罽宾禅师"当为佛陀跋陀罗，他虽是天竺人，但所传的禅法多来自罽宾；而"南国律学道士"则是刚从印度求取律典回来的法显，法显虽是山西人，不过回国后活动的范围在东晋境内，因此被看成"南国"人，对于法显的这段行迹，已有学者撰文论述[2]，而与慧远同时的谢灵运，在慧远撰写《佛影铭》之后，应慧远的要求也撰写了一篇《佛影铭》，其中明确提到："法显道人至自祇洹，具说佛影，偏为灵奇。幽岩嵌壁，若有存形。容仪端庄，相好具足。莫知始终，常自湛然。庐山法师闻风而悦，于是随喜幽室，即考空岩。北枕峻岭，南映彪涧。模拟遗量，寄托青采。岂唯象形也笃，故亦传心者极矣。"[3] 这为庐山慧远问法显佛影事提供了确凿的证据。法显向慧远讲述的佛影窟的情况当如《法显传》中所载："那竭城南半由延，有石室，搏山西南向，佛留影此中。

---

[1] （唐）道宣撰：《广弘明集》卷十五，《大正藏》第52册，第197页下—198页上。

[2] 李辉：《法显与庐山慧远——以〈法显传〉为中心》，《佛学研究》2011年第1期；王邦维：《"罽宾禅师"与"南国律学道士"：法显回国后的一段行踪》，《宗教学研究》2018年第1期。

[3] （唐）道宣撰：《广弘明集》卷十五，《大正藏》第52册，第199页中。

去十余步观之，如佛真形，金色相好，光明炳著，转近转微，髣髴如有。诸方国王遣工画师模写，莫能及。彼国人传云，千佛尽当于此留影。影西四百步许，佛在时剃发剪爪。佛自与诸弟子共造塔，高七八丈，以为将来塔法，今犹在。边有寺，寺中有七百余僧。此处有诸罗汉、辟支佛塔乃千数。"[1] 台湾学者刘苑如甚至认为，法显于414年完成《佛国记》（《法显传》）的初稿，当时的他即身处庐山。[2]

3. 建康译经

法显自崂山登陆后，结束了他长达十五年的求法旅程，但他对中国佛教史的影响和贡献并没有到此为止。法显的旅行结束了，他的翻译事业才正要开始。

法显西行求法的原因是慨叹"经律残厥"，其目的在于完善中国佛教的戒律。所以法显从国外带回的经典以及回国后的翻译主要是以律藏为主。法显携回的经典主要有：在中天竺所得的《摩诃僧祇律》《萨婆多众律》《杂阿毗昙心》《方等泥洹经》《綖经》《摩诃僧祇阿毗昙》等六部和在师子国得到的《弥沙塞律》《长阿含经》《杂阿含经》和《杂藏》。

法显回国之后，原本打算前往长安，但知道宝云等已到建康，于是南下。义熙九年（413）秋，法显抵达建康，住在道场寺，和当时先于法显到达的印度禅师佛陀跋陀罗开始一起译经。法显的翻译主要分为两大类：一类是律藏，一类是经论。

在律藏方面，法显翻译有《摩诃僧祇律》四十卷。《摩诃僧祇律》，简称《僧祇律》，意译为《大众律》，是印度佛教大众部所传的广律。《摩诃僧祇律》是法显与佛驮跋陀罗共同翻译的，于义熙十二年（416）十一月至义熙十四年（418）二月译出。这部律在法显之前有过几次翻译。三国魏嘉平二年（250），有昙柯迦罗在洛阳白马寺译出《僧祇戒本》一卷。东晋咸康年间（335—342）僧建在月支国获得《僧祇尼羯磨》及《戒本》，于升平元年（357）在洛阳译出。可惜这些译本都没有流传下来。《摩诃僧祇律》是印度佛教大众部所传持的基本戒律，内容包含有"比丘

---

[1] 章巽著，芮传明编：《〈法显传〉校注·我国古代的海上交通》，复旦大学出版社2015年版，第61页。

[2] 刘苑如：《故事的再生——法显从求法到传法的传记叙述研究》，载刘苑如编《桃之宴——小南一郎教授古稀颂寿纪念》，新文丰出版公司2014年版，第239页。

僧戒法"和"比丘尼戒法"两种。此律的许多内容趋于大乘旨趣，包含有大乘佛教的萌芽。律中解释既有引用《本生经》的内容，同时也有引用《沙门果经》和《中阿含经》的内容，其中所载的佛本生故事等，对研究印度早期佛教史有重要的参考价值。《摩诃僧祇律》译出后，在当时影响非常大，与《十诵律》一起成为南北朝时期佛教戒律学的主要依据。尽管在隋唐时期，中国佛教以《四分律》为宗旨的律宗诞生后，《摩诃僧祇律》逐渐退出了律学的主流，但是这并不能抹杀法显对中国佛教律学发展所做出的卓越贡献。同时，法显还翻译有《僧祇比丘戒本》一卷，惜已佚，具体内容不可考。

在经论方面，法显翻译有《杂藏经》《大般泥洹经》《方等泥洹经》《杂阿毗昙心论》等。《杂藏经》一卷，也称为《佛说杂藏经》。此译本与后汉安世高所译的《鬼问目连经》、东晋《饿鬼报应经》（失译人名）为同本异译，皆为目连对于各种饿鬼一一说明其业因者，不过《佛说杂藏经》比《鬼问目连经》和《饿鬼报应经》的文字要稍长一些。《大般泥洹经》六卷，义熙十三年（417）十月一日开始翻译，到义熙十四年（418）一月译成。此经是汉地大乘《涅槃经》的第一次翻译，共有十八品。经中提出"一切众生悉成平等如来法身"的说法，是"一切众生皆有佛性"理论的基本命题根据，对中国佛性论思想产生了长远的影响。《方等泥洹经》在经录中记载是法显和佛陀跋陀罗共译的，也有人认为法显译的《方等泥洹经》就是六卷本的《大般涅槃经》。法显的《方等泥洹经》译本在《出三藏记集》中已经被列为缺本，所以即便法显真的曾经翻译了《方等泥洹经》，也早已散佚。《杂阿毗昙心论》十三卷，法显与佛驮跋陀罗共同译出，该译本与南朝宋僧伽跋摩所译《杂阿毗昙心论》为同本异译，但也已失佚。

除了以上这几部经律，法显还带回来了一些梵本的经律但没来得及翻译，由后人译出，其中比较重要的有《弥沙塞律》和《杂阿含经》。《弥沙塞律》是佛教化地部所传的戒律，南朝宋景平二年（424）十二月，佛陀什（即佛大什）和竺道生等将法显带回来的梵本于龙光寺译出，共三十卷，该律由五分组成，故又名《五分律》。《弥沙塞律》总计有621条戒法，细致入微，规矩齐备。另外，求那跋陀罗译《杂阿含经》五十卷本，由宝云传语、慧观笔受，虽然学者意见不一，但基本可以认定其原本就是法显带回的梵本。《杂阿含经》是有部传本，法显在师子国取得化地部律本《五分律》和有部传本《杂阿含经》，说明师子国早期并非全由铜牒部主导，这也得到了出土碑铭资料的印证。

佛教戒律是维持僧团和谐稳定的基本保障，通过法显的翻译事业可知法显在完备中国戒律学方面的卓越贡献。法显西行带回的三部律本，除了《萨婆多众律》（《十诵律》）在法显归来时已经由鸠摩罗什与佛若多罗等于后秦弘始七年（405）译出，另外两部，一部（《摩诃僧祇律》）由法显与佛陀跋陀罗合作译出，一部（《弥沙塞律》）在法显圆寂后由旁人译出。大众部的《摩诃僧祇律》与说一切有部的《十诵律》、法藏部的《四分律》、化地部的《五分律》，并列为现存完整的佛教四大部律藏，法显求律的贡献可以说是显而易见了。

当然，法显的翻译除了对律学有重要贡献外，同样影响深远的还有他对涅槃学的贡献。义熙十三年（417），法显开始翻译六卷本《大般泥洹经》，次年一月译出。据《出三藏记集》记载，当时参与翻译的有二百五十人，规模非常宏大，这也反映出了当时佛教界对这部经的重视程度。这部经的译出，把"一切众生皆有佛性"的思想介绍到了中国佛学界和思想界，可以说在当时的中国佛教界掀起了轩然大波，使中国佛教的理论旨趣发生了历史性的转向。《大般泥洹经》的翻译促生了影响久远并最终代替般若学而成为南北朝佛学主流的一支佛学思潮——涅槃佛性说。法显也因此成为中国历史上介绍佛性论的先驱者之一，当然他也是坚信一切众生能够"悉成平等如来法身"思想的先辈之一。值得注意的是，该经认为，那种不相信佛教、断绝一切善报的人（称为"一阐提"），由于罪孽深重，要永远流转生死、不能成佛，所以该经"众生皆有佛性"的思想还不够彻底，这就给后来道生因为宣传"一阐提可以成佛"而受到佛教界的打击埋下了伏笔。直到十六国北凉玄始十年（421），昙无谶译出内容更为丰富的四十卷《大般涅槃经》，佛性思想随后也就得到更为系统的发挥和更加广泛的传播。但就佛性论在中国的流传发展来看，开创先河的法显居功至伟。法显六卷本《大般泥洹经》的译出，可以说是中国佛教思想史上的转捩点之一。

当然，还有一点需要我们注意的是，在法显归国译经之前，我国内地的译经人和所翻译的经典，大多来自西域，即所谓的"胡本"。像法显这样到国外学习语言和经典，归国以后组织志同道合的学问僧翻译佛经，这种直接自梵文经典译成汉文的做法，相比于从西域胡本翻译，更为直接，也一定程度可以避免西域各地佛教对印度佛教理解的差异，这在佛经翻译史上也是具有重要意义的。

4. 佛国行记

法显对中国佛教的贡献，不仅在于他对经律的翻译，比法显的翻译更为今人所熟悉的，可能还是他撰写的关于西行取经的游记《佛国记》（《法显传》）了。义熙九年（413），法显住道场寺写《佛国记》，翌年成书，并很快在建康流通传阅，但由于太过简短，无法满足读者对异域的好奇心，于是后来法显又对自己所写的书稿作了详细的补充，这就是后来以多种书名流传至今的《佛国记》一书。

在《佛国记》中，法显较为详细地叙述了自己和同伴一起，西度流沙、跨越葱岭、到达天竺的经过，以及在同行者或者中途返回、或者亡故于天竺、或者留住天竺不归时，法显独自一人拖着老迈之躯，途经师子国从海路归返中土的全部经历。从时间上看，《佛国记》记述了法显从隆安三年（399）在长安出发，到义熙八年（412）在崂山登陆，前后长达十五年的经历。从地域上看，《佛国记》记录了中亚、南亚以及东南亚地区三十余国的政治、宗教、地理、经济状况以及风俗习惯等重要信息。《佛国记》作为法显对自己这一历时十五年的长途而艰巨旅行的记录，是中国古代以亲身经历介绍印度和斯里兰卡等国情况的第一部旅行记，对于后来去印度求法的人起到了很大的指导作用。

同时，《佛国记》这部书已经不仅是作为佛教史籍，起着鼓舞后世人们生起佛教信仰的作用，更为重要的是，它对五世纪西域、天竺情况的真实记录，已经成为人们研究五世纪之前印度历史最为可信的材料。《佛国记》的这一价值，早已经成为历史学界的共识。《佛国记》为我们了解古代西域、印度与中国的交通往来提供了第一手资料，同时，它与玄奘的《大唐西域记》、义净的《南海寄归内法传》一起，已经成为近代以来西域、印度考古发掘最重要的线索。

另外，《佛国记》作为中国古代游记文学的重要成果，以其言必依实的写实特征和言简意赅的精练风格，也受到历代文人的喜爱与称赞。哈佛大学教授田晓菲曾经对法显的异域之旅做过独到的解析，她指出"法显把早期中古读者所极为熟悉的得失乐园的文化叙事结构植入了游记这样一个全新的叙事框架之中"①，所谓"得失乐园的文化叙事结构"即法显经历万险千难穿过魔界而终于达到中天竺这个极乐世界，而后因为见到晋地的一柄白绢扇产生强烈的"思归"情绪，踏上归途后再次走入危险的地狱，失去乐园。同时，田晓菲教授还强调，这种文化叙事模式以输入中国并逐渐影响到社会上层人士的佛教地狱与净土概念为核心，也夹杂并融合了中国本土文化传统中的典型情节与意象。从这个角度来说，《佛国记》不再是一个对所经地点进行罗列的单子，而是一个有始有终、中间包含戏剧性转折点的完整叙事，甚至"可以被视为现代长篇小说的遥远滥觞"②。

一个人的外在行为，是其内在精神、品格的反映和流露。法显以其卓越的旅行名震史册，如此动人心魄的作为，同样也是其内在品格激发和塑造的结果。尽管因为资料有限，我们今天已经无法完全还原法显这位历史伟人的全部信息，但是在这些为数不多的资料片段中，我们依然能够感受到法显那熠熠生辉的个性光芒。西北大学李利安教授将法显的内在品格总结为十点：坚定不移的信仰、心系佛门的悲愿、开创荒途的胆略、老当益壮的精神、百折不挠的意志、虚心好学的胸襟、善于考察的习惯、惜缘重友的情结、惜时勤奋的作风、眷念故土的情怀。③ 法显的这些精神品格，为我们今天的情感熏陶与精神提升提供了有益的启示借鉴。

法显归国无意中与崂山的联结，从他个人信仰的角度看，是"为业风所吹"，而从更宏观的历史角度来看，法显的崂山登陆为崂山文化留下了难以磨灭的历史印记，作为极其珍贵的历史文化资源，值得我们骄傲与怀念。

二　崂山布道的丘处机

丘处机（1148—1227），字通密，号长春子，山东栖霞人。丘处机是全真教创始人王重阳的高徒，"全真七子"之一，继马钰、谭处端、刘处

---

① 田晓菲：《神游：早期中古时代与十九世纪中古的行旅写作》，生活·读书·新知三联书店 2015 年版，第 109 页。
② 同上书，第 82 页。
③ 李利安：《法显的内在品格及其当代启示》，载杨曾文等主编《东晋求法高僧法显和〈佛国记〉》，宗教文化出版社 2010 年版，第 217 页。

玄等人之后执掌全真教，是全真教龙门派的创始人。丘处机深得金元时期统治者及普通百姓的崇敬，曾携弟子十八人远赴西域觐见成吉思汗，向蒙古统治者宣传道教思想，为全真教在北方的兴盛奠定了良好的基础。丘处机著有《磻溪集》《摄生消息论》等，收录于明《正统道藏》中。在全真教的第二代祖师"全真七子"中，丘处机的贡献最为卓著。

1. 拜师重阳

金熙宗皇统八年（1148），丘处机出生于山东登州栖霞县的滨都，父母在他幼年时去世，丘处机丧失了读书的机会。大定六年（1166），十九岁的丘处机弃俗入道，居住在昆嵛山（位于今山东省烟台市）。大定七年（1167），丘处机听说王重阳来到山东，便去寻访王重阳并拜入他的门下。一般认为丘处机是全真七子（丹阳子马钰、长真子谭处端、长生子刘处玄、长春子丘处机、玉阳子王处一、广宁子郝大通、清静散人孙不二）中第一个拜入王重阳门下的。而关于丘处机入门的地点，大多认为是在昆嵛山烟霞洞，但也有人认为是在宁海的全真庵。王重阳见到丘处机之后，两人交谈了一个下午，非常投机，王重阳为他训名处机，号长春子。在拜入王重阳门下之后，丘处机有了学习的机会，并且进步非常快，不仅一日能记诵千余字，而且善于吟咏，这从现在流传下来的丘处机诗作可以看得出。王重阳对丘处机的期望很高，他留丘处机亲侍左右，做一些基础的杂务，想假以时日对他进行熏陶，颇有一些刻意磨炼的意思。

大定十年（1170），王重阳在汴梁（今开封）去世。从拜入王重阳门下，到王重阳去世的三年时间里，丘处机进行了何种修行，我们现在不得而知。但比较清楚的是，在这三年里，王重阳的足迹从昆嵛山烟霞洞到文登姜实庵、宁海金莲堂、福山、蓬莱，再到后来的汴梁，丘处机一直是随侍在他身旁的。有趣的是，在丘处机的弟子尹志平关于其师的记录里，有一个颇耐人寻味的细节。有一天，王重阳闭门和他的大弟子马钰谈论调息之法，丘处机在门外偷听，过了一会儿，他推门而入，结果两人立即停止了交谈。丘处机当时似乎对于王重阳只安排自己做一些杂务而不教授他修行的做法，很是不理解。他甚至抱怨王重阳教他的都是一些无关紧要的事情。后来王重阳临终之前对丘处机说："以前，你曾说我所教之事尽是一些无关紧要的东西，那是因为你不明白，正是这些无关紧要之处才是道。"当时的丘处机或许还不能明白师父话中的真意，直到他后来悟道之后才发现，这句看似稀松平常的话其实是至理名言。可见，王重阳对于丘处机还是另眼相看的，正是因为他有意栽培，所以教导的方法也与众不同。

王重阳去世后，二十三岁的丘处机和师兄马钰及谭处端、刘处玄四人便去了重阳故里——陕西刘蒋村。四人修复了刘蒋村的王重阳旧居，也就是后来所说的"祖庵"。大定十二年（1172）他们将王重阳的灵柩由汴梁移至祖庵，之后直到大定十四年（1174）八月，丘处机一直在王重阳墓旁服丧。

大定十四年（1174）八月，王重阳的四位弟子服丧结束后，他们离开祖庵，去了秦渡镇的真武庙。据说丘处机和三位师兄弟曾经月夜共坐，谈论各自的志向。马钰是"斗贫"，丘处机是"斗闲"，谭处端是"斗是"，刘处玄是"斗志"。这里的"斗"可以理解为是争取的意思，也表明了各自目前修行的欠缺。"月夜论志"后的第二天早上，四人分赴四方修炼传道。马钰返回刘蒋村，谭处端和刘处玄东去洛阳，丘处机西入磻溪（今宝鸡市虢镇附近）。这一年，丘处机二十七岁。

2. 隐居修行

丘处机离开祖庵后，先在磻溪隐修六年，丘处机一蓑一笠，寒暑不变，当时人们称他为"蓑衣先生"。丘处机在磻溪期间的诗作表明，他当时是"穴居"的，这个洞穴被他称为"长春洞"。从他的修行方式来看，当时应该是在专心于道教内丹的修行。这时的丘处机是否收有弟子，我们不得而知，但是从他这一时期写给许多人的赠诗来看，他周围似乎也有很多道友，而且不乏有人邀请他到别处去参访居住。

大定二十年（1180），丘处机离开磻溪来到了陇州的龙门（今宝鸡市陇县龙门洞）。在丘处机移居龙门的同一年，他的师兄马钰结束了在陇州等西北地方一年多的传教，而丘处机此时来到陇州龙门，或许与马钰的行迹有关。丘处机在龙门的生活基本上是磻溪时代的延续，还是以苦行修炼为主。重视克己忍辱、清修自苦是丘处机及早期全真教所崇尚的风气。在吸收了佛教人生观中关于苦的认识后，丘处机极力宣扬人生短促无常，劝导人们看破功名富贵、家财妻子的虚幻不实，立志学道，追求天上真乐，脱离人间"火宅"。他规定全真道士必须出家住观，严格遵守清规戒律，不能娶妻、不食荤腥，苦练积功，苦行济世。丘处机本人在磻溪隐修六年，在龙门隐修七年，其间以乞食为生，过的就是这种禁欲苦行的修道生活。早期的全真道士也基本上都能践行这一精神，保持这种自甘勤苦、安贫守道的风气。全真教早期的庵观也大多崇尚简朴，道士亲自参与劳动，自给自足。其庵观制度也仿效禅宗丛林制度，对于不守清规的弟子有非常严厉的处罚，从跪香、逐出师门直到处死。这种推行禁欲苦行、严格执行戒规的教风，在当时来看，是对唐宋以来道教结交权贵、奢侈腐败之风的一种有力革新。

在丘处机隐居龙门一年多之后，发生了政府遣返寓居异乡道士的事情，马钰因此离开关中回到了山东宁海。当时，丘处机也在遣返之列，但是他没有离开龙门，在当地官民一同请愿担保下，丘处机获准继续留在龙门。通过此事我们可以看到，丘处机尽管避世隐居，但是他的苦修异行已经令他建立了牢固的群众基础，以至于能让当地官民反对将他遣返故里。磻溪、龙门隐居期间的丘处机，在社会上的声望和评价都很高，已经隐约成了陕西全真教的中心人物。大定二十六年（1186）冬，声名藉甚的丘处机在京兆统军夹谷龙虎的礼请下，离开龙门回到了终南山下的祖庵。

在丘处机的著作中，以隐修地点磻溪命名的《磻溪集》是他流传下来的唯一鸿篇巨著。《磻溪集》主要收录的是丘处机前半生求道、隐修期间所创作的诗词，是考察研究丘处机生平及其思想的重要资料。现存的《磻溪集》，最初编辑刊版于金大定二十六年（1186），也就是丘处机结束龙门隐修的那一年。后续又有所补充，收录了丘处机西域之行后的作品。《磻溪集》收录《道藏》第25册，共六卷，收录了丘处机的数百首诗词。其中，一至四卷为诗，后两卷是词，其中仅词就有134首，用词牌47种。这些诗词不仅包含着丘处机的宗教思想、修炼法诀、修证体验和人生感悟，而且有一些关于丘处机的重要历史事件、个人自述、应酬交往的信息，是研究丘处机与全真教历史的宝贵资料。

《磻溪集》所收录的大部分作品，都是表现丘处机对"道"的体悟及其修心养性的深刻感受，可以说，丘处机的诗词是道和诗的统一。丘处机诗词的文学水平极高，简朴而不失文采，通俗又能传播道法，状物、写景、抒情、演道，都堪称是一流境界。有人认为丘处机这样文采风流的诗，即便是放在李杜苏黄这样的大诗人的诗中，也毫不逊色。清人顾嗣立编《元诗选》时，选收了丘处机的诗三十九首，这也反映了丘处机诗词的水平和地位。

3. 传道崂山

丘处机于大定二十六年（1186）冬结束了在龙门的隐修，回到刘蒋村祖庵定居。此时全真教在北方声望日隆，逐渐获得官方认可。大定二十八年（1188）二月，丘处机应金世宗诏，从终南祖庭来到燕京，是继王处一之后第二位被皇帝召见的全真道士。此时金世宗已经到了晚年，身体多病，急于寻求保养之术。丘处机在金世宗的多次接见中，建议他抑情寡欲、养气颐神，并传授他修身养性的方法，获得了金世宗的认可和尊敬，后得旨归终南。大定二十九年（1189）正月，金世宗驾崩，新上台的金章宗发现全真教在民间已经得到广泛的传播，他害怕再有类似张角五斗米道这样的叛乱出现，因此不断地收紧宗教政策。明昌元年（1190）春，金章宗下令禁止百姓私自披剃为僧道。同年，以惑众乱民为由禁罢全真教。丘处机就是在这一背景下于明昌二年（1191）结束了在祖庵大约五年的生活，回到山东栖霞。

尽管离开了关中，但丘处机依然关心那里的道友和门徒，时常与他们书信往来。后来他写给陕西信徒和道友的书信以及他的一些语录被收集编纂为《寄西州道友书》。在《寄西州道友书》里，丘处机主要强调的还是"苦志"，也就是坚持虔诚自律的修行。他认为，除尽杂念、心地清净是修行的重要条件，如果能处于这种状态，那就可以做到气和，气和则神王，这是修仙的根本，根本立则道生。这种思想，可以说是对王重阳重视性功与命功思想的继承。

明昌二年（1191）十月，丘处机回到了故乡山东栖霞，居住在时称"东方道林之冠"的太虚观。在兴定三年（1219）受蒙古成吉思汗邀请西行之前的大约三十年时间里，丘处机主要生活在栖霞太虚观，同时也常到崂山等地作醮传道、参访云游。纵观丘处机的一生，在他八十年的人生里，前后有近五十年的时间都是在山东度过的，其间他长期活动在栖霞、昆嵛山、崂山等地。

丘处机在山东传教的近三十年中，曾多次到访崂山，与崂山结下了深厚的缘分。丘处机因感慨崂山僻于海曲、其名不彰而为崂山改名"鳌山"。丘处机除了为崂山改名外，还在崂山留下了大量诗作，崂山现在留有多处丘处机的诗刻。从这些诗词内容和各处题刻中可以看到，丘处机的足迹踏遍崂山各处，而他对崂山的喜爱也是溢于言表。在《上清宫》十首中，丘处机对崂山的清幽僻静、天高海阔赞叹不已："青山本是道人家，况此仙山近海涯。海阔山高无秽浊，云深地僻转清嘉。"而崂山突兀的奇峰、嶙峋的怪石、变幻的岚光、离合的云气也让丘处机非常着迷："怪石嵌空自化成，千奇万状不能名。断崖绝壁无人到，日夜时闻仙乐声。"或许是崂山洞天福地的美景彻底折服了丘处机，使他为崂山如此胜境却没有与之相匹配的名气而感到遗憾："五岳曾经四岳游，群山未必可相俦。只因海角天涯背，不得高名贯九州。"

对于崂山，丘处机是毫不吝惜自己笔墨的。他在崂山留下了四十余首诗词，盛赞崂山的清幽奇丽，崂山在丘处机的心中已然与九霄仙境无异。丘处机的诗作水平很高，清代学者阮元曾称其"清真平淡，多可讽颂"。这从我们今天还能看到的题咏崂山的四十首诗来看，的确如此。可以说，在历代吟咏崂山的诗词中，丘处机的诗都是不可多得的佳作。丘处机题咏崂山的这些优秀诗作，为崂山增色不少，成为今日崂山一道靓丽的文化风景。

丘处机不仅在崂山留下了诸多诗作，而且还留下许多珍贵的题刻。现在一般认为出自丘处机之手的题刻有：明霞洞、鳌山、鳌山上清宫、仙鹤洞、访道山等。关于丘处机在崂山的题刻，至今还有一个未解的谜团。据说，丘处机登临崂山时，曾手书气势恢宏的"南天门"三个大字镌刻于山岩上，但镌刻的具体位置历来并没有详细记载。明代陈沂在《鳌山记》中写道："复有二峰，若石垒就，高数十仞……有邱长春大书'南天门'三字。"[①] 但以往的《崂山志》中，虽也提到"南天门"的刻字，却没有清楚的位置记载和实物照片。这使多年以来，尽管有无数人一直在努力寻找这一刻字，但都没有结果。丘处机的题刻是被人为破坏了还是自然风化消失了，还是记载有误，至今我们也不得而知。

另外，丘处机与崂山的道教音乐还有一段故事。有一次丘处机来游崂山，上至南天门时，听一位道士演奏了一首《空洞步虚曲》，面对如此胜景，聆听如此仙乐，丘处机即兴作了《青玉案》词一首："乘舟共赴烟霞侣，策荆杖、寻高步，只上孤峰尖险处。长吟法曲，浩歌幽韵，响遏行云住。凭高目断周四顾，万壑千岩下无数。匝地洪波吞岛屿。三山不见，九霄凝望，似入均天去。"这首词后来被刻在崂山上清宫东边的巨石上，并

---

① 青岛市史志办公室编：《青岛市志·崂山志》，新华出版社1999年版，第507页。

被崂山道士广为传唱，成为崂山道教音乐中的一个重要曲目。

丘处机衣冠冢也是崂山上的一个独特风景。丘处机去世后，安葬在今天的北京白云观，而崂山上清宫前，却有一座丘处机的衣冠冢。关于这座衣冠冢的由来，据说是在丘处机去世后，崂山太清宫为他举行了法事，并由专人将他的衣冠带回来埋葬在了崂山。"文化大革命"时期，衣冠冢曾被人挖开过，但发现其中只有一个空的石棺，并没有衣冠。尽管丘处机衣冠冢目前还存在诸多疑问，但是从这个衣冠冢我们也能感受到，丘处机对崂山的影响，以及在崂山道士们心中的分量。

尽管丘处机的崂山之行都是应邀做客，并没有常住，但他数次登临崂山布道、题诗的活动，以及其道教学识和在道教界的名望，使全真教得以传入崂山，对元代崂山道教的勃兴做出了历史性贡献。崂山自古以来被称为"神宅仙窟""灵异之府"，是道家向往的炼丹、修道之地，道教文化也一直是崂山文化的一个标志性烙印，但在丘处机到崂山之前，由于地理位置的关系，崂山道教一直自成体系，很少与外界交往，而丘处机的到来，使全真教传入了崂山。崂山随着全真教的进入，得到了迅猛的发展，黄石宫、华楼宫、聚仙宫、遇真宫、大崂观、凝真观等众多庙宇宫观就创建于这一时期。元代之后，崂山道教几乎全部都已改为全真教，全真教的七个教派在崂山都有传人，而其中又以丘处机的龙门派传承最远。在丘处机的影响下，崂山道教生生不息，代代相传，极盛时曾经有九宫、八观、七十二座名庵。到后来，又有直接以"崂山"命名的道教派系出现。丘处机的造访带来了崂山名望的兴起和崂山道教的兴盛，崂山上的这些刻石与建在上清宫前的丘处机衣冠冢以及民间流传的许多丘处机与崂山的故事，都足以证明丘处机对崂山道教的深远影响。如果说崂山滋养了丘处机，那么丘处机则成就了崂山。

4. 远行西域

在南宋、金、蒙古三方逐鹿中原之际，丘处机在政治和社会上积极发挥自己的影响，使全真教的发展进入了兴盛时期，成为北方最大的宗教势力。有一件事情足以证明丘处机当时的影响力。金宣宗贞祐二年（1214），山东爆发了红袄军起义，金朝派驸马都尉仆散安贞领兵讨伐，但登州、宁海等地的起义并没有被平息。于是驸马都尉便请丘处机协助招抚乱民。结果丘处机所到之处，起义军纷纷投戈拜命，登州和莱州等地很快平定。丘处机在山东一带声望之高、影响之大，可见一斑。

因为丘处机声望日隆，宋、金、蒙古三方都十分重视他所代表的全真教势力，竞相召请结纳。贞祐四年（1216），丘处机在登州时，金宣宗命东平监军王庭玉持诏书召丘处机到汴京。但丘处机看到金朝大势已去，他没有应召，而是以"我循天理而行，天使行处无敢违也"为由拒绝了。宋嘉定十二年（1219），宋宁宗派遣将领彭义斌持诏书请丘处机赴临安，但丘处机对南宋的前景并不看好，也推辞没有前往。同年冬，蒙古成吉思汗的使者来到山东莱州丘处机所在的昊天观，邀请他前去与成吉思汗相见。这时，丘处机揆度时势，慨然应命，于第二年春，开始了令他名垂青史的一次远途旅行。这一年，丘处机已经是73岁高龄的老人了。

金兴定四年（1220）正月，丘处机带着弟子赵道坚、宋道安、尹志平、李志常等十八人离开山东莱州昊天观，踏上西行的旅途。二月他们到达燕京，入住玉虚观，得到当地官员的热情接待。四月上旬，丘处机应当地信众的要求，在天长观作醮并传戒，之后他们再次出发。据说，当丘处机一行经过居庸关时，有天夜里遇到了盗贼，但当盗贼得知行人中有丘处机时，连忙说"无惊扰师父之意"，便退却了。这个传说也反映了丘处机在北方的影响力。

之后，丘处机一行一路过德兴府、宣德州、武川、抚州等地，于金兴定五年（1221）七月到达了田镇海的城池。一路上，丘处机每过一地，若有停留，便会作醮受戒。随着他的西行，全真教的影响也一路向西扩张。在田镇海的城池，丘处机考虑到未来旅途的艰辛，留下了宋道安等九名弟子，让他们建栖霞观居住，而他本人则于八月再次启程，和田镇海一起经昌八剌城、阿里马城、赛蓝城，于同年冬天抵达撒马尔罕。在撒马尔罕过冬后，第二年三月，丘处机留下了尹志平等三人，带领着其他人继续上路。这一次他经过碣石城、铁门、阿姆河，在四月五日终于抵达了成吉思汗的行在。

丘处机与成吉思汗第一次见面时，成吉思汗问道："真人远道而来，给我带来了什么样的长生药？"丘处机却回答："有卫生之道，却没有长生之药。"这一问一答，颇负盛名，而丘处机的诚实也让成吉思汗非常满意，他改称丘处机为"神仙"，并在之后三次召见丘处机，听他讲道。成吉思汗当时所关心的主要是治国和养生的方法，而丘处机则建议他敬天爱民、清心寡欲、减少屠杀。后来，成吉思汗命人将他与丘处机的几次对话编集成了《玄风庆会录》。

金元光二年（1223）春，丘处机向成吉思汗辞行，开始踏上东归的道路。成吉思汗下诏豁免全真教的赋役，并沿途派兵护送。在回程时，丘处机的门徒们希望将半途去世的赵道坚的遗骨带回安葬，而丘处机则阻止了他们。他说："四大假躯，终为弃物。一灵真性，自在无拘。"① 这句偈语可以说是丘处机性命论的精华所在。丘处机所弘传的全真教反对传统外丹烧炼和符箓驱鬼之术，而推尚内丹方术，主张性命双修，特别强调以"识心见性"为修行的正途。丘处机所代表的全真道家认为，人心有"本来真性"，不生不灭、超越生死，是成仙的唯一根据。而人的身体是四大假合生成的，是有生有灭的。修行者如果能够在心地上下功夫，澄心净虑，便可以使精神超越生死之外。丘处机对肉体长生成仙之说并不认同，而是推崇"性"贬低"形"。明白了丘处机的这一修行理念，我们再回过头去看他的行为就更容易理解了。

丘处机一行人于金元光二年（1223）八月抵达宣德府，并在这里过冬，这趟历时四年、先后经历数十国，行程万余里的西域之行到这里就基本结束了。后来，跟随丘处机一路西行的十八名弟子之一的李志常，根据一路上的经历见闻，写成《长春真人西游记》一书，对这一段历史有很详细的记述。中西交通史研究专家张星烺先生曾评价这本书："此书记载详明，为研究中世纪中央亚细亚史地者不可缺之书也。在史地学上价值甚高，其影响虽不若《马哥孛罗游记》之巨，而叙事详晰，条理不纷，文章优雅，固非马哥孛罗所可比肩也。"②《长春真人西游记》一书，记述了许多有关蒙古、新疆和中亚地区的历史地理、民情风俗，具有重要的史料价值，而这同时也反映出丘处机的西行对中西交通与文化交流所作出的重要贡献。

关于丘处机西行的收获，现在看来，主要在于赢得了成吉思汗的信任，为全真教在当时获得了优待措施，也为全真教以后在北方乃至全国范围内的兴盛奠定了基础。不论从全真教还是从整个道教发展的角度来看，丘处机的西行都具有极其重要的意义。有人说丘处机的西行促进了民族融合，促进了元朝对中国的统一，这或许言过其实了，但丘处机的西行，劝

---

① 杨善友、车轩：《丘处机的三教合一思想》，《宗教学研究》2008年第1期。
② 张星烺、朱杰勤：《中西交通史料汇编》（第五册），中华书局1977年版，第72页。

告了蒙古统治者"止戈为武",确实在一定程度上给中原百姓带来了和平安定的环境。这实际上也是丘处机西行最主要的目的所在。丘处机在出发前写给朋友的诗中,表明了自己应召西行的目的:"十年兵火万民愁,万千中无一二留。去岁幸逢慈诏下,今春须合冒寒游。不辞岭北三千里,仍念山东二百州。穷急漏诛残喘在,早教身命得消忧。"从这首诗中不难看出,丘处机不远万里西行的目的和初衷,是想通过他的努力使中原百姓免受战争的屠戮。关于丘处机的"止杀",学界曾有过较为激烈的争论,对此不宜夸大,不过丘处机确实曾经以他的宗教理念对元朝统治者进行劝善,发挥了功用,这也是不能抹杀的。

金正大元年(1224)春,丘处机应燕京官员的邀请主持天长观。此后每有使者赴行宫,成吉思汗必问神仙安否。正大四年(1227),成吉思汗下诏将天长观改名长春宫(今北京白云观),并赠金虎牌,让丘处机掌管天下道教。可以说,对于全真教而言,再也没有任何更加优待的措施能够超越丘处机所获得的了。丘处机在燕京住持期间,开坛说戒,大收门徒。燕京当地的名儒官绅也无不争相与他结交,或以诗贺之,或争献钱币葺修宫观。丘处机的门徒李志常、刘志源、宋德方、綦志远等也在北方各地修建宫观,刊刻《道藏》。全真教一时之间教门四辟,百倍往昔,可谓达到极盛。

正大四年(1227)七月九日,丘处机留下一首颂,把后事托付给宋道安、尹志平、李志常等人,之后他进入葆光堂端坐而逝,享年 80 岁。丘处机去世一年后,他的弟子尹志平主持为他新建处顺堂安葬,同时将长春宫改名为白云观,北京白云观的名称就是这时开始的。元世祖时,丘处机被追尊为"长春演道主教真人",之后在元武宗时又加封为"长春全德神化明应真君"。可以说,不论是作为一个道士,还是作为一个庞大教团的领导者,丘处机的晚年都是成功的。

丘处机在开拓了全真教的辉煌历史,留下了丰富的思想文化遗产后,驾鹤仙游而去,留给后人无限的崇敬与怀念。至今,北京地区还保留有纪念丘处机诞辰的民俗活动"燕九节"。回顾总结丘处机的一生我们会看到,在思想主张方面,他继承和发扬了其师王重阳所开创的三教合一的教义理念;在著书立说方面,他留下了许多重要的作品,不仅大大地充实了道教的思想库,也对中国古代哲学、文学、艺术、医学、民俗等各个方面产生了重要影响;在弘教传道方面,他作为金元时期全真教的掌教、龙门派的创始人，使全真教成为北方影响最大的宗教，并培养了一批优秀的道教人才，将中国道教的发展推向了一个新的高潮；在社会活动方面，他作为当时著名的宗教领袖，取得了金朝和元朝多位君王的信任，对维护社会安定、抚恤民众发挥了积极的作用。

三　皈依上崂山的高僧憨山

憨山（1546—1623）是晚明佛教四大高僧之一，在整部中国佛教史上都占有举足轻重的地位。其人生经历大致分为前后两个阶段，第一个阶段包括金陵出家以及北游时期，第二个阶段包括发配岭南和兴复曹溪时期，前后两个阶段以崂山海印寺官司为转折点。因此，我们这部分围绕着"憨山与牢山"，重点探讨憨山前半生的经历与影响。今日崂山文化之幸事，实乃当年憨山个人之祸难，历史的吊诡与邪魅投射在个体际遇中所留下的斑驳光影，每每触及，令人心恸，而其引发的思考与咏叹正是社会文化发展的重要推动力。

1. 早年行迹

憨山的早年行迹主要是在南方的报恩寺时期，后来北游的五台山时期和牢山时期，北游时期，憨山亦多往来于当时的权力中心北京。憨山北游的主要目的是为了修复报恩寺，他在报恩寺的这段经历可以说是他后来大起大落的根源，如果不能理解他对于报恩寺的感情，也就很难理解他后来的一些举动。因此，我们有必要细致深入地了解一下憨山在报恩寺的青少年时期。

憨山法名德清，俗姓蔡，全椒县（今属安徽省）人，父名彦高，母洪氏奉佛，对憨山的影响很大。据憨山自叙《年谱》，其母亲一日梦见观音菩萨携童子入门，"接而抱之"①，遂有娠。出生于有佛教信仰的家庭环境中，憨山与佛教的因缘日深。憨山周岁时患风疾几要丧命，母亲向观音菩萨祈求而憨山病愈，于是将憨山寄名于本地的长寿寺，并易乳名为"和尚"。三岁时憨山表现出异于其他小儿的安静，常被祖父说"如木

---

① （明）憨山：《憨山老人梦游集》卷五十三，《卍新续藏》第73册，第831页。

桩"。7岁时,因历叔父去世,又见婶母生子,憨山开始关注探究生死问题。9岁时的憨山读书于寺中,听到僧众念《观音经》能救世间苦,心生大欢喜。11岁时憨山偶见行脚僧数人,发心出家,幸获母亲的理解与支持,12岁时往依报恩寺西林大和尚。

憨山12岁入报恩寺,26岁离寺,在报恩寺的这段时期是他人生的第一个重要阶段。憨山一入寺就得到了西林大和尚的赏识,当时无极大师正在报恩寺三藏殿开讲,西林大和尚携憨山前往听讲,适逢名臣赵贞吉(1508—1576)在场,赵贞吉对憨山十分器重,说:"汝爱做官,要作佛。"憨山应声:"作佛。"① 这应该是憨山与明王朝掌权者的首次近距离接触,而赵贞吉对憨山的警语也可作为憨山未来卷入权力争斗的伏笔。

由于西林大和尚的重视,憨山在报恩寺既学习了佛教经典,也有机会跟随先生学习经史古文等举子业,曾作赋《江上篇》,在同学间推重一时。憨山十九岁的时候,有人劝他应试考取功名,当时栖霞山云谷法师极力向憨山开示出世之法,并命他看历代高僧祖师的作品。由此可知,当时憨山一定在"入仕"与"出世"之间犹豫徘徊过,而云谷的引导则说明他希望憨山选择后者并且未来成为佛门栋材。憨山因读《中峰广录》有悟,"遂决志做出世事"②,于是请西林大和尚为他剃度,时在嘉靖四十二年(1563)。是年冬,无极法师于报恩寺禅堂讲清凉法师的《华严玄谈》,憨山从无极法师受具足戒并听讲。听到十玄门"海印森罗常住"处时,憨山恍然了悟,因为仰慕清凉法师(澄观)而自命字曰"澄印",并发心入华严法门,愿住清凉山(五台山)中。

憨山的弟子福征在《憨山大师年谱疏注》中对其师父出家之事有十分精到的评语:"憨祖学问文章俱已造成,又见佛法衰残,思欲为公美楚材之事业,佛法世法一肩担荷,故因众友赴试之劝,亦萌弋取功名之心,以期满己宏扬大法之愿。然仕途危险,稍一不慎便致陷溺,幸得云谷大师之警策,遂专志办出世事,而焚弃其窗稿,即求太师翁立为披剃,其力办修行,发悟矢志之机缘,全自云谷始也。"③ 憨山天赋异禀,才学出众,青少年时期受到较多的关注和赞赏,有自信进取之心也在情理之中,只是他尚不懂仕途危险,性格中缺乏谨慎的品质,因此云谷大师极力劝他不要

---

① (明)憨山:《憨山老人梦游集》卷五十三,《卍新续藏》第73册,第831页。

② 同上书,第832页。

③ (明)福征:《憨山大师年谱疏注》,《大藏经补编》第14册,第465页。

入仕，专务修行，想必也是看出了这一点。

憨山20岁的时候，西林大和尚自知将去，抚摸着他的脊背对众人说："此子我望其成人，今不能矣，是虽年幼，有老成之见，我死后，房门大小事，皆取决之，勿以小而易之也。"自憨山入寺以来，西林大和尚对他十分器重和信任，临终时的场景是大和尚手提念珠，憨山"拥于怀，端然而逝"①，令人动容。西林大和尚与憨山师徒情深，他对憨山的嘱托在憨山心中肯定无比重要，后来憨山执念于复兴报恩寺，想必有报答师恩、弘扬师愿的成分在里面。同年冬，云谷在天界寺建禅期，憨山得以预会。

嘉靖四十五年（1566），憨山21岁。报恩寺因雷电起火，受灾惨重，朝廷降罪逮捕了寺内十八人，众僧恐受株连，纷纷离寺逃避。憨山挺身力救，多方调护，令被捕者免于死罪。自此，憨山立下兴复报恩寺的志愿，决定远游以待时，在找寻行脚同伴的过程中结识了妙峰和尚。此后因报恩寺陷入了债务危机，憨山想方设法还贷并在多处讲学以应对。

隆庆五年（1571），憨山26岁，开始踏上云游参学之路，次年秋，至京师，与妙峰和尚相见，并参访了遍融、笑岩等禅门尊宿。1573年，明神宗朱翊钧上台，改元万历，这一年憨山28岁，开始了他的五台山因缘时期。

万历元年（1573），憨山游览五台山北台的时候，"见有憨山事甚佳"，遂"默取为号"。所谓"憨山事"，据福征《年谱疏注》所引《名山志》云："五台龙门有山，秦始皇鞭石成桥渡海求神仙时，鞭此山不动，因呼曰憨山。"②憨山性机敏，以憨入号，形成了一种有趣的对比。憨山作为南方人因受不住北方冬日冰雪风寒而返回京师。万历三年（1575），憨山与妙峰和尚同上五台，过平阳府（今山西临汾）时，太守胡顺庵差役相送。憨山在五台山坐禅，这期间多有所悟。

万历四年（1576），五台山塔院大方和尚因遭山中砍伐林木的奸商诬告而陷入诉讼，憨山请胡顺庵出面得以保大方和尚及其道场周全。憨山还向胡顺庵提议，上疏朝廷禁止私人砍伐山中林木。这是憨山第一次利用权力关系来解法门之厄，表现出了较强的社会活动能力。可以说，憨山深知在当时的社会历史条件下，要想做佛教的事业，离不开来自朝廷及官员的

---

① （明）憨山：《憨山老人梦游集》卷五十三，《卍新续藏》第73册，第832页。
② （明）福征：《憨山大师年谱疏注》，《大藏经补编》第14册，第474—475页。

第六章 玄对崂山

护持。因为胡顺庵对憨山的敬重而成功营救大方和尚并保护台山林木，这件事想必会进一步坚定了憨山走结交权贵以弘法化的道路。

万历五年（1577），憨山为报父母罔极之恩，发心刺血泥金写《华严经》一部，李皇太后听说后赏赐金纸以助其事，次年写毕。李皇太后崇佛，憨山早年云游京师时，皇太后选僧诵经保国，憨山曾位列其中。万历七年（1579），皇太后与皇上派遣宦官带领工匠到五台山修建塔院寺舍利宝塔，憨山尽力调护，使之顺利完工。此后五台山亦曾遭遇麻烦，皆赖憨山"宛转设法"①，得以解忧。这些事情足见憨山确有处理世法的能力以及荷担世法出世法于一身的热情。

万历九年（1581），憨山36岁，这一年是大师生命历程的一个重要节点，他自愿卷入进了万历朝最为复杂的"国本之争"当中，开启了此后祸难之门。先是妙峰和尚亦刺血书《华严经》，与憨山同愿，报父母恩，欲建无遮道场，当一切准备就绪时，皇帝下旨于武当山祈皇嗣，崇信佛教的李太后遂遣官于五台祝祷。憨山借机希望将营建无遮道场"一切尽归并于求储一事"，他的理由是"沙门所作一切佛事，无非为国祝釐，阴翊皇度"②。憨山的决定令一直引为知己的妙峰大感不解，派遣来的宦官也认为憨山是阿奉之心，憨山力争而得罪了宦官。最终在憨山的奋力经营下，此次规模盛大的法会得以有条不紊地进行。福征在《年谱疏注》中说，皇帝祈嗣是为他宠爱的郑贵妃，而太后祈嗣则是为宫女出身、皇帝并不喜欢的王才人，足见当时皇帝与太后在"国本"问题上已相矛盾，而被派到五台的宦官深知帝意，二心于太后，并不希望求储之事归并到无遮道场。起初无遮法会准备就绪，确与求储毫无关联，本不宜纠合，可是憨山"矢心在国本"③，自愿参与其中，不惜得罪内使甚至皇帝，这就为后来的"崂山之难"埋下了隐患。憨山此举表现出强烈的参与政治的热情，于历史浪潮中不甘心一味随顺而希望发挥影响，这种入世之"痴"、为人之"真"令人慨叹。

万历十年（1582），憨山讲《华严悬谈》，缁素云集。之后憨山与妙峰和尚离开五台，妙峰和尚前往芦芽山，憨山因病前往真定障石岩调养。此次妙峰和尚与憨山分手后，两人再未相见。是年八月，王才人诞下皇

---

① （明）憨山：《憨山老人梦游集》卷五十三，《卍新续藏》第73册，第832页。
② 同上书，第837页。
③ （明）福征：《憨山大师年谱疏注》，《大藏经补编》第14册，第498页。

子，恰与五台祈嗣法会时间相应，憨山声名鹊起，因担心大名之下，难以久居，"遂蹈东海之上"①，由此又开起了崂山因缘。

万历十一年（1583）夏，38岁的憨山来到崂山，从此易号"憨山"（此前居台山期间用字"澄印"）。憨山之所以决定来到崂山，是因为《华严疏·菩萨住处品》云东海有那罗延窟乃菩萨住处，《清凉疏》云那罗延（坚牢）即东海之崂山（牢山）。憨山果然在崂山访得那罗延窟的位置，只是无法居住，又寻得一处背山面海、名为观音庵的废址，决定在那里居住。起初只是在树下铺块席子，七个月后一位叫张大心的当地居士帮憨山搭建了一个茅棚。时即墨灵山寺有桂峰法师，憨山与其相交。关于憨山舍北就东、舍山就海的原因，福征在《年谱疏注》中说"若有不得已者，特以力争忤内使之名有闻，故知难而退"②。表面上看，憨山避世绝俗，其实是不得已而为之，憨山因力争求储法会与无遮道场归并，表面上忤的是内使，而实际忤的是圣上，这其中的厉害他一定知晓。

万历十二年（1584），李太后因为五台山祈嗣之功，访求大方、妙峰和憨山三人嘉赏。大方和妙峰受赐后，太后于西山建寺请憨山前往，憨山坚辞不就，太后于是赏赐三千金给憨山以在崂山建寺。憨山推辞不过，想到当时山东正值灾年，饥民遍野，于是"矫诏济饥"③，令太后感叹不已。

明代重视佛教经典的流传，多次刊刻大藏经。明北本《大藏经》，明成祖永乐十九年（1421）所刻，完成于英宗正统五年（1440）。至万历年间，李太后又续刻入藏诸集，万历十二年神宗钦赐《御制续入藏经序》，总计本续凡六百七十七函及目录一函，即《明史·艺文志》所称"释藏目录四卷，佛经六百七十八函"。万历十四年（1586），朝廷敕颁十五部藏经散施天下名山，首先以四部安置四边境：崂山（东）、普陀山（南）、峨眉山（西）、芦芽山（北）。普陀山与峨眉山作为观音菩萨和普贤菩萨的道场是当之无愧的名山，而崂山和芦芽山并不出名。当时妙峰和尚在芦芽山，憨山在崂山，皆因祈嗣有功，深获太后恩宠，而憨山更因屡诏不至、赐亦不受得享"藏经一部首送东海"④ 的殊荣。藏经送到崂山以后，因没有地方可以供奉，只能暂存在当地官府。憨山进京谢恩，太后命宫眷

---

① （明）憨山：《憨山老人梦游集》卷五十三，《卍新续藏》第73册，第837页。
② （明）福征：《憨山大师年谱疏注》，《大藏经补编》第14册，第501页。
③ （明）憨山：《憨山老人梦游集》卷五十三，《卍新续藏》第73册，第838页。
④ 同上。

布施在崂山修寺以供奉藏经,并赐名海印寺。万历十五年(1587),憨山开始修建殿宇。同年秋,胡顺庵告官归田,前面已经提到在憨山居五台山期间,与胡顺庵已有较为密切的交往。胡顺庵是东莱人,他归乡后送自己的儿子到憨山座下出家,做憨山的侍者,法名福善。由此可见胡顺庵对憨山的信任与仰慕之深。

万历十七年(1589),憨山决定归乡省亲,他先是进京为报恩寺乞得《大藏经》一部,并借机将报恩寺的始末详细汇报给太后,请她从日用饮食中缩减开支以储备兴复报恩寺的资金。此时的太后对于憨山已经是非常信任、恩宠,她同意了憨山的请求并于当年十二月开始实施储积计划。

万历二十二年(1594)冬,憨山入京,此时距憨山请太后储积修复报恩寺款项已有五年之久,憨山"知圣母储已厚,乃请举事"①,因当时朝廷正在商议讨倭一事,兴复报恩之事只能暂缓。憨山此次入京本为兴复报恩之事,惜外缘不就,留京期间,住慈寿寺,太后供应颇丰,并赐紫衣。这是憨山一生中政治地位最高的时期,此后旋即因福得祸,人生经历了大起大落、大喜大悲的转折。

万历二十三年(1595)春,憨山从京师回崂山,灾难旋即降临,三月下狱,至十月以"私创寺院"②的罪名遣戍雷州。从此憨山结束了他的崂山生涯,这一年,他正好50岁。

2. 崂山罹难

崂山罹难对于憨山本人来说是一次灾祸,任谁也是不希望流传并不断被人评议的,正如憨山自己所说:"山野之于山海,固不能流芳,适足以贻笑,不知儿童称说,父子相传于几百年也。……山野心知此段公案,深信上天之载,自有无声无臭者存焉,又何以论空华凋谢,瞥眼较得失乎?"③然而,作为一场历史事件,它的影响早已经跳脱个人遭遇的范畴,其中所蕴含的文化意义,只要我们不是抱着嘲笑、计较的心态,实在有反复探究之必要,这正是憨山所谓"无声无臭者"。更何况,个人之成败得失绝不应囿于一时一地来看,历史的车辙滚动到今天,福祸是非皆已随风,而作为当事人所表现出的赤子之心、反省的能力才是最为动人处。

---

① (明)憨山:《憨山老人梦游集》卷五十三,《卍新续藏》第73册,第840页。
② (明)福征:《憨山大师年谱疏注》,《大藏经补编》第14册,第515页。
③ (明)憨山:《憨山老人梦游集》卷十五,《卍新续藏》第73册,第564页。

对于此次灾难的具体原因，局内人和局外人有不同的观点。憨山在自叙年谱中说："上素恶内使以佛事请用太烦，其一至东海时，内庭偶以他故触圣怒，将及圣母左右，大臣危之。适内权贵有忌送经使者，欲死之，因乘之发难，遂假前方士流言，令东厂役扮道士，击登闻鼓以进。上览之，大怒，下逮，以有送经因缘故，并及之。"① 这里的"送经使"即太监张本，张本是李太后最为宠信的太监，外出营办佛事，大多由他经手。憨山认为有内廷权贵欲置张本于死地，自己只是受到了牵连，实际上并不存在佛道产权纠纷。憨山的这一说辞，纵然有回护之处，不过确实也表现出他对于海印寺的产权认知，并不认为是侵占了道士的地盘。海印寺建在观音庵旧址上，憨山认为这本就是佛教之地，"观音庵，盖古刹也，唯废基存焉。考之，乃元初七真出于东方，假世祖威福，多占佛寺，改为道院。及世祖西征回，僧奏闻，多命恢复，唯牢山僻居海上，故未及之耳"②。既然尚未来得及恢复，那么当时就产权来讲，自然属于道家，憨山的认识实际上是站不住脚的。这也是为什么后来憨山能够坐实私创寺院罪名的原因。不过既然憨山在观音庵旧址上所建寺院是没有经过审批的违法建筑，那么朝廷颁藏经给这样一处违建的寺院这本身也是十分荒唐。因此，后来一些局外的评论就说颁藏给崂山是与憨山交厚的太监张本的行为，例如明人沈德符《万历野获编》"憨山之遣"条所载。张本虽然深得李太后宠信，不过顶多有建议权，绝无自作主张的可能，崂山颁藏他执行的肯定是太后的命令。而崂山之所以位列首位，憨山在年谱中所述应为实情，主要是因为当时太后感念憨山屡诏不至、赐亦不受。不过因为憨山确实想抓住太后这份外缘来实现自己兴复报恩寺的夙愿，以他的社交处事能力，与太后跟前的红人张本保持较为亲密的关系相信也是事实。周至元《崂山志》卷七对耿义兰的《控憨山疏》有如下评语："窃考此疏所云情事，大都虚妄，惟私交张本、颁布藏经属实，遭诬被戍，亦不为无因也。"

在万历年间最为复杂的国本之争中，以李太后为代表的主立长阵营和以皇上为代表的主立贵阵营展开了很长时间的斗争。憨山从五台山祈嗣开始实际上已经选择了站在李太后阵营当中。后来憨山为兴复报恩寺之事进

---

① （明）福征：《憨山大师年谱疏注》，《大藏经补编》第14册，第514页。
② （明）憨山：《憨山老人梦游集》卷五十三，《卍新续藏》第73册，第838页。

京，留住慈寿寺期间，似又有保嗣之举。憨山在台山祈嗣之后感觉到压力，应该不愿意主动再卷入这一政治争斗当中，只是他想借助太后的信任和威望来做佛教的事情，就必须与太后在立储问题上保持一致。福征在《年谱疏注》中提到，憨山罹难的根本原因就在于受到建储之争的波累，当时朝廷关于立储一事正处于犄角之势，"与牢山道士全没交涉"①。憨山罹难的最主要原因确实是因卷入了国本之争，在太后和皇上不睦的背景下成了牺牲品，这在憨山入狱后当时审问者因提前得知风声而严厉追问憨山使用"内帑金"的问题可以看出。正如福征所言，"内帑金"本为太后自由掌握，实不在皇上过问的范围内，而皇上就这件事深究内使贪腐等，实际也是为了削弱太后阵营的势力。憨山明白这一点，因此只以孝道伦常为由，并不加大太后与皇上之间的嫌隙，好在憨山之前有"矫诏济饥"的举动，其细节详备在册，这为他能够险中求生提供了极有利的帮助。

卷入国本之争虽然是憨山罹难的主要原因，可是佛道之争的导火索也不是完全的空穴来风，实际上还是与地皮纠纷有直接的关联。其实早在万历十八年（1590）的时候就爆发过海印寺的产权纠纷。当时有道士称憨山侵占道院，讼于官府，因不满各级官员偏袒憨山，聚众数百人闹事，掀起了很大的风波。耿义兰在《控憨山疏》中也曾提到万历十七年、十八年曾在山东状告憨山被压之事。只是当时的憨山与太后、内使等亲厚，得到地方长官的庇护，并没有对这件事十分重视。虽然风波最后得以平息，可是终归留下了隐患。

抛开外部的政治环境和社会背景，单就憨山个人来说，此次灾难并不是完全的祸从天降，与他当时的志愿、心境、性格等也有千丝万缕的联系。憨山自幼表现出异于常人的天资和能力，深得师长赏识、重视，养成了自信、进取、勇于担当的性格。他在报恩寺出家、接受教育，报恩寺对于他来说有一种独特的归属感，而西林老和尚入灭时的厚重嘱托更让憨山对报恩寺有一种深切的责任感。因此，在报恩寺因雷火陷入债务危机后，憨山立志要修复报恩寺，此后几十年，这一直是深埋于憨山内心深处最为重要的一项任务。用憨山自己的话说："惜乎年轻福薄，无道力，从此决志修行，他日长养，头角峥嵘，终当遂此兴复之愿。由是予北游，固志在生死大事，其实中心，二十余年未尝一日忘，即五台东海，皆若子房之始

---

① （明）福征：《憨山大师年谱疏注》，《大藏经补编》第14册，第514页。

终为韩也。""头角峥嵘"① 四个字将憨山进取、好强的个性展现得淋漓尽致，此后憨山北游二十多年始终不失"本心"，这个"本心"即兴复报恩寺之愿。

"发心"之后，憨山所要做的就是"伺机"了，而五台山祈嗣的因缘让他看到了机会，因此他不惜得罪妙峰和尚和内使，坚持将无遮道场与祈嗣法会合并，将此次活动办得声隆天下，憨山为此付出了全部的精力。此后王才人诞子，憨山成功地引起了掌权者的注意，可以说这次机会他成功把握住了。

此后，憨山"避"居海上，实则出于对当时形势作通盘考察后的权宜之计，不过以退为进。他自己也多次说："初予以重修本寺志居台山，事已有机，但以动至数十万计未易言，故待时于海上。"② "始予为本寺回禄，志在兴复，故修行以约缘。然居台山八年，颇有机会，恐远失时，故隐居东海，此本心也。"③ 憨山因为五台山祈嗣与妙峰和尚分道扬镳，妙峰和尚一直有山阴王的支持，此时憨山便失去了山阴王的支持。憨山又不愿离开靠近政治中心的北方，加之自己对华严学的喜爱，于是选择了崂山作为一个过渡的地方以韬光养晦，等待下一个时机。居崂山期间，憨山曾作《东海乘槎诗》云："吾道穷何适，乘槎旧所论。众说归大海，一叶度迷津。心月悬空镜，人烟隔市尘。坐忘机自息，欧鹭越相亲。"不知道这首诗是憨山在什么心境下写的，最后两句用了"鸥鹭忘机"这个典故，或许憨山当时真的决定从此忘机息心，隔尘归海，可是已经接近的权力、已经拥有的声名，加上憨山自身存在感极强的个性都注定他做不了隐者，势必要在世间做佛门事业。

万历十七年（1589），憨山进京为报恩寺乞藏，实际上是认为机缘已经成熟，开始真正落实兴复报恩寺的志愿了，而当时太后同意了储积计划，足见憨山在运筹帷幄、见机行事方面确实有过人之处。此后，因为跟进此事，憨山多次往来于京师与崂山之间，已与当初避居海上的想法截然不同，或许此时憨山已开始准备南归大展抱负。五年后，憨山感觉动工的时机已到，只是当时国家面临战事，憨山只好推迟行动，不料却突然闯出

---

① （明）憨山：《憨山老人梦游集》卷三十，《卍新续藏》第73册，第678页。
② （明）憨山：《憨山老人梦游集》卷五十三，《卍新续藏》第73册，第839页。
③ 同上书，第837页。

来一场地皮官司，捅到了皇上那里，别说兴复报恩寺的计划就此流产，憨山本人也面临了身心受创的大难。

憨山自立志兴复报恩寺以来，伺机、见机、待机，奈何机深缘浅，在一切就位，眼看马到功成的时候，忽然一切归零，且自己还为此付出了沉重的代价。憨山自己感慨："信乎大事因缘，固未可以妄想求也。"① 有人比较过同为祈嗣主事者并接受《大藏经》的妙峰和尚为什么能够全身而退，说他对太后无所求，而憨山有所求。憨山贬戍雷州后，在给居士张大心的信中谈到自己罹难后的感受："老人自历难以来，直至于今，返求本心中，一念动心、悔心了不可得，何况是非得失恩怨成坏见耶？老人出世以来，七岁即知有生死大事。三十年来，历尽冰霜，吃尽辛苦，单单博得此一念，奈何向沉幻化网中，若非圣恩一椎打破，不知又向驴年去也。"接着，他又教导张大心要"清净寡欲，勿生分外贪求驰逐之想，将来受用自有广大处。闲中收摄身心，当以学问为事，异日成就，立于人前，可省惭愧耳"②。可见，大师反省自身对于兴复报恩寺确实起了"分外贪求驰逐之想"，陷入到"幻化网"中。这次罹难让他从迷梦妄念中惊醒，不怨天、不尤人，表现出了一位高僧深厚的佛学素养与修为以及高贵的人格品质。

憨山前往戍地雷州，途径山东之时，曾概括自己在牢山的弘法成就："布慈云于边地，明佛日于重昏，开性海之原，转文机之轴，下成佛之种子，孕作圣之胚胎。"③ 这是憨山离开牢山时回首自己多年来心血经营的总结，既是对即墨父老的交代，更是给自己的交代。憨山所言非虚，他对于牢山佛教的巨大贡献，他留下的精神遗产是永远值得我们歌颂、纪念并接续传承下去的。

3. 海印遗风

憨山由佛教信仰兴盛的五台山到僻居海上的崂山，其间感受到的差距还是非常明显的。刚到崂山的时候，憨山说"东人从来不知僧""绝不知

---

① （明）憨山：《憨山老人梦游集》卷三十，《卍新续藏》第73册，第678页。
② （明）憨山：《憨山老人梦游集》卷十五，《卍新续藏》第73册，第567页。
③ 同上书，第564页。

有三宝"①，并多次以"蔑戾车地"②形容当时的青岛。经过憨山十多年的努力，等他离开的时候，佛教在崂山及其周围地区已经生根发芽，对于这一开创之功，憨山颇为自得和欣慰。

憨山初到崂山之时，确有避隐之意，度过了人生中极为难得的一段清净美好、逍遥自在的时光，他自己说："入山期年，人无往来，心甚乐也。"③后来，在不断提升自己佛学修为的同时，又不断实践行化普济的菩萨精神，知行合一。憨山在崂山建寺，并为大众说戒讲法，他讲说的经典有《心经》《法华经》《大乘起信论》等。憨山还深入经藏，大量阅读，并将自己的思想观点记录下来，著书立说，在这期间作有《观老庄影响论》等。

晚明青岛地区罗教盛行，因为创始人罗清为城阳人，憨山深入到罗教信众当中，凭借他的勇猛无畏和善巧方便，接引了许多罗教信徒转向佛教。在这个过程中，憨山与地方世家大族的交往起到了很大的作用。当时的青岛地区，黄氏家族势力最大，这一家族中的许多人都是憨山的弟子，与憨山十分亲近，特别是黄纳善，憨山在年谱中也几次提到他。黄纳善，字子光，皈依憨山，诵经斋素。憨山归乡省亲时，黄子光担心大师不归，在观音菩萨面前破臂燃灯，请求菩萨保佑憨山早点回到崂山，让憨山慨叹"蔑戾车地未尝断佛种"④。

憨山关心民生，普济众生。万历十二年（1584），憨山将太后所赐三千金"遍散各府之僧道孤老狱囚"⑤。万历二十一年（1593），山东大饥，憨山不仅将"山中所储斋供，尽分赈近山之民"，还乘船往辽东买来数百石豆子分济灾民，正是由于憨山的努力才使周遭灾民无一饿死者。憨山的这种入世救度的精神令他在地方官员当中享有美誉，万历二十二年（1594），山东巡抚郑汝璧因感于憨山赈灾济民之举特意入山拜访。此次山东、河南发生饥荒，郑汝璧的得力安排在赈灾过程中发挥了非常重要的作用，两省士人立碑歌颂，而憨山可以得到他的认可，足见在救灾过程中憨山实实在在做出了重要贡献。

---

① （明）憨山：《憨山老人梦游集》卷五十三，《卍新续藏》第 73 册，第 838 页。
② （明）憨山：《憨山老人梦游集》卷五十四，《卍新续藏》第 73 册，第 840 页。
③ （明）憨山：《憨山老人梦游集》卷五十三，《卍新续藏》第 73 册，第 838 页。
④ 同上书，第 839 页。
⑤ 同上书，第 838 页。

憨山居崂山期间与各地僧人唱和交游，留下了许多歌颂崂山的诗歌等文学作品。前面曾经提到，憨山落脚崂山后不久即与当地灵山寺的桂峰法师交好。憨山有《登上苑狮峰晓望同桂峰禅师赋》云："绝峤危岩傍海隅，登临一眺望中孤。扶桑晓日开鱼目，沙浦寒星落蚌珠。飘渺霓裳来泽国，依稀仙乐动蓬壶。吾生已结洪崖伴，愿并飞肩上玉都。"① 描述了与桂峰法师同游以及崂山的景致。崂山西南滨海的悟山，有僧人近悟重修观音大士殿，竣工后请憨山作记，憨山作《重修悟山观音庵记（并铭）》，叹其"窗吞云雾，门引长波，俨然坐莲华而观水月也"②。由于憨山来崂山时已经声名鹊起，因此外地前来崂山访寻他的僧人也不少，特别是同列晚明四大高僧的紫柏大师于万历十四年（1586）的到来，两位高僧同游崂山，度过了一段极其愉快难忘的时光，福征在《年谱疏注》中说憨山和达观（紫柏）"牢山一见，谊足千古"③，可以说正是崂山见证了晚明两大高僧的深厚友情和超绝风姿。紫柏大师有《登那罗延窟》云："菩萨僧常住，皈依上翠微。山高疑日近，海阔觉天低。岛屿屏中国，波涛限外夷。重来防失路，拂石一留题。"④ 此外，虽然憨山系狱离开崂山确与僧道之争有关，不过憨山与崂山当地的道士也有友好交往，有《重修巨峰顶白云庵玉皇殿记（并铭）》《重修之罘山神庙记（并铭）》等为证。《重修之罘山神庙记（并铭）》中提到当时全真派道士高常清"杖策过海印"⑤，请憨山作记，足见海印寺建成后并没有引起所有道士的反感。

憨山在崂山活动时间长达十二年之久，虽然从一开始来崂山，憨山就没把这里作为长留之地，只是作为兴复报恩寺的过渡，不过由于憨山超强的影响力和行动力，还是客观上大力发展了崂山佛教文化，造福滋养了一方百姓。虽然海印寺被毁，憨山离开崂山，他所开拓的佛教事业受到重创，不过由于憨山的历史地位以及海印寺与皇室的密切关系，海印寺虽毁，而"海印遗风"永存。崂山佛教文化因为憨山的推动，留下了两个文化标帜，一个是那罗延，一个是海印。对于很多青岛当地的文化名士，对于菩萨居所那罗延窟心向往之，如王献唐先生将自己的斋号取为"那

---

① （清）黄肇颚：《崂山续志》，山东省地图出版社2008年版，第239页。
② （明）憨山：《憨山老人梦游集》卷二十二，《卍新续藏》第73册，第622—623页。
③ （明）福征：《憨山大师年谱疏注》，《大藏经补编》第14册，第504页。
④ （明）紫柏语，憨山校：《紫柏尊者全集》卷二十五，《卍新续藏》第73册，第362页。
⑤ （明）憨山：《憨山老人梦游集》卷二十二，《卍新续藏》第73册，第622页。

罗延室"，风雅中透出了对于崂山地方文化的热爱与骄傲。而今天憨山曾经的开拓之功与进取精神则作为"海印遗风"不断激励和滋养信众，成为新时代青岛地区佛教文化发展的历史资源。

4. 心心不退

憨山北游的本心是为兴复报恩寺"约缘""待机"，不过在几十年北游的过程中，由于见识不断开拓，接触的人越来越多，憨山的思想日益成熟，志愿也随之增广，对于改革丛林、振兴禅宗，憨山也逐渐生起一种责任与使命感，这为他发配岭南后的佛教改革事业打下了重要的基础。憨山之所以能成为一代高僧，最终是在南方实现的蜕变，不过这种蜕变的种子却是在北方的时候埋下的。而在这个过程中，憨山与达观（紫柏）的交往起到了很大的作用。

憨山早年寻找到的志同道合的朋友是妙峰和尚，然而由于台山祈嗣二人表现出了不同的志向而分开。后来，对憨山产生重要影响的教内人物就是达观。万历二十年（1592），憨山于京师访达观，当时恰逢达观赎回了位于房山县的隋代静琬法师塔院，于是请憨山作《琬公塔院记》和《重藏舍利记》。此次相见二人畅谈四十多天，"计修明代传灯录"，并相约"往浚曹溪，以开法脉"①。两人认为明代禅宗的衰落在于作为源头的曹溪宗出现了问题，两人相约振兴曹溪。憨山罹难后，达观以为憨山凶多吉少，遗憾"曹溪之愿未了"②。后来听说憨山被发配岭南，达观提前到金陵等待，憨山抵达金陵后，二人于江上话别。或许当时憨山自己也没想到还能为禅宗的振兴事业做出贡献，可命运就是如此，世缘不盛而法缘深厚，这次南下竟成就了一位有抱负、有能力的佛门领袖在晚明沉闷的佛教界掀起一场声势浩大的改革事业并取得了极大的成功。虽然这一改革过程并非一帆风顺，不过正如憨山在《寄莲池禅师》中所云："某去台山，将南历百城，拟参座下，复为业力牵之东海。良以耽著枯寂，遂置身穷陬蓑戾车地，因之矢心建立三宝，上报佛恩，亡躯尽命，郁郁十年于兹。向以道力孱弱，大为魔扰者日月居半，以致取辱法门，见呵智者。今且犹不自量，乃恋恋堀中，以臂当辙，心心不退，岂宿习然哉。"③憨山在牢山罹

---

① （明）福征：《憨山大师年谱疏注》，《大藏经补编》第 14 册，第 511 页。
② （明）憨山：《憨山老人梦游集》卷五十四，《卍新续藏》第 73 册，第 840 页。
③ （明）憨山：《憨山老人梦游集》卷十三，《卍新续藏》第 73 册，第 548 页。

难之后，并没有一蹶不振或者遁世隐逸，而是"犹不自量""矢心建立三宝""心心不退"，他对于法门的主动担当，加上他不怕输的个性，使他必然成为一位在世间积极做佛教事业的高僧。

最后，尤为值得一说的还有憨山的母亲。憨山在自叙年谱中多次提及母亲，她对于憨山的影响非常大，憨山出家得到了母亲的理解和支持，此后憨山的浮浮沉沉，作为母亲跟着一起苦乐悲喜。万历十七年（1589），憨山归乡省亲并为报恩寺送藏经，真可谓衣锦还乡，接受万人的瞩目和尊仰，憨山问母亲思儿如何自遣，母亲回答"夜拜北斗，称菩萨名"[1]，令人动容，在信仰支撑的强大精神世界里，我们依然能够感触到一位普通的母亲对自己儿子深深的牵念与疼爱。六年后，憨山罹难，作为罪人在发配岭南的途中再次于家乡与母亲相见，此时憨山50岁，母亲已是白发苍苍的年迈老人，在《母子铭》序中憨山提到母亲这次对他的嘱咐："汝善以道自爱，无为我忧。今亦与汝长别矣，欣然就道，了不相顾。"[2] 憨山注定要过不平凡的一生，而作为母亲也注定要体会异于常人的欣慰与心痛。可贵的是，憨山的母亲能够将这种深情转化为自己在精神层面不断成长进步的养分，在信仰上做到与憨山"心心相印"，甚至能够不断引领憨山。不以世俗的感情对孩子的一生加以牵绊，这样的母亲确有过人之处，让人敬重。憨山所取得的成绩、作出的贡献、产生的影响，这一切都有他母亲的功劳，这是今天我们不应该忽略的。

---

[1] （明）福征：《憨山大师年谱疏注》，《大藏经补编》第14册，第507页。
[2] （明）憨山：《憨山老人梦游集》卷三十六，《卍新续藏》第73册，第728页。

参考文献

著作：

《史记》，中华书局1982年版。
《汉书》，中华书局1982年版。
《后汉书》，中华书局2011年版。
《三国志》，中华书局2011年版。
《魏书》，中华书局1974年版。
《晋书》，中华书局1974年版。
《旧唐书》，中华书局1988年版。
《明史》，中华书局1974年版。
《即墨县志》，清同治刻本。
顾诚：《南明史》，光明出版社2011年版。
苑秀丽、刘怀荣：《崂山志校注》，人民出版社2015年版。
黄肇颚：《崂山续志》，山东地图出版社2008年版。
周至元：《崂山志》，齐鲁书社1993年版。
宫泉久、曹贤香：《崂山诗词精选评注》，人民出版社2015年版。
严可均：《全上古三代秦汉三国六朝文》，中华书局1965年版。
杨天宇：《礼记译注》，上海古籍出版社2004年版。
孔颖达：《尚书正义》，上海古籍出版社2007年版。
徐元诰：《国语集解》，中华书局2002年版。
杨伯峻：《论语译注》，中华书局1980年版。
杨伯峻：《孟子译注》，中华书局1980年版。
向宗鲁：《说苑校证》，中华书局1987年版。
王淑泯：《列仙传校笺》，中华书局2007年版。
章巽：《法显传校注》，复旦大学出版社2015年版。

参考文献

徐震堮：《世说新语校笺》，中华书局 1984 年版。
苏晋仁、萧练子：《出三藏记集》，中华书局 1995 年版。
孙毓棠、谢方点校：《大慈恩寺三藏法师传》，中华书局 1983 年版。
王琦注：《李太白全集》，中华书局 1977 年版。
段成式：《酉阳杂俎》，齐鲁书社 2007 年版。
严羽：《沧浪诗话》，中华书局 1997 年版。
赵卫东辑校：《丘处机集》，齐鲁书社 2005 年版。
《王阳明全集》，上海古籍出版社 1992 年版。
《憨山老人梦游集》，《卍新续藏》第 73 册。
福征：《憨山大师年谱疏注》，《大藏经补编》第 14 册。
《紫柏尊者全集》卷二十五，《卍新续藏》第 73 册。
张岱：《陶庵梦忆》，作家出版社 1995 年版。
温睿临：《南疆逸史》，中华书局 1959 年版。
谈迁：《枣林杂俎》，中华书局 2006 年版。
钱谦益：《列朝诗集小传》，上海古籍出版社 1983 年版。
《顾炎武全集》，上海人民出版社 2011 年版。
张京华：《日知录校释》，岳麓书社 2011 年版。
《戴名世集》，中华书局 1986 年版。
《王士禛全集》，齐鲁书社 2007 年版。
《蒲松龄全集》，学林出版社 1998 年版。
《赵执信全集》，齐鲁书社 1993 年版。
武润婷、徐承诩：《徐夜诗集校注》，山东大学出版社 1997 年版。
唐梦赉：《志壑堂文集》，清康熙刻本。
宋湘：《红杏山房诗钞》，清乾隆刻本。
张贞：《杞园集》，清刻本。
高珩：《栖云阁集》，清刻本。
高凤翰：《南阜山人敩文存稿·使滇日记·使滇杂记》，上海古籍出版社 1983 年版。
马述祯主编：《高凤翰诗集》，青岛出版社 1989 年版。
纪晓岚：《阅微草堂笔记》，河北教育出版社 1986 年版。
胡峄阳：《易象授蒙》，上海古籍出版社 2011 年版。
胡峄阳：《易经征实》，上海古籍出版社 2011 年版。

胡峄阳：《柳溪碎语》，上海古籍出版社 2011 年版。

胡峄阳：《竹庐家聒》，上海古籍出版社 2011 年版。

胡峄阳：《峄阳先生诗选》，上海古籍出版社 2011 年版。

《胡峄阳传说》，九州出版社 2011 年版。

华耀祥：《郑板桥诗词笺注》，广陵书社 2008 年版。

《曾国藩全集》，河北人民出版社 2016 年版。

马端临：《文献通考》，中华书局 1986 年版。

皮锡瑞：《经学历史》，中华书局 2004 年版。

《聊斋志异》，上海古籍出版社 1979 年版。

《儒林外史》，岳麓书社 1988 年版。

《红楼梦》，人民出版社 1978 年版。

孔尚任：《桃花扇》，齐鲁书社 2000 年版。

刘才栋主编：《高凤翰研究》，青岛出版社 2002 年版。

景安宁：《道教全真派宫观、造像与祖师》，中华书局 2012 年版。

卿希泰、唐大潮：《道教史》（第三卷），四川人民出版社 1996 年版。

［日］蜂屋邦夫：《金元时代的道教——七真研究》，朱越利译，齐鲁书社 2014 年版。

张星烺、朱杰勤：《中西交通史料汇编》（第五册），中华书局 2003 年版。

谭其骧：《中国历代地理学家评传》（第二卷），山东教育出版社 1990 年版。

赵俪生：《顾亭林与王山史》，齐鲁书社 1986 年版。

周可真：《顾炎武年谱》，苏州大学出版社 1998 年版。

袁世硕：《蒲松龄事迹著述新考》，齐鲁书社 1988 年版。

康有为著，楼宇烈整理：《康南海自编年谱（外二种）》，中华书局 1992 年版。

康同璧：《南海康先生年谱续编》，《康南海自编年谱（外二种）》，中华书局 1992 年版。

马洪林：《康有为评传》，南京大学出版社 1998 年版。

汤志钧：《康有为政论集》，中华书局 1981 年版。

余英时：《士与中国文化》，上海人民出版社 2003 年版。

论文：

盛伟：《蒲松龄崂山采风与相关篇章史料传说的考察》，《蒲松龄研究》2012 年第 2 期。

孙克诚：《蒲松龄游崂行迹考述》，《青岛科技大学》（社会科学版）2013 年第 6 期。

张维华：《顾炎武在山东的学术活动及其与李焕章辩论山东古地理的一椿学术公案》，《山东大学学报》1962 年第 4 期。

韩梅：《顾炎武在即墨的交游与创作》，《中国海洋大学学报》（社会科学版）2011 年第 2 期。

李楠、陈元锋：《李白与齐文化》，《山东师范大学学报》2006 年第 1 期。

刘梦溪：《"文化托命"与中国现代学术传统》，《中国文化》1992 年第 1 期。

杨善友、车轩：《丘处机的三教合一思想》，《宗教学研究》2008 年第 1 期。

后　记

　　名山名水以气而灵，以人而胜。它不仅是地理坐标，也是文化家园和精神象征。从以人而胜言，名山名水就是名士游历的山水。现在的名山名水是用广告打出来的，此前呢？是用名士的生花妙笔传播出来的。平头百姓也游历山水，可惜他的知识修养剥夺了其话语权，有此一游与否与名山名水毫无关系。丘处机歌咏崂山的诗歌就证明了这一点，"五岳曾经四岳游，群山未必可攀侪。只因海角天涯背，不得高名贯九州"。丘处机为崂山惋惜，不胜感慨。崂山美名不能与五岳同侪，是因为它偏居一隅，名士未能到此一游，美名自然难以遍传九州。名士的活动踪迹能于无形中构成山水文化的重要组成部分，提升自然山水的美誉度，使其升华为名山名水。由此可见，自然山水内含的文化底蕴是其旅游价值的主要因素，没有文化的自然风景只是一幅美丽的空壳。如方豪《竹溪记》记载："李白与孔巢父、韩准、裴政、陶沔居徂徕山，日沉饮，号竹溪六逸，而竹溪之名满天下。自予有知，即慕其地，意必清流之上，修竹万竿，萧森洁爽，若神仙之居，使人即之而忘去，去之思复即也。近予以审录之行，登泰山，望徂徕。询所谓竹溪者，不过荒烟野草之区，溪既非旧，竹亦何尝一干之存哉！然而，言竹溪者不绝焉，无乃六逸之力耶？"荒烟野草之区的竹溪名闻天下，且历久弥新，只是因为名士李白。钱钟书有句名言："假如你吃了个鸡蛋，觉得不错，何必要认识那下蛋的母鸡呢？"然而好奇是人类与生俱来的普遍心理。了解了唐代的竹溪六逸，还希望亲眼目睹竹溪的盛况，这是大多数人的心理，可见自然风景的知名度与名士活动是密切关联的。文化界流行一句话，挖掘文化就是神话安家，传说落地。而我们研究名士与山水风景的关系，不是从神话入手，也不是从传说开始，而是将山水风景中本身烙印着的名士文化脉络清晰化、固定化，充分挖掘自然山水的旅游价值。拙著的写作缘由就是如此。拙著原名《名士踪迹与崂山》

也是出于这种考虑。于今改为此名，则是因为《名士踪迹与崂山》学术味淡了些。其实我认为学术性弱一点，并非不是好事。一部著作出版后，翻来覆去就是圈子里的几个人阅读，其命运往往是束之高阁。如此，谈得上有多大的社会效益？清代黄景仁"十有九人堪白眼，百无一用是书生"的感叹，不能说与此没有关系？拙著名为"研究"，其实做的还是普及工作，学术研究的普及工作。将学者们的研究成果通俗化、普及化是拙著的主要目标，所以拙著引用了大量学术界前辈和同仁的研究成果，这些在参考文献中予以列出，并表示衷心的感谢！如有挂万漏一之处，恳请谅解！当然，拙著也有创新之处，如对蒲松龄崂山同游者的考证，以及王士禛游历崂山的时间等。拙著的撰写是由我与王鹤琴博士共同完成的，其中《"崂山中人"黄宗昌》《崂山知音蒲松龄》《对这片土地爱得深沉的周至元》《绝世风流的诗坛盟主王士禛》《山陬海澨的播火者郑玄》《俗世仙人胡峄阳》《体国经野的顾炎武》《崂山餐紫霞的李白》《"会山泽之气"的高弘图》由我负责撰写；《青岛的"扬州八怪"高凤翰》《最为老师的顾命大臣匡源》《近代历史的风云人物康有为》《西行取经的先驱法显》《崂山布道的丘处机》《皈依上崂山的憨山》由王鹤琴博士完成。拙著写作水平有限，但欲为地方文化建设尽一份绵薄之力的愿望却是真诚的，能够为读者了解青岛地方文化提供另一个视角，便得吾所愿，是为记。